Guido Rings

La Conquista desbaratada

Identidad y alteridad en la novela, el cine y el teatro hispánicos contemporáneos

AF627260

NUEVOS HISPANISMOS

DIRECTOR
Julio Ortega (Brown University)

COMITÉ EDITORIAL
Anke Birkenmaier (Columbia University, New York)
Beatriz Colombi (Universidad de Buenos Aires)
Cecilia Garcia Huidobro (Universidad Diego Portales, Santiago de Chile)
Ángel Gómez Moreno (Universidad Complutense de Madrid)
Dieter Ingenschay (Humboldt Universität Berlin)
Efraín Kristal (University of California, Los Angeles)
Esperanza López Parada (Universidad Complutense de Madrid)
Rafael Olea Franco (El Colegio de México)
Fernando Rodríguez de la Flor (Universidad de Salamanca)
William Rowe (University of London)
Carmen Ruiz Barrionuevo (Universidad de Salamanca)
Víctor Vich (Universidad Católica del Perú, Lima)
Edwin Williamson (Oxford University)

Dedicada a la producción crítica hispanista a ambos lados del Atlántico, esta serie se propone:

• Acoger prioritariamente a la nueva promoción de hispanistas que, a comienzos del siglo XXI, hereda y renueva las tradiciones académicas y críticas, y empieza a forjar, gracias a su vocación dialógica, un horizonte disciplinario menos autoritario y más democrático.

• Favorecer el espacio plural e inclusivo de trabajos que, además de calidad analítica, documental y conceptual, demuestren voluntad innovadora y exploratoria.

• Proponer una biblioteca del pensar literario actual dedicada al ensayo reflexivo, las lenguas transfronterizas, los estudios interdisciplinarios y atlánticos, al debate y a la interpretación, donde una generación de relevo crítico despliegue su teoría y práctica de la lectura.

Guido Rings

LA CONQUISTA DESBARATADA

IDENTIDAD Y ALTERIDAD EN LA NOVELA, EL CINE Y EL TEATRO HISPÁNICOS CONTEMPORÁNEOS

Iberoamericana - Vervuert - 2010

Derechos reservados

© Iberoamericana, 2010
Amor de Dios, 1 – E-28014 Madrid
Tel.: +34 91 429 35 22
Fax: +34 91 429 53 97
info@iberoamericanalibros.com
www.ibero-americana.net

© Vervuert, 2010
Elisabethenstr. 3-9 – D-60594 Frankfurt am Main
Tel.: +49 69 597 46 17
Fax: +49 69 597 87 43
info@iberoamericanalibros.com
www.ibero-americana.net

ISBN 978-84-8489-488-9 (Iberoamericana)
ISBN 978-3-86527-511-0 (Vervuert)

Depósito Legal: SE-2283-2010
Printed by Publidisa

Diseño de cubierta: Carlos Zamora

Este libro está impreso íntegramente en papel ecológico sin cloro.

Índice

Introducción 13

Capítulo I: Los discursos sobre la Conquista 29

1. Construcciones de identidad y alteridad 29
2. El Otro en los discursos coloniales y neo-coloniales 41
3. Perspectivas indigenistas 56
4. La Conquista en la historiografía contemporánea 65

Capítulo II: Entre los discursos: la narrativa española y latinoamericana 73

1. Temas y estructuras tradicionales 73
2. La Nueva Narrativa Histórica 78
   2.1. El corpus de textos 78
   2.2. Tendencias narrativas 84
   2.3. Obras neobarrocas e hiperrealistas 92

Capítulo III: Textos neobarrocos 99

1. ¿Colón: un "pícaro" de la Edad Media? Intertextualidad como principio formal en *El arpa y la sombra* de Alejo Carpentier ... 99
   1.1. Estructura general 99
   1.2. Los viajes de un pícaro quijotesco 102
   1.3. Perspectivas medievales del conquistador 111
   1.4. Conquistadores y "conquistadas" 115

2. La Conquista como carnaval. Juegos barrocos con el lenguaje y la estructura en *Las naves quemadas* de Juan José Armas Marcelo 118
2.1. Estructura general 118
2.2. La fiebre de la Conquista y otras enfermedades 121
2.3. Aspectos históricos y fantásticos de la locura 125
2.4. La animalización como tendencia carnavalesca 128
2.5. La conquista del conquistador 132

3. "La herida del Otro": los límites de la transculturalidad en *Naufragios de Álvar Núñez* de José Sanchis Sinisterra 136
3.1. Estructura general 136
3.2. De los "naufragios" del cronista al fracaso general 140
3.3. Los Otros: potencial y límites del acercamiento cultural ... 145
3.4. Los límites de la pieza postmoderna 153

Capítulo IV: Textos hiperrealistas 157

1. ¿La Conquista y la resistencia interminables? El cuerpo de la memoria femenina en *La mujer habitada* de Gioconda Belli 157
1.1. Estructura general 157
1.2. La memorización de la Conquista 159
1.3. Posibilidades individuales, locales y aleatorias 163
1.4. El lenguaje de los cuerpos 167
1.5. Vencedores sin victoria 175

2. Los límites de la competencia intercultural y transcultural: la cultura conquistada en *El origen perdido* de Matilde Asensi .. 181
2.1. Estructura general 181
2.2. Imágenes del Yo y del Otro de un viajante quijotesco 185
2.3. Acercamiento a una lengua marginada 192
2.4. "Encubrimiento" y "descubrimiento" 197
2.5. Límites y posibilidades de las perspectivas culturales occidentales 201
2.6. El creador es femenino 210

3. Apertura hacia la magia indígena: la transformación transcultural del conquistador en *Cabeza de Vaca* de Nicolás Echevarría 213
3.1. Estructura general 213
3.2. Viajes de la monoculturalidad a la transculturalidad, y viceversa 217
3.3. Sobre héroes y caníbales 226

3.4. Retorno a los estereotipos: extrañas mujeres sensuales, un negro emocional y pasivo y otros seres exóticos 231

CONCLUSIÓN 237

1. Las fronteras: las tradicionales, las borrosas y las nuevas 237

2. Los conquistadores conquistados y los conquistados conquistando 244

3. A manera de conclusión 250

BIBLIOGRAFÍA / FILMOGRAFÍA 259

1. Textos primarios 259

1.1. Corpus de textos 259

1.2. Otras obras consultadas 261

2. Literatura secundaria 262

ÍNDICE TEMÁTICO / ONOMÁSTICO / POR OBRAS 295

1. Índice temático 295

2. Índice onomástico 297

3. Índice por obras 299

Para Cristina y mis padres,
y en memoria de José Carlos Blanca Marcos

Fui el Descubridor-descubierto, puesto en descubierto;
y soy el Conquistador-conquistado pues empecé a existir
para mí y para los demás el día en que llegué allá,
y, desde entonces, son aquellas tierras las que me definen

COLÓN (en Carpentier 1985 [1979]: 170)

Introducción

No debería sorprendernos que las competencias interculturales y transculturales ocupen un lugar central en la investigación contemporánea, especialmente si se tiene en cuenta el talante cada vez más internacional de las experiencias que todos vivimos de forma cotidiana, ya sea debido a los cambios socioculturales y económicos conectados con la migración global, o a los encuentros culturales reflejados en los medios de comunicación de masas o en internet. En una época profundamente caracterizada por la intensa globalización, se podrían considerar tales competencias como imprescindibles para alcanzar y mantener la convivencia pacífica y constructiva entre las culturas, en particular en el caso del mundo hispánico, marcado por vastos y muy diferentes flujos migratorios desde 1492. Por tanto, es natural dentro del contexto del cambio paradigmático frecuentemente definido como "postcolonial" que las diferentes perspectivas acerca de la Conquista de América Latina y el colonialismo español (que empiezan con la llegada de Colón) atraigan un interés académico especial. Entre ellas, destacan numerosas versiones narrativas de ficción sobre la Conquista que no solamente aparecen como espejos deformantes de actitudes, ideas y preocupaciones populares actuales sobre el colonialismo, sino que también contribuyen a influenciar las opiniones de sus lectores/espectadores sobre estos temas, a menudo en oposición a las tendencias de los discursos dominantes.

Categorizar el colonialismo europeo como cosa del pasado parece ser una de estas tendencias y, en este caso, una equívoca, a la cual se opone tanto la ONU (la descolonización sigue siendo uno de sus seis objetivos centrales) (ONU 2009), como también la gran parte de la narrativa que critica agudamente el colonialismo español y las continuidades neo-coloniales. Estas continuidades están presentes en el día a día, por ejemplo al presentar de forma negativa al inmigrante "negro" o magrebí en la prensa europea o en las conversaciones cotidianas acerca del mismo, pero culminaron en las celebraciones a ambos lados del Atlántico del Quinto Centenario del llamado "Descubrimiento". Basta recordar aquí la decisión del gobierno español de conmemorar a los conquistadores Cortés y Pizarro como héroes de la historia española moderna al reservarles un espacio privilegiado en la última imprenta de los billetes de 1000 pesetas –los más usados en esa época–. Sus caras aparecen en el anverso y el reverso respectivamente, y los billetes estuvieron en circulación desde 1992 hasta la llegada del euro en 2002.

Por esta y otras razones, los estudios académicos muestran un interés muy peculiar por la crítica del colonialismo en la nueva novela histórica latinoamericana. Es posible además que el choque de las perspectivas culturales entre la literatura latinoamericana y el discurso oficial español nos haga olvidar muchas veces que también hay otras formas narrativas que se oponen al colonialismo, entre ellas en particular un género que se va a denominar aquí la "nueva novela histórica española", pero también el cine colonial contemporáneo y el teatro postmoderno hispánicos. Sería muy fácil atribuir las diferencias a la habitual oposición entre los discursos "ficcionales" y "políticos", pero las fronteras se borran, no sólo entre estos discursos, sino también entre las perspectivas presentadas dentro de ellos. Además, hay narraciones que están claramente a favor del Centenario: aparecen apenas en una minoría de novelas y piezas de teatro contemporáneas, tanto en España como en América Latina, pero también en costosas coproducciones cinemáticas de alta diseminación cofinanciadas por el Gobierno español socialista de 1992, como por ejemplo *1492: la conquista del paraíso* de Ridley Scott y *Cristóbal Colón: el descubrimiento* de John Glen. La integración del cine y el teatro bajo el término "narración" se basa aquí en un amplio concepto tradicionalmente favorecido por la crítica anglosajona (v. Chatman 1990), pero que está avanzando sucesivamente también en Alemania y otras partes de Europa (v. la definición en Fludernik 2008: 15).

El potencial intercultural y transcultural de la nueva narrativa se basa en sus "representaciones simbólicas" de identidad y alteridad

(Bachmann-Medick 1987: 69), a las cuales pertenecen "such words and images as people use in their accounts of human action – descriptions, reflections, and explanations that give testimony to local understandings of 'the self'" (Rosaldo 1980: 29). Para investigarlo apropiadamente se podría volver al concepto de "thick description" del antropólogo cultural Clifford Geertz, dentro del cual la literatura aparece como historia simbólicamente "densa" que merece un estatus semejante al de rituales y fiestas (Geertz 1983: 252).

Siguiendo esta misma línea de pensamiento Schlieben-Lange acentúa que son especialmente los textos literarios los que ofrecen "elementos para la creación de identidades culturales" y también "modelos" para reducir y eliminar los conflictos de identidad (1997: 2, 16, traducción del autor; v. también Fox 2003: 99). Como era de esperar, después de los numerosos y acalorados debates sobre el Quinto Centenario disminuyó el interés académico por la narrativa de la Conquista. Sin embargo, sería un grave error pasar por alto esta literatura ahora, ya que:

- sigue siendo un tema importante en la narrativa: aunque la absoluta mayoría de las obras sobre la Conquista se publican en los años noventa debido a la proximidad del Quinto Centenario, el número de novelas españolas sobre el tema no parece haberse reducido. Al mismo tiempo, Hollywood sigue reconstruyendo la época precolombina a su manera en películas como *Apocalypto* (2006) de Mel Gibson y *The Serpent and the Eagle* (2009) de Ron Howard.
- contribuye a comprender el neo-colonialismo actual: en nuestra época, por lo común denominada postcolonial, hay fuertes tendencias neo-coloniales que caracterizan la situación socioeconómica y cultural de muchos países antes colonizados, la relación entre estos países y las naciones ex-colonizadoras y la situación de las personas con trasfondo migratorio que viven como minorías en dichas naciones. Es decir, al investigar las estructuras de supresión coloniales que fomentan el neo-colonialismo actual, la narrativa de la Conquista dirige nuestra atención a aspectos clave de la vida contemporánea. Hay que recordar que, durante el apogeo del colonialismo, más de dos tercios de la población mundial se encontraban en dependencia política directa de un poder europeo y, aunque la dependencia suele ser más indirecta ahora, la persistente ocupación por parte de China del Tíbet y la más reciente ocupación anglo-americana de Iraq indican la continuidad del imperialismo tradicional y los límites del poder de la ONU.

• añade un punto de vista crítico a la investigación de la migración global contemporánea: la Conquista intensificó las tendencias de internacionalización de tal forma que se la suele considerar como el principio de la globalización. Ésta alcanza su punto culminante con la migración de millones de personas que abandonan los territorios anteriormente colonizados para dirigirse a los centros de los antiguos poderes coloniales, en particular España, Francia e Inglaterra, pero también los Estados Unidos como sucesor neo-colonial de los grandes imperios europeos. Ya que la migración y la búsqueda de una nueva identidad postcolonial marcan el principio de una era diferente de encuentros culturales colectivos, se trata de un tema de suma importancia para alcanzar la convivencia constructiva y pacífica, en la actualidad y en el futuro.

En su famosa obra *Neo-colonialism*, Kwame Nkrumah (1965) critica ya en los años sesenta el hecho de que los antiguos poderes coloniales siguen teniendo una influencia global, igual que los nuevos poderes mundiales. Asimismo, Ashcroft, Griffiths y Tiffin confirman que esto es posible especialmente "through international monetary bodies, [...] the fixing of prices on world markets, multinational corporations and cartels and a variety of educational and cultural institutions" (Ashcroft/Griffiths/Tiffin 1999: 162 ss.). En *Translation and Empire* Robinson confirma la existencia de "[a] continuing force of authority" que marca "self concepts, values, political systems and personalities" (1997: 22). Considerando la teoría de Hofstede que define la cultura como un sistema de estructuras que resulta de un "collective programming of the mind" (2001: 4, 18 ss.)[1], se podría quizás hablar de una colonización de la mente que asegura la continuidad de las estructuras tradicionales de poder. Podría decirse que este argumento concuerda con la teoría orientalista de Said o con nociones más recientes sobre el "orientalismo internalizado" propuestas en otros contextos por Keyder (1997) y Zeydanlıoğlu (2007), aunque en todo caso no debemos olvidar la extensa crítica existente acerca del totalitarismo en la perspectiva de Said.

De todos modos, no hay duda de la omnipresencia actual del neocolonialismo, que Shankar conecta con el colonialismo tradicional

[1] V. también los comentarios de Antor sobre el ser humano como "pattern building animal" en búsqueda de orientación (1996: 79 ss.).

cuando subraya que "economic subordination, cultural imperialism, and psychological anxiety survive [...] independence" (2001: 137)[2]. Bhabha, por su parte, critica de igual forma la existencia de "an ongoing colonial present" (1994: 128), que suele incluir la continuidad de construcciones binarias que describen a los ex-colonizadores (y a las élites nacionales que les suceden) y a los pueblos anteriormente colonizados con antónimos como racional-instintivo, civilizado-bárbaro y, sobre todo, masculino-femenino respectivamente. Concentrándose en la Conquista, Todorov analiza estas oposiciones tradicionales en particular en *La conquête de l'Amérique* (1982), mientras que Hölz profundiza el análisis con el mismo enfoque tanto en *Das Fremde, das Eigene, das Andere* (1998), como en *Zigeuner, Wilde und Exoten* (2002), un estudio de la narrativa francesa canónica del siglo XIX en donde incluye obras de Chateaubriand, Hugo, Gautier y Mérimée. Con la frase "the west and the rest" Said (1995: 20) resume la continuidad de esta dicotomía de manera provocativa, y hay que acentuar que la inversión superficial de las estructuras coloniales a manos de algunos dictadores del llamado Tercer Mundo –la política de Mugabe en Zimbabue parece ser ejemplar (v. Wade 2007)– no es capaz de romper ni con los pensamientos binarios ni con la penuria socioeconómica de la mayoría de los subalternos.

Es obvio que cualquier intento de reducir la compleja situación contemporánea a un fenómeno "neo-colonial" detrás del cual la independencia política de los países anteriormente colonizados se considera como un detalle trivial, no sólo sería del todo incorrecto, sino que también secundaría las pretensiones binarias tradicionales. En su lugar, hay que imaginarse el mundo en su complejidad: en algunos aspectos descolonizado y en otros sufriendo bajo nuevos mecanismos coloniales, todo ello teniendo en cuenta que cada caso localizado de descolonización y neo-colonialismo puede ser muy diferente, lo que conduce a la necesidad de analizarlos individualmente[3].

[2] "Colonialismo" se utiliza aquí en el sentido de Ashcroft, Griffiths y Tiffin: "the specific form of cultural exploitation that developed with the expansion of Europe over the last 400 years", y se basa en prácticas del imperialismo post-renacentista y en el desarrollo del sistema capitalista moderno (1999: 45 ss.).

[3] El neo-marxista Aijaz Ahmad critica la tendencia a discutir las estructuras coloniales y neo-coloniales de manera global sin considerar suficientemente la dimensión local. Este estudio acepta el reto al considerar en su aproximación los conceptos de

Por otra parte, la continuidad de las mentalidades neo-coloniales en Europa no debería sorprendernos si el autorretrato del Nuevo Mundo[4] sigue estando dominado por opiniones populares europeas y su imagen ficticia de la realidad (Lang 1991: 40)[5]. Del lado español hay que insistir en el hecho de que la defensa y la celebración de la época colonial se basan en un acuerdo que traspasa las diferencias ideológicas de los partidos políticos. Si bien es verdad que el Partido Socialista Obrero Español (PSOE) fue responsable para la re-actualización del discurso pro-colonial conservador franquista durante la Expo 92, también es cierto que la oposición política central, el Partido Popular (PP), también apoyó las celebraciones del Quinto Centenario. Esta concordancia política confirma la importancia que tiene el pasado colonial cuando se trata de estabilizar una identidad nacional que sigue estando caracterizada por tendencias neo-coloniales.

Lang ya indica que la fragilidad de las diferentes identidades latinoamericanas que siempre acompaña al neo-colonialismo español se puede superar solamente por medio de "la concienciación de su compleja historicidad" (1991: 40; traducción del autor), la cual nos lleva al Tercer Espacio (Bhabha 1994) existente entre las imágenes simplistas del Yo y del Otro. En este sentido puede ser muy provechoso acercarse a la narrativa de la Conquista de manera interdisciplinaria, ya que "la intertextualidad de la literatura con [... otros textos de] la historia y la cultura latinoamericana lleva a una perspectiva específica que se distingue de los otros discursos en su valoración histórica y cultural" (Berg 1995: 2, traducción del autor). Esta aproximación innovadora a la historia del otro continente ya la muestra Alfonso Reyes en su ensa-

"glocalización", "vernacular cosmopolitanism" y "differentiating and non-hegemonic universalism" (Robertson 1995: 25, Bhabha 1996: 191, Antor 2002: 15 ss.). Sin embargo, la concentración absoluta en los aspectos locales propuesta por Ahmad tampoco parece convincente, ya que puede llevar fácilmente a la omisión de estructuras (neo-) coloniales clave, y con esto al resultado deseado por la estrategia de "divide y vencerás" (neo-)colonial.

[4] Hay que considerar que los términos "Nuevo Mundo" y "Viejo Mundo" son problemáticos, ya que reflejan una perspectiva eurocéntrica al sugerir que la historia de América empieza con el "descubrimiento" –otro término ideológico–. Sin embargo, siguen siendo ampliamente difundidos y hasta cierto punto útiles en su representación de la visión de los conquistadores, por lo cual se aplicará también en este estudio, aunque siempre en mayúscula para acentuar que no corresponden a conceptos del autor.

[5] Borsò critica también que "el desprecio de la élite española hacia los 'otros' (los indios, los negros, los mestizos)" sigue siendo muy común (1999: 151 ss.).

yo *Valor de la literatura hispanoamericana* y, poco más tarde la repite de forma ejemplar en su obra narrativa *Visión de Anáhuac*, que parece ser un modelo para

> volver a las raíces de la historia mexicana y con esto también de la latinoamericana, concienciarse del momento del encuentro entre el mundo europeo y el americano, descubrir el secreto de los mecanismos individuales de asimilación, es decir, de las estrategias de percepción, aprehensión e interpretación durante el confrontamiento con lo nuevo, y de esta forma reunir ideas para dominar el presente y desarrollar una imagen del futuro del Nuevo Mundo (Lang 1991: 41, traducción del autor).

La nueva narrativa hispánica sigue las ideas provenientes de *Visión de Anáhuac* y otros ejemplos literarios al deconstruir las representaciones coloniales y al ofrecer en su lugar diferentes interpretaciones de los encuentros culturales, todo ello con el fin de dirigir la atención del lector/espectador a la artificialidad de las imágenes internalizadas. Al contrario que la narrativa mimética-realista, las obras nuevas no pretenden descubrir "la verdad" histórica o "la autenticidad" latinoamericana[6], sino que más bien tienen como objetivo concienciarse de que todas las construcciones mentales están determinadas por los discursos. La convicción popular de que siempre existe una única realidad o verdad universal se percibe entonces como el resultado de estrategias discursivas –sean políticas, académicas o ficcionales– que hay que analizar y elaborar individualmente.

El nuevo acercamiento narrativo a la Conquista parte en particular de dos hipótesis: 1) que la historia del continente latinoamericano la escribieron los vencedores, y 2) que el punto de vista que ha guiado a la historiografía durante siglos es masculino (v. Kopp 2001: 27, 19). La falta de confianza en "master narratives" (Plotnik 2001: 36) que se indica aquí afecta también a la credibilidad de los discursos indigenistas, marxistas y feministas, que compiten con los discursos coloniales por descubrir "la verdad histórica" que no existe. Es por esta razón que no es posible encontrar al final de la nueva narrativa una perspectiva omnisciente y definitiva de la historia.

[6] "Descubrir la realidad por la mente" es el objetivo de Reyes (1960: XI, 131), e incluso Lang sigue pensando que la ficcionalización sirve para "acercarse verdaderamente a la realidad" (1991: 41).

La revisión de la literatura académica acerca del tema muestra que la nueva novela histórica latinoamericana ya se ha tratado no sólo en numerosos estudios individuales, sino además en algunos comparativos, especialmente en las obras de Galster (1997), Hölz (1998), López (2002) y Von Schütz (2003). El problema es que, a excepción del segundo, los otros autores mencionados prestan poca atención al análisis de la perspectiva de género. La contribución de Hölz es laudable, ya que ha dirigido el interés de los expertos a la correlación entre las perspectivas de cultura y género al investigar la conexión de las culturas europeas con estereotipos masculinos, y la de las culturas indígenas con estereotipos femeninos en la literatura hispánica a partir del siglo XVI (Hölz 1998; Hölz/Baltes-Löhr 2004). Desgraciadamente, este amplio enfoque estructural no le permite al autor concentrarse en la nueva novela, y además es de lamentar que sus monografías clave (1998, 2002) sólo estén disponibles en lengua alemana.

Aparte de estas lagunas en la investigación hay además una fuerte escasez de estudios acerca de las imágenes de la Conquista en la nueva novela histórica española, y es aún más difícil encontrar obras que traten este tema comparando las perspectivas española y latinoamericana. En el ámbito teatral se repite esta situación, es decir, hay menos estudios especializados sobre el teatro español que sobre el latinoamericano (aunque Floeck y algunos otros estén intentando reducir este desequilibrio), pero sobre todo hay muy pocos trabajos que contrasten ambos puntos de vista.

Sin embargo, la laguna de investigación más grande se halla en el cine colonial, el cual no ha recibido la atención que merece ni en estudios individuales (por ejemplo sobre *Jericó* o *Ave María*), ni mucho menos en los comparativos, aunque de igual forma se encuentran más investigaciones especializadas por la parte latinoamericana que por la española. Esta deficiencia en la literatura secundaria española está relacionada con la marginación del tema por parte de novelistas y directores reputados, los cuales –en oposición a sus colegas dramaturgos– parecen ignorar la importancia contemporánea de la época colonial en su afán por analizar la herencia fascista. Esto quiere decir que el lector no puede encontrar muchas obras sobre la Conquista de novelistas como Antonio Muñoz Molina, Rosa Montero, Eduardo Mendoza, Luis Landero o Julio Llamazares, o de directores como Pedro Almodóvar, José Juan Bigas Luna, Julio Medem, Imanol Uribe y Manuel Gutiérrez Aragón, a pesar de que los últimos dos novelistas y el último director aparecen frecuentemente como ejemplos clave en su tratamiento de la historia nacional (v. Perriam *et al.* 2000: 177).

Teniendo en cuenta la cantidad de publicaciones sobre la Conquista y la época colonial aparecidas desde el Quinto Centenario, en particular a manos de nuevos escritores españoles deseosos de acercar el "tabú" colonial a un creciente número de lectores, parece difícil explicarse que tanto la literatura académica como la narrativa establecida eviten la cuestión de tal forma. Lo mismo podría aplicarse al cine colonial: aunque se encuentren menos trabajos españoles que en el ámbito novelístico o teatral, es también obvio que la diseminación de obras como *La marrana* y *Cristóbal Colón... de oficio descubridor*, por no mencionar el "taquillazo" de Hollywood *Apocalypto*, suele ser bastante más alta que en estos otros ámbitos. Precisamente por esta razón habría que preguntarse por qué otros directores más conocidos no están dispuestos a tomar parte en la discusión. Es igualmente lamentable que todavía no parezca haber ningún estudio significativo que compare las imágenes de la conquista manifestadas en películas populares como las mencionadas arriba, porque es esencial saber qué ideas transmiten realmente al público. El argumento tradicional de que las obras que no pertenecen al canon son de menor calidad y que por eso no vale la pena tematizarlas es sin duda demasiado simplista; además, esta generalización le sirve a cierta élite intelectual para encubrir otros factores, como por ejemplo el favoritismo de las grandes editoriales y los teatros comerciales que excluye a dichas obras[7]. Aunque éste no sea el tema de este estudio, se va a mencionar de manera indirecta al tratar obras que no se encuentran a menudo en las clases universitarias o en artículos académicos.

Otro aspecto que hay que subrayar es que la mayoría de los pocos estudios que tratan escritos como *Las naves quemadas* de Armas Marcelo, *El caldero de oro* de Merino, *Crónica de blasfemos* de Álvarez Sáenz o *Naufragios de Álvar Núñez* de Sanchis Sinisterra no llegan a realizar una comparación española-latinoamericana, a pesar de que el tema y las conexiones intertextuales exigen una perspectiva compa-

[7] Se entiende que estos factores son de igual o incluso mayor importancia fuera de España, pero en América Latina se encuentra un gran número de novelas de la Conquista escritas por autores pertenecientes al canon literario (v. Carpentier y Posse), por lo cual los mecanismos favoritistas latinoamericanos no tienen tanta influencia en la selección de obras para este estudio.

rativa. Tampoco podemos encontrar una única explicación fácil para este fenómeno, pero sería útil considerar la crítica que Herzberg dirige a la tendencia tradicional de la literatura española: "We proceed as if hermeticism were a virtue, as if simply proclaiming the uniqueness of recent Spanish fiction were a felicitous substitute for comparative study" (1988: 21). A pesar de las numerosas y crecientes excepciones encomiables, es deplorable que incluso hoy en día, más de treinta años después de la muerte de Franco, la teoría literaria, la filmología y las ciencias culturales españolas no gocen de la fama internacional o interdisciplinaria que podrían tener si se comparan con sus equivalentes angloamericanos. Tal vez no sea coincidencia que en la reciente discusión internacional sobre "interculturalidad" y "transculturalidad" participen pocos españoles, a pesar de que *El País* ha identificado a España como el estado "con un mayor porcentaje de extranjeros de entre los cinco más poblados de Europa" (Blasco Castany 2008: 33). Este estudio no pretende analizar hasta qué punto lo anterior está relacionado con el relativo proteccionismo del sistema universitario español, pero sí importan aquí sus resultados en este campo de investigación: la escasez de nuevos estudios comparativos de teoría cultural que tienen el colonialismo como tema literario central. Pulgarín acentúa que simplemente no hay ningún "importante corpus [de investigación] que estudie la narrativa hispánica más reciente" (1995: 13), y aunque la situación se haya mejorado levemente en los últimos años, sigue siendo obvio que el gran número de obras nuevas acerca del tema no ha recibido la atención que merece.

La tendencia a la discriminación también concierne el sexo del autor, en el sentido de que para autoras como Asensi, Chacón y Vergara, e incluso hasta cierto punto para escritoras latinoamericanas de reconocimiento internacional como Boullosa, no es fácil introducirse en un canon narrativo hispánico tradicionalmente masculino. Otro elemento importante es el estilo de la nueva narrativa, ya que la literatura secundaria se concentra claramente en obras "neobarrocas" como *El arpa y la sombra* de Carpentier o *Los perros del paraíso* de Posse, lo cual se refleja en la lista de la nueva novela histórica latinoamericana compilada por Menton (1993). En cambio, los trabajos "hiperrealistas" como *La mujer habitada* de Belli, *El origen perdido* de Asensi y *Cabeza de Vaca* de Echevarría suelen despertar mucho menos interés. En el primer caso se trata de la perspectiva literaria-estética y sociológica desarrollada por Carpentier, Sarduy, Calabrese y Jarauta, que se caracteriza por la transformación, la mutación y la innovación y que se suele manifestar de forma fragmentaria y poco estable; en el segundo, encontramos una visión alternativa a la neobarroca cuya nueva sencillez la describe Walter como "simulacro de lo real cada vez más literario" (1991: 24, v. III.2.3). El hiperrealismo incluye el regreso parcial a las técnicas de narración mimético-realista pero esta vez en el contexto de un entusiasmo narrativo diferente, dentro del cual autores como Eco, Santos Alonso y Merino son muy conscientes del entrelazamiento intertextual e interdiscursivo de sus obras; sin embargo, con el fin de alcanzar más lectores que los escritores neobarrocos, dichos autores prefieren limitar la elaboración de tal aspecto a referencias que se encuentran por debajo del nivel de narración.

Este estudio pretende, por tanto, reducir las lagunas de investigación que resultan de la escasez de aproximaciones transnacionales e interdisciplinarias, la marginación de las obras hiperrealistas y la discriminación sexual. Se exploran así las representaciones narrativas hispánicas de la Conquista y el colonialismo de América Latina bajo una perspectiva comparativa, sobre todo en lo que se refiere a los nuevos acercamientos culturales (de García Canclini 1995 y Welsch 1999 a De Toro 2006 y Antor 2006c), las teorías literarias estructuralistas y postestructuralistas (Bajtín 1990; Menton 1993), las perspectivas de género postfeministas (De Valdés 1998; Kaplan 2000) y los estudios que combinan el análisis cultural y de género (Hölz 1998, 2002). Esto significa que el componente intercultural y transcultural se extiende al mismo corpus de textos, con lo cual se va más allá de las investigaciones realizadas, entre muchos otros, por López (2002) y Domschke (1996). La base de esta comparación es la tendencia "híbrida" o "postmoderna" de las obras narrativas pertenecientes al análisis, y su objetivo es investigar cómo lo fragmentario, la vaguedad y la pluralidad de las perspectivas contemporáneas contribuyen a alcanzar una nueva visión capaz de liberarse de los esquemas de interpretación usados en los discursos políticos tradicionales. En concreto, este estudio se propone analizar:

- hasta qué punto los nuevos autores y directores logran distanciarse de las imágenes diseminadas por el colonialismo y el neo-colonialismo sin asimilar en el proceso las construcciones de otros discursos legitimadores como el indigenista, el marxista o el feminista,
- cuáles son los medios estilísticos más frecuentes y más efectivos en la deconstrucción de las identidades tradicionales,

• de qué forma se trata la diferencia entre los géneros en la imagen narrativa de la Conquista,

• la coherencia de dicha imagen.

Aunque el corpus de textos esté compuesto por 20 novelas, 10 películas y 10 piezas de teatro, este estudio no puede pretender ser exhaustivo ni en lo que se refiere a la narrativa española ni mucho menos a la latinoamericana: los problemas al acceder a un gran número de publicaciones explican (aunque no justifican) por qué muchos países latinoamericanos no están representados y por qué muchas obras quedan fuera del alcance. Se trata claramente de una selección, más radical en el caso de las novelas y las piezas teatrales que en los largometrajes, pero aun así una selección que se presenta en su contexto narrativo en III.2.1. La mayoría de las obras son españolas o latinoamericanas, pero algunas son "híbridas", en el sentido de que, debido al origen migratorio del autor o al carácter multinacional de su realización, no encajan bien ni en la primera categoría ni en la segunda, sino más bien hay que situarlas "in-between" (Bhabha 1994). Esto es obvio en el caso de las coproducciones de cine o en la puesta en escena de piezas teatrales importantes, ya que los directores, guionistas, actores, equipos técnicos y fuentes de financiación suelen cruzar las fronteras nacionales, en particular si concierne un tema hispánico como la Conquista de América. Por esta misma razón, no es casualidad que las distinciones nacionales, las cuales se siguen aplicando con excesiva frecuencia, hayan llegado a ser cuestionables en el contexto de las recientes discusiones sobre la transnacionalidad del cine.

Esta elección narrativa refleja la gran cantidad de novelas aparecidas recientemente en comparación con las producciones en otras formas narrativas, pero también se debe a la superficialidad de los aspectos metaficcionales que aparecen en buena parte de las películas y algunas piezas de teatro. Para facilitar el análisis pormenorizado se emplearán cuatro novelas, una película y una pieza de teatro en forma de casos prácticos, mientras que el resto del corpus aparecerá en la discusión del contexto narrativo (en III.2) y en el análisis de textos, siempre y cuando ayude a corroborar o relativizar los resultados de la investigación. Las novelas en cuestión son *Las naves quemadas* y *El origen perdido* de los españoles Armas Marcelo y Asensi, y *El arpa y la sombra* y *La mujer habitada* de los latinoamericanos Carpentier y Belli. A esto se añade *Cabeza de Vaca* (1992), una coproducción cinemática (México, España, EE.UU. y Reino Unido) que refleja la creciente transnacionalidad de este medio narrativo en su modo de financiación, la intertextualidad del guión y la selección de actores. Finalmente encontramos *Naufragios de Álvar Núñez*, la última parte de la *Trilogía Americana* del valenciano Sanchis Sinisterra, una pieza teatral que destaca por su forma de elaborar la metaficción histórica pero que todavía no ha despertado mucho interés académico.

Generalmente, todas las obras incluidas en el corpus cumplen con los criterios de la nueva narrativa elaborados por Menton, Aínsa y otros (v. III.2.2), pero además las seis obras que se examinan en detalle tienen ciertas características y siguen nuevas tendencias de gran importancia para el tema de la Conquista. En particular, la selección considera el creciente número de novelistas españolas y latinoamericanas en comparación con el dominio masculino casi absoluto en el teatro y el cine de la Conquista. Consecuentemente se presta mucha atención al rápido aumento de la influencia femenina en la novela, en especial a través del análisis minucioso de las obras de Belli y Asensi, con el fin de poder examinar mejor la existencia y presentación histórica y cultural de lo femenino, teniendo en cuenta su falta de protagonismo histórico (v. Bovenschen 2003: 9 ss.). El deconstructivismo feminista que propone la Otredad femenina como alternativa al falocentrismo de la narrativa tradicional es particularmente interesante. Con respecto a la laguna en la investigación sobre la narrativa hiperrealista, la selección incluye tres textos en esta vertiente: *La mujer habitada*, *El origen perdido* y *Cabeza de Vaca*. Su integración también contempla tendencias populares recientes, ya que la obra de Belli pertenece al género de la novela testimonial muy común en América Latina, la de Asensi es un ejemplo de la novela de aventuras extremamente popular en la España contemporánea, y la película de aventuras de Echevarría es bien conocida a ambos lados del Atlántico. No hay duda de que el impacto de estas obras en la opinión pública supera muy frecuentemente el de los textos neobarrocos, historiográficos y políticos. Hablando del cine, Junkelmann categoriza *Gladiator* de Ridley Scott como "tal vez el medio de comunicación con mayor impacto a la hora de diseminar imágenes del mundo antiguo" (2004: 63, traducción del autor), y hasta cierto punto hay que valorar de manera semejante la influencia de películas como *1492* (del mismo director) y *Cabeza de Vaca* en la opinión que tiene el público sobre la Conquista. Aunque ninguna de las dos haya alcanzado la popularidad de *Gladiator*, son películas conocidas, no solamente por su lanzamiento en cines internacionales y su repetida emisión en televisión, o por su venta y alquiler en DVD, sino también por su presencia en entornos más actuales como "YouTube" y por su accesibilidad a través de diversos programas de intercambio de archivos (P2P).

Finalmente, otro criterio de selección importante es la falta de literatura secundaria acerca de las obras individuales. Es decir, si este estudio incluye en su análisis *La mujer habitada* de Belli es porque Itzá, la india que posee una existencia mágica que abarca el pasado y el presente y que aparece como figura clave en el tema de la Conquista, todavía no ha encontrado la atención académica que merece, particularmente en comparación con Lavinia, su homóloga contemporánea, sandinista y feminista. Atendiendo a nuevos conocimientos sobre el simbolismo del cuerpo femenino en la cosmología indígena y en la historiografía y narrativa contemporáneas (v. "[the] performative turn", y las recientes obras de Judith Butler), la fijación en Itzá debería contribuir a superar las interpretaciones tradicionales de la novela como obra radical-indigenista o mágico-realista. En el caso de *El arpa y la sombra*, es especialmente importante integrar nuevos conocimientos sobre los intertextos (semi)ficcionales en el *Libro de abordo* de Colón, al cual recurre buena parte de la novela, ya que estos apoyan y refuerzan la deconstrucción literaria de la historia oficial como mera ficción historiográfica. Por el contrario, hay muy pocos análisis académicos sobre *Las naves quemadas* y *El origen perdido*, a pesar de que las estrategias carnavalescas de deconstrucción en la primera obra y la integración de conceptos borgianos y bajtinianos en la segunda parecen ser métodos convincentes para acercar al lector medio a las sensibilidades postmodernas y, en particular, para hacerle comprender que la nueva narrativa tiene que romper con "el modelo estético único" (Aínsa 1991: 17). Como ejemplo del cine colonial hispánico contemporáneo *Cabeza de Vaca* destaca por su indiscutible mensaje transcultural, debido a que utiliza el potencial humano de generar un sincretismo religioso para tratar un tabú que no sólo se remonta a la época del franquismo, sino que también está presente en los ámbitos contemporáneos del catolicismo y el protestantismo conservadores. Por desgracia, la literatura secundaria tiende a marginar esta dimensión transcultural al describir al protagonista superficialmente como español "gone native" (Floeck 2003: 272). Finalmente, *Naufragios de Álvar Núñez* ha recibido muy poca atención académica a pesar de que es una obra altamente experimental. Además de conseguir disolver los modelos miméticos tradicionales de la historia de la Conquista por medio de su extrema fragmentación, mantiene una conexión permanente con el presente, la cual ayuda a identificar una gran variedad de perspectivas que se encuentran marginadas continuamente, ya sean indias, magrebíes, negras, o simplemente de mujeres.

Para poder valorar la nueva narrativa mejor, este estudio trata el tema en cinco pasos: después de unas palabras preliminares acerca del alcance, el significado y el posible impacto de las construcciones discursivas de identidad y alteridad (II.1), el primer capítulo analiza las imágenes de la Conquista en el colonialismo y el neo-colonialismo (II.2) y compara los resultados con la representación del tema en el discurso indigenista (II.3) y la historiografía contemporánea (II.4). En este contexto se retoma la ética colonial del Siglo de Oro, ya que la reconstrucción de sus aspectos clave es necesaria para comprender las diferentes tácticas de deconstrucción en la nueva narrativa. En el segundo capítulo se investigan primero las imágenes y estrategias discursivas centrales de las obras tradicionales (III.1), para entonces poder apreciar mejor en qué medida las nuevas obras se distancian de aquellas, así como su tratamiento en la literatura secundaria (III.2), lo cual incluye la presentación del corpus (III.2.1), la investigación de sus denominadores comunes (III.2.2), y una descripción de las tendencias neobarrocas e hiperrealistas (III.2.3).

Aunque en general se suela datar el principio de la nueva narrativa en los años setenta y ochenta, esto no significa ni un cambio completo e inmediato durante estos años, ni mucho menos el desuso de las técnicas literarias documentales y realistas. Más bien hay que imaginarse una coexistencia dentro de la cual la narrativa tradicional sigue atrayendo a una buena parte, si no a la mayoría, de los lectores medios. Sin embargo, se puede hablar de un cambio paradigmático narrativo cuya estrategia deconstructiva, transcultural y postcolonial confirma que hace falta una observación académica comparativa basada en la polifonía cultural propuesta por este estudio. Teniendo en cuenta este contexto, el análisis de las obras se concentra primero en las obras neobarrocas, es decir, en *El arpa y la sombra*, *Las naves quemadas* y *Naufragios de Álvar Núñez* (IV.1-3). A continuación se examinan las tres obras hiperrealistas: *La mujer habitada*, *El origen perdido* y *Cabeza de Vaca* (V.1-3); por último, en el quinto capítulo se conectan las hipótesis centrales resultantes del análisis de los textos individuales para poder así describir las características, los límites y el potencial de la nueva narrativa de la Conquista.

Con el fin de facilitar la lectura de este estudio, las citas en lenguas extranjeras están traducidas al español; la única excepción son las citas en inglés, las cuales se han dejado en el original por su comprensibilidad transfronteriza.

Capítulo I
Los discursos sobre la Conquista

1. Construcciones de identidad y alteridad

En el contexto de encuentros culturales el término "alteridad" suele referirse en primer lugar a la definición de las características del "Otro", es decir, de algo/alguien diferente del "Yo" ("alter ego"). Sin embargo, desde la perspectiva del Yo, este "ser diferente" puede ser más o menos comprensible, y son precisamente los casos más incomprensibles, clasificados como foráneos, los que resultan de particular interés para este estudio[1], ya que reflejan fundamentalmente la percepción y presentación de las culturas indígenas por parte de los conquistadores españoles y viceversa. El proceso de llegar a conocer lo foráneo –concebido en general como más o menos irracional y opaco– está guiado por estructuras de pensamiento e ideas culturales conocidas ("propias"), que hasta cierto punto se definen a partir de las condiciones históricas, que forman la base de esta estructura. Hay que sostener que frente a los retratos subjetivos que se construyen, en los cuales incluso lo foráneo aparece frecuentemente como un Otro bien comprensible, la alteridad nunca es del todo inteligible, pero para poder entenderla mejor hay que considerar los aspectos fenomenológicos, situacionales, socioculturales e individuales del encuentro cultural (v. Gewecke 1992: 275 ss.).

[1] V. Strasser (1991: 90 ss.) para la diferencia entre el Otro y lo foráneo.

Para Foucault lo foráneo es sobre todo un problema epistemológico, y en el prólogo a *Les mots et les choses* subraya la imposibilidad de comprender totalmente "otra" cultura (1993 [1966]: 17). Esta hipótesis podría extenderse a la "propia" cultura o "imagined community" –para aplicar un concepto de Anderson (2006)– ya que los conceptos de identidad y alteridad se encuentran en una relación de interdependencia. Esto significa que hay que indagar brevemente en la relación entre los cuatro conceptos principales en el análisis de texto –la monoculturalidad, la multiculturalidad, la interculturalidad y la transculturalidad– antes de investigar los mecanismos centrales utilizados en los discursos clave para su formación y diseminación en el contexto de este estudio.

El filósofo y catedrático alemán Wolfgang Welsch acentúa que las nociones de cultura

> are not just descriptive concepts but operative concepts. Our understanding of culture is an active factor in our cultural life. [...] If one tells us (as the old concept of culture did) that culture is to be a homogeneity event, then we practice the required co-ercions and exclusions. We seek to satisfy the task we are set – and will be successful in doing so. Whereas, if one tells us [...] that culture ought to incorporate the foreign and do justice to transcultural components, then we will set about this task, and then corresponding feats of integration will belong to the real structure of our culture. The 'reality' of culture is [...] always a consequence too of our conceptions of culture (1999: 4).

Welsch introduce aquí la distinción básica entre el monoculturalismo tradicional, que él conecta con la "cultura del pueblo" ("Volkskultur"), y la noción de transculturalismo, conceptos que podrían situarse en los extremos de una gama cultural en la que el "multiculturalismo" y el "interculturalismo" se hallarían en el medio. Los cuatro conceptos son considerablemente diferentes, aunque Welsch y Graham Huggan (2006: 58) suelen subrayar la fuerte continuidad entre el monoculturalismo, el multiculturalismo y el interculturalismo, mientras que Heinz Antor (2006b: 30 ss.) y Werner Delanoy (2006: 239) prefieren interpretar el interculturalismo y el transculturalismo como nociones complementarias.

Para nuestro estudio es importante tener una definición clara de estos conceptos, ya que todas las novelas españolas y latinoamericanas interpretadas aquí se caracterizan por un fuerte interés en romper con las estructuras monoculturales características de los discursos coloniales. Lo que hay que explorar en cada caso individual es si este propósito cultural se plantea a base de un concepto multicultural, intercultural o transcultural, y hasta qué punto logra su objetivo sin recurrir a estructuras neo-coloniales o indigenistas igualmente monoculturales.

Los cuatro académicos mencionados anteriormente están de acuerdo en rechazar el concepto monocultural de la "cultura del pueblo", el cual marcó la mayor parte del largo proceso de globalización y construcción de las naciones en la historia moderna, y cuyo comienzo se suele datar en la segunda mitad del siglo XV, con particular referencia al final de la Reconquista y a los viajes de Colón. La conexión del desarrollo de este concepto con el filósofo Johann Gottfried Herder, como sugiere Welsch[2], es sin duda cuestionable, pero algunas frases de una de sus primeras obras resumen el monoculturalismo tradicional de manera convincente:

> Todo lo que corresponde a mi naturaleza, lo que en ella se puede asimilar, lo envidio, aspiro a ello, lo hago mío; más allá de esto, la naturaleza benéfica me ha armado con insensibilidad, frialdad y ceguedad; puede incluso convertirse en desprecio y hastío (Herder 1989: 45, traducción del autor).

La cita menciona un concepto dual que desde el punto de vista cultural o racial se centra en el Yo "puro" y superior frente a lo foráneo "impuro" e inferior, acentuando así la distinción clave usada en el discurso colonial europeo, a la que vuelven a recurrir en el siglo XX el fascismo español, italiano y alemán. Welsch tiene razón al rebatir que tal concepto "no es sólo falso sino peligroso" en su paradigma de asimilación y exclusión, y que en una sociedad cada vez más global es importante considerar las culturas fuera de la oposición entre el Yo y lo foráneo (1997: 69). Por desgracia el concepto de la "cultura del pueblo" no termina con el nacionalismo extremo que culmina en las dos guerras mundiales, aunque ciertamente la descolonización, la inmigración masiva de trabajadores no europeos en los años cincuenta

[2] En general, está aceptado que a Herder hay que categorizarlo más bien como precursor de la noción contemporánea de una Europa culturalmente diversificada y unida (Gaier 2007; Proß 2007).

y sesenta, y las numerosas ideas sobre culturas alternativas desarrolladas por ejemplo por la generación del 68 han contribuido a crear un ambiente público más abierto a la diversificación.

Al acentuar la necesidad de mantener la coexistencia pacífica de diferentes culturas dentro de una misma sociedad, el multiculturalismo se distancia de forma significativa de los principios de "pureza" y homogeneidad que caracterizaban al discurso franquista oficial hasta su final en 1975. Sin embargo, en la definición propuesta por Welsch (que parece ser la más diseminada) se trata de un concepto que prolonga el separatismo cultural al insistir en la preservación de fronteras culturales rígidas y al enfocar cuestiones de coexistencia, la cual no responde a los desafíos de la interacción cultural investigados por expertos de la comunicación intercultural (v. Welsch 1997: 70). La controversia sobre qué conceptos de cultura son más adecuados para vivir en armonía en una sociedad cada vez más global se agrava cuando Welsch conecta su noción de interculturalismo con el separatismo del monoculturalismo y del multiculturalismo, una línea de argumentación apoyada por Huggan, que la considera como "back-door to cultural essentialism" (2006: 58).

El argumento central de Welsch es que a pesar de la dimensión interactiva asociada con el interculturalismo, sus defensores olvidan con facilidad la interconexión cultural al intentar resaltar las diferencias que a ellos les gustaría conectar (Welsh 1999: 2). Un ejemplo de este tipo se podría encontrar en la obra de Bolten que, al estilo de la literatura de los años noventa, define el campo de la comunicación intercultural como "interacción interpersonal" entre miembros de grupos "diferentes" que "se distinguen" por sus conocimientos y la simbología de su comportamiento (Bolten 1994: 18-24; traducción del autor). Estas diferencias parecen resultar de las experiencias desiguales vividas por dichos sujetos, las cuales incluyen interpretaciones diferentes del Yo y del Otro. Antor subraya, y con razón, que muchos representantes actuales del interculturalismo suelen distanciarse claramente de la idea de las oposiciones culturales y, en su lugar, se concentran en las posibilidades del diálogo en el cual hay que negociar lo común y lo diferente al mismo nivel y con el mismo objetivo que Bolten ya tenía en los años noventa: cruzar las fronteras mentales culturales (Antor 2006b: 29). Delanoy va incluso más lejos al acentuar que los interculturalistas han mostrado siempre un interés fundamental por "la interdependencia cultural" y "los fenómenos transculturales" (2006: 239).

Conectado directamente con la definición de interculturalismo, el transculturalismo se puede categorizar como la ruptura radical con las tres nociones más o menos separatistas de cultura (v. Welsch 1999: 3), como un concepto que finalmente difumina las diferentes líneas de demarcación entre las culturas (Antor 2006b: 30), o como parte de un amplio movimiento intercultural cuyos representantes se han interesado frecuentemente por el diálogo entre las culturas (Delanoy 2006: 239, 2008: 99). Dicho diálogo exige últimamente considerar tanto lo común como lo diferente y permite el intercambio de puntos de vista.

Este estudio reconoce que el transculturalismo se concentra en las interacciones e intercambios que contribuyen al desarrollo de un "pool of global cultures" (Huggan 2006: 58 ss.), pero –en oposición a Huggan– hay que sostener que la existencia de este "pool" no conduce necesariamente a un aumento considerable en la selección cultural por los individuos, sino que sólo ofrece más opciones[3]. Además no se debería olvidar que recientemente han surgido muchos estudios que describen precisamente esto como característica fundamental del interculturalismo contemporáneo y, mientras sea así, se trata de una tendencia que debemos apoyar, ya que al fin y al cabo no es el término lo que importa sino el concepto, y tampoco hay duda de que ya en los años noventa las perspectivas interculturales y transculturales coincidían más de lo que Welsch (1999) o Huggan (2006) exponen[4]. En

[3] Ritzer (2008) ha demostrado la existencia de tendencias contrarias en desarrollos socioeconómicos en los cuales la transculturación puede traducirse como americanización. Aunque en general parece haber una afinidad entre el transculturalismo y la selección cultural individual, frecuentemente favorecida por el declive de valores nacionalistas, esta libertad de elección suele ser limitada. No hay duda de que se observa un gran énfasis en el individualismo en el mundo del consumo, que se refleja en los eslogans de los anuncios como "porque yo lo valgo" de L'Oréal, "me-time" de Bold y "too good to share" de Doritos y Cadbury's (v. también Magnum, Maltesers). Sin embargo, su límite en cuestiones de más importancia (acceso a diferentes niveles de educación y a puestos de trabajo, protección del puesto de trabajo) suele ser considerable y, en este sentido, cada caso individual merece un análisis por separado.

[4] Aunque Mecklenburg confirma la conexión de los dos conceptos, la fuerte crítica que hace de Welsch no es del todo convincente, ya que ésta parte de la idea de que existe una definición universalmente aceptada de "interculturalismo" que incorpora ampliamente las ideas transculturales (Mecklenburg 2007: 93), y que desecha como "interpretaciones equívocas" y "conceptos falsos" a todas las demás, en particular las que "prestan más atención a las teorías académicas de diferencia cultural que a la transcul-

este sentido complementario –y no antagónico– de transculturalismo, hay que volver a revisar la vieja cuestión del sujeto agente individual frente a las estructuras colectivas que lo determinan. Novelistas como Matilde Asensi han adoptado posiciones transculturales a la hora de comentar sus obras identificando cada vez más oportunidades de selección cultural individual, y la construcción de algunos personajes narrativos va en esta dirección (v. el narrador en primera persona de *El origen perdido*).

Sin embargo, hay que explorar por medio del análisis de texto hasta qué punto las obras narrativas corroboran tales afirmaciones. De todas formas no sería correcto considerar el reconocimiento en la narrativa de identidades múltiples e híbridas como solución universal para acabar con las nociones tradicionales de cultura, ya que fuera y dentro de las obras quedan huellas monoculturales que siguen caracterizando las mentalidades de los autores y su público. El análisis de texto mostrará que algunas veces estas huellas son tan fuertes que incluso cabe preguntarse qué modelo dominará nuestra percepción de otras culturas en el futuro: ¿el monocultural, el transcultural u otra forma no discutida aquí? Y si se tratara de un modelo transcultural, ¿significa necesariamente que es un desarrollo positivo?

Sin duda, las perspectivas monoculturales siguen siendo tan populares que no se puede hablar de un cambio histórico, lineal y progresivo del monoculturalismo al transculturalismo. Diferentes ejemplos de transformaciones contrarias incluyen el cambio paradigmático de una España musulmana relativamente liberal a la católica conservadora y racista en 1492, del Imperio otomano multicultural a la República nacionalista de Mustafa Kemal Atatürk en los años veinte, y de la República de Weimar al nacionalsocialismo en los años treinta. A esta lista indicativa se podrían también añadir los cambios en la política

turalidad académica" (Mecklenburg 2007: 98). Lo interesante es que Mecklenburg admite la existencia de estas últimas perspectivas y además está de acuerdo con Welsch al rechazarlas, así que queda sobre todo la cuestión de diseminación y aceptación, porque si se trata de puntos de vista muy comunes, percibidos como "interculturales", la crítica de Welsch es muy comprensible. Desgraciadamente no disponemos de ningún análisis empírico diacrónico detallado del uso del término intercultural pero, con referencia a la literatura secundaria y los libros de texto populares en la enseñanza del alemán y el español como lenguas extranjeras a partir de los años noventa, este estudio puede confirmar que el enfoque en las diferencias culturales a coste de las semejanzas y las influencias mutuas no es nada excepcional.

exterior estadounidense, de una América de relativa coexistencia cultural en los tiempos de Kennedy y Clinton a una América que destaca por claras tendencias imperialistas y numerosas violaciones de derechos humanos en los períodos de Reagan (Nicaragua) y Bush (Iraq), cambios que en su conjunto parecen indicar la tendencia de retornar al esencialismo, a la homogeneidad y al separatismo en períodos de crisis y de búsqueda de orientación existencial. Precisamente esta búsqueda de identidad colectiva podría ayudar a explicar el retorno a las perspectivas monoculturales en algunas novelas, e incluso más en el cine, cuando se trata del tema de la Conquista y la colonización.

Por otra parte, dominan los ejemplos de textos que celebran la hibridez cultural como el camino más productivo para desarrollar una mentalidad transcultural, pero se nota también que la "hibridación" ha llegado a ser una moda y que la industria (sea editorial, musical, etc.) se concentra en su aspecto más exótico porque vende bien. En este contexto, hay que cuestionarse hasta qué punto la nueva narrativa forma parte de un corpus de textos que aumenta la influencia de la industria editorial de los países ex-colonizadores en los países ex-colonizados sin cambiar significativamente las perspectivas jerárquicas dominantes. El problema es que al degenerar en tal objeto de consumo exótico, la hibridez no sólo podría perder su potencial desestabilizador sino que podría consolidar las dicotomías y jerarquías tradicionales, como indica Kien Ngu Ha en el caso del marketing de la música de Shakira. Por tanto hay que considerar que existen nociones transculturales "forzadas", "reglamentadas" y "opresivas" implementadas desde los centros del poder (Delanoy 2006: 236 ss.). Sin embargo, en este estudio nos interesan más los personajes alternativos que la nueva narrativa propone como ejemplos transculturales en oposición al separatismo cultural tradicional, y éstos suelen elegir individualmente su camino aunque haya factores relativos al poder social que influencien sus decisiones (v. los protagonistas de *Cabeza de Vaca* y *Naufragios de Álvar Núñez*).

Ya que los diferentes conceptos culturales están transmitidos de manera "discursiva", es imprescindible reflexionar de forma crítica acerca de este concepto: Foucault define "discursos" como "conjuntos de enunciados" que tienen que cumplir cuatro requisitos: deben referirse a "un solo y mismo objeto"; usar "un determinado estilo", es decir, un "carácter constante de la enunciación"; mostrar determinados conceptos aunque estos no sean necesariamente coherentes y tener un carácter colectivo. Este último criterio se centra en "la identidad y la persistencia de los temas" (Foucault 1969: 51, 54, 57, 58)[5], un aspecto que sobrepasa la producción narrativa de un solo autor, como subrayan Danaher, Schirato, Webb (2000: 30 ss.) y, más en detalle, Borsò[6]. Foucault mismo acentúa:

> En toda sociedad la producción del discurso está a la vez controlada, seleccionada y distribuida por cierto número de procedimientos que tienen por función conjurar los poderes y peligros, dominar el acontecimiento aleatorio y esquivar su pesada y temible materialidad (1980: 12).

La asimilación del Otro, que el filósofo francés trata como característica de la mentalidad expansionista de occidente, significa entonces su "sumisión al propio discurso"[7], aunque hay que definir lo que significa este discurso. En el presente estudio se propone la comparación de las imágenes de la Conquista en la nueva novela española y latinoamericana con las perspectivas historiográficas, (neo-)coloniales[8] e indigenistas, que exige distinguir de forma no jerárquica entre tres discursos de alteridad: el "ficcional", el "historiográfico" y el "político"[9].

A pesar de los numerosos elementos "ficcionales" comunes a los tres discursos (que se tratarán más adelante), entre las novelas históricas, los estudios historiográficos y las declaraciones políticas hay diferencias fundamentales relacionadas con los modos, las condiciones y los objetivos discursivos. Mientras que algunas de las condiciones y los objetivos ya se reflejan en la distinción idealista entre los discursos del mito y del logos, los criterios de Foucault ayudan en particular a acercarse a lo desemejante en el modo. Para empezar, hay que tener en

[5] Esta identidad se basa en "transformar en saber discursivo lo que está esbozado como hipótesis o exigencia", como es el caso con "la idea evolucionista" del siglo XVIII (Foucault 2006 [1969]: 58).

[6] Según Borsò, el discurso "trasciende la conciencia individual y social", tiene una "lógica interna" que establece las reglas de poder y contiene "obligaciones" que se reflejan en el sistema de idioma (1994b: 37, traducción del autor).

[7] V. Breinig (1992: 180). Tal expansionismo resulta de proclamar la racionalidad occidental "moderna" (v. Liebmann-Schaub 1989: 308 ss.) como universal.

[8] Con el término "(neo-)colonial" este estudio quiere resumir los conceptos "coloniales" y "neo-coloniales".

[9] Ninguno de estos discursos puede considerarse por encima de los otros, además, hay que considerar que se trata tan sólo de una selección. V. también los límites epistemológicos discursivos formulados por Frühwald (1988: 122 ss.).

cuenta que –incluso dentro de un tema relativamente específico como el de la Conquista– las novelas históricas presentan temas literarios universales como los presagios, las visiones y los sueños premonitorios, o el rapto y la violación de mujeres, pero ninguno de ellos se limita simplemente a desarrollar la historia. Además hay diferencias en la expresión y la argumentación, ya que –al contrario que las normas del discurso historiográfico contemporáneo– no es necesario hacer referencia a fuentes históricas. Esto significa que el novelista, el guionista y el director son más libres que el historiador en la selección, la combinación y el desarrollo de las figuras, los lugares y las acciones, y que pueden aprovecharse de todos los recursos estilísticos de la retórica clásica y contemporánea.

"La provocación, la imaginación y la oposición tienen aquí su legítimo espacio libre" resume Langenhorst (1998: 357, traducción del autor), aunque la nueva narrativa no se limita a la provocación y la oposición, sino que gracias a su conexión intertextual con otros discursos de alteridad –incluyendo el historiográfico– es capaz de contribuir directamente al conocimiento del tema. Un aspecto central es tildar de ficticias las obras historiográficas y políticas que frecuentemente siguen glorificando como héroes o humillando como bárbaros a conquistadores como Colón, Pizarro y Cortés. Es esencial por tanto que, al recopilar sucesos históricos, la narrativa sepa reconstruir con tal exactitud las estructuras mentales que entonces condicionaban la percepción de las experiencias pasadas, que el lector debe ser capaz de comprender la interpretación de dichas experiencias en esa época. En este contexto hace falta mencionar la alienación, que puede facilitar el distanciamiento necesario para reflexionar sobre los comportamientos, sean conscientes o inconscientes.

Ahora bien, está claro que ni todas las obras literarias emplean estas estrategias, ni aquellas que sí las emplean lo hacen siempre con éxito, por ello es imprescindible recurrir al análisis de textos. El hecho de que tal análisis identifique de vez en cuando en la literatura representaciones semejantes a las que guían los discursos coloniales o indigenistas es muy interesante, especialmente ya que son los mismos discursos que la literatura se había propuesto refutar en un principio. Barthes resume lo siguiente acerca de su propio corpus de textos literarios del siglo XIX:

> On one hand, the language reported does not manage to emerge from a folklorist (one might say, colonial) view of exceptional languages; the language of the *Other* is framed [...]; and on the other hand, the social language reproduced by literature remains *univocal* [...]; the language observed is monologic, it never participates in a dialectic (1986: 114 ss.).

Además, confirma la ausencia deseada de ciertos lenguajes, lo cual reconoce como tendencia general y le conduce a la hipótesis de que todo discurso "aspira a impedir al otro hablar" (1986: 124). Se observan también limitaciones por la dominancia masculina, no tan acentuada en la novela pero más obvia en el cine y el teatro, donde apenas hay autoras o directoras de renombre trabajando en temas de la Conquista. Hay también restricciones en las reglas de construcción semántica y sintáctica, aunque en particular en la novela histórica, la libertad artística del escritor es relativamente grande ya que muchas reglas son más bien recomendaciones que obligaciones.

Por otra parte, el discurso historiográfico contemporáneo exige que se trate lo foráneo a base de referencias continuas a fuentes históricas, un elemento imprescindible de su crítica de textos. Al mismo tiempo se ha intentado objetivarlo mediante una "anonimización" del estilo idiomático, por ejemplo por medio del uso de expresiones impersonales y la inversión de los papeles de sujeto (historiador) y de objeto (su estudio, que supuestamente "explora"/"investiga"/"trata" algo).

Sin embargo, la subjetividad del discurso historiográfico es un tema frecuente desde los años setenta, y entre los numerosos estudios que investigan este fenómeno destacan los de Geertz (1983 [1973]), Kahr (1982) y White (1975, 1986). En particular, Geertz critica ya en 1973 la idea tradicional que defiende la objetividad de los "hechos históricos", al argumentar que las descripciones históricas son siempre "interpretaciones" de hechos o interpretaciones de otras interpretaciones, es decir, "ficciones" en el sentido original de la palabra ("fictio", i. e. algo hecho, 1983: 23). Kahr fue probablemente la primera en mostrar la influencia directa de las imágenes narrativas en estas ficciones cuando descubrió temas literarios típicos de la época en la historiografía decimonónica sobre la Revolución Francesa, con ejemplos como "la conspiración de los aristócratas", "la virtud perseguida" y "la víctima triunfante" (1982: 609). Finalmente, White desarrolla la argumentación teórica para borrar la separación tradicional entre literatura e historiografía, al principio mediante el análisis de los "master tropes" comunes (la metáfora, la metonimia, la sinécdoque y la ironía, 1975: 31 ss.), y más tarde a través de la descripción detallada de la ficción de los hechos (1986). Aparte de estos aspectos fundamentales, hay que tener en cuenta el problema de las referencias históricas, ya que los vencedores consiguieron destruir gran parte del patrimonio cultural de los vencidos, como por ejemplo durante la conquista y colonización de América[10].

El discurso político, que en este estudio está representado especialmente por las perspectivas (neo-)coloniales e indigenistas, recurre a elementos de los otros dos tipos ya mencionados: suele adaptar los modos de enunciación del discurso historiográfico, mientras que emplea estrategias de narración del ficcional, como por ejemplo la mitificación y la gran variedad retórica tradicional y contemporánea, empezando con alegorías, metáforas y repeticiones. El término "político" se refiere aquí generalmente a "actions (linguistic or others) which involve power, or its inverse, resistance" (Chilton/Schäffner 1997: 212), y que Barthes distingue fundamentalmente –por esta misma conexión con el poder– mediante los discursos "encráticos" (conectados con el poder y con sus numerosos aparatos e instituciones ideológicos, legislativos y ejecutivos) o "acráticos" ("fuera del poder y/o en contra de él", Barthes 1986: 128).

Por lo general, se podría argumentar que durante la época colonial el discurso indigenista se encuentra en una posición acrática, mientras que el discurso colonial se beneficia de su institucionalización y protege los privilegios de los que están en el poder. La relación entre el poder social y los discursos la ha resumido Van Dijk de manera convincente: "the more discourse genres, contexts, participants, audience, scope and text characteristics they actively control or influence, the more powerful social groups, institutions or elites are" (1993: 256). Sin embargo, en la segunda y tercera sección de este capítulo se va a mostrar que las fronteras entre los dos discursos no son siempre tan claras (v. la adaptación de la perspectiva de Las Casas en ambos discursos) y, a pesar de las muchas semejanzas en las estructuras de poder, hay que

[10] Un caso relativamente bien investigado y con semejantes problemas discursivos es la historiografía sobre la segunda guerra púnica, que ofrece casi exclusivamente la perspectiva de los vencedores romanos. Rings (1997) muestra las dificultades epistemológicas en la reconstrucción de las perspectivas de los vencidos.

considerar que los mecanismos de inclusión y exclusión cambian al igual que la élite sociopolítica. Es precisamente por estas razones que el modelo binario propuesto por Barthes tiene sus límites.

La obra clásica de Edward Said, *Orientalism* (1995 [1978]), parece ser un punto de partida muy interesante para acercarse en detalle a los aspectos ficticios de los discursos más conocidos sobre la Conquista. Hay que tener en cuenta que al principio los cronistas trataban el Nuevo Mundo explícitamente como parte del "Oriente" y –aun después de aceptar el error geográfico– seguían empleando imágenes estereotípicas orientales para describir lo foráneo. Al fin y al cabo se trata aquí de:

> [a] political vision of reality whose structure promoted the difference between the familiar (Europe, the West, 'us') and the strange (the Orient, the East, 'them'). [...] When one uses categories like Oriental and Western as both the starting and the end points of analysis, research, public policy [...] the result is usually to polarise the distinction – the Oriental becomes more Oriental, the Westerner more Western – and to limit the human encounter between different cultures, traditions and societies (Said 1995: 45 ss.).

En esta dicotomía, que desde la descolonización global de los años cincuenta y sesenta ha perdido impacto pero que sigue siendo popular, Europa aparece –según el lema progresista de la Ilustración– como un "maker of history" altamente dinámico frente a un Otro que se encuentra en estado de estagnación y que necesita orientación y protección patriarcal:

> Europe eternally advances, progresses, modernises. The rest of the world advances more sluggishly, or stagnates: it is 'traditional society'. Therefore, the world has a permanent geographical centre and permanent periphery: an Inside and an Outside. Inside leads, Outside lags. Inside innovates, Outside imitates (Blaut 1993: 1).

Esta idea está directamente relacionada con la supuesta superioridad occidental e inferioridad oriental, una oposición en la cual se borran las diferencias entre las diferentes culturas conquistadas. Fanon –el ilustre predecesor de Said– resume tal mentalidad en el caso de la colonización de África de esta forma: "For the colonist, the Negro was neither an Angolan nor a Nigerian, for he simply spoke of 'the

Negro'. For colonialism, this vast continent was the haunt of savages, a country riddled with superstitions and fanaticism" (1963: 170). La mayor parte de los cronistas de América muestra una tendencia igualmente generalizante en su tratamiento de los indios, aunque para ellos haya una diferenciación básica entre los buenos (es decir, los que aceptan la colonización) y los malos (los que se resisten).

Una alegoría frecuente aplicada a la relación entre colonizadores y colonizados la describe Blaut con las siguientes palabras: "Non-Europeans [...] were seen [...] as more or less childlike [who] could be brought to adulthood, to rationality, to modernity, through a set of learning experiences, mainly colonial" (1993: 96). Hall (1992: 308) y Spurr (1993: 7) categorizan esta forma de "idealizar" lo foráneo al asignarle la imagen del "Otro inocente" como una estrategia clave de los discursos coloniales. Otra alegoría más bien implícita en las crónicas, que Hall clasifica como "proyección de fantasías y deseos" y Spurr como "erotismo" (ibíd.), recurre a las nociones estereotípicas de género, en las cuales la colonización aparece como "political and socio-economic dominance of men and masculinity over woman and femininity" (Nandy 1983: 4).

Es también muy frecuente la presentación del territorio conquistado como espacio vacío y desconocido, una estrategia de "imposición" o "apropiación" (Hall 1992: 308; Spurr 1993: 7) que evita los problemas legales conectados con el hecho de otorgar al conquistador el derecho de inscribir su lengua y su cultura en el territorio "descubierto" por él. Otras mitificaciones (neo-)coloniales se las trata en el capítulo siguiente.

2. El Otro en los discursos coloniales y neo-coloniales

Ya que en realidad se trata de la perspectiva de los vencedores, no es de extrañar que en el "discurso colonial", término que suele abarcar "the variety of textual forms in which the West produced and codified knowledge about [...] areas and cultures under colonial control" (Williams/Chrisman 1994: 5), el conquistador interprete principalmente el papel de mediador del cristianismo y de la civilización humanista europea. Esto ya lo confirma el primer documento colonial, el diario de a bordo de Colón, que en la versión actualmente conocida hace referencias continuas a la tarea de evangelización:

> Conoscí que era gente que mejor se libraría y convertiría a nuestra Santa Fe con amor que no por fuerza [...]. Ellos deben ser buenos servidores y de buen ingenio [...] y creo que ligeramente se harían cristianos, que me pareció que ninguna secta tenían (v. Colón 1996 [1492]: 62 ss.).

El hecho de que se describa a los indios aquí como hombres pacíficos y amantes de la naturaleza (una imagen inspirada por las obras de Virgilio y Plinio) parece ser el resultado del proceso de copiado y revisión del diario a manos del famoso clérigo Las Casas[11]. Hay que tener en cuenta que el obispo de Chiapas se aprovecha del carácter oficial del diario en sus discusiones con Sepúlveda para últimamente convencer a la Corona española de la necesidad de proteger a los indios de conquistadores y encomenderos sin escrúpulos (1996 [1545]: 43 ss.).

Si queda todavía algo completamente original de Colón en este texto es probablemente la parte económica, que debe haber sido de gran interés para el comerciante genovés, del cual los Reyes Católicos esperaban una nueva ruta al rico Oriente. Es sin duda una parte que sigue una argumentación rigurosamente causal: Colón cree "que estos territorios son ricos, porque desea con todo corazón que lo sean; sus creencias se adelantan siempre a sus vivencias" (Todorov 1982: 30, traducción del autor), y en este sentido teleológico también hay que considerar la descripción de los indios. Vespucio y Vaz de Caminha secundan a Colón en la proyección pacífica que hace de ellos y, consecuentemente, en su recomendación de colonizar el Nuevo Mundo de manera pacífica.

Este tipo de interpretación instrumentalizada y teleológica de América se encuentra también en las famosas "Cartas de relación" de Hernán Cortés, aunque aquí el indio es más agresivo que en los textos de Colón. Además destaca por su alto nivel cultural, lo que facilita comparaciones directas con el moro expulsado de la España reconquistada y justifica el uso de la misma violencia que se empleó en

[11] El diario de a bordo de Colón se ha conservado solamente a través de la copia de Fray Bartolomé de las Casas, y la discusión sobre su grado de manipulación por el entonces obispo de Chiapas sigue siendo tema de disputa entre Zamora y Adolfo Vázquez. En su *Reading Columbus*, Zamora sostiene que Las Casas manipuló considerablemente el diario para poder usarlo en su lucha por conseguir la protección real de los indios (1993b: 28 ss.), mientras que Adolfo Vázquez defiende la perspectiva tradicional, que admite que hubo cortes y comentarios por parte del clérigo pero que rechaza la idea de que lo hiciera con intención manipuladora (1995: 277).

contra de éste. Es bien sabido que el logocentrismo de los conquistadores cristianos, en el cual el modo occidental de vivir aparece como la "vanguardia de la razón universal" (Waldenfels 1990: 62), lleva generalmente a un proceso de asimilación, pero en el caso de Cortés esta tendencia es tan acentuada que tiene connotaciones totalitarias y aparece como el objetivo final de su discurso. Se nota en particular una asimilación geográfica e histórica, reflejada en las numerosas paralelas geográficas entre el Nuevo y el Viejo Mundo, y en las supuestas semejanzas a las guerras de la Reconquista. No es casualidad que Cortés llame los nuevos territorios "Nueva España"[12], y que compare frecuentemente los pueblos indígenas con ciudades españolas durante la Reconquista.

Todo esto ayuda a construir la conquista de América como mera continuación de la Reconquista, lo que facilita la justificación de la invasión y ocupación de los territorios ajenos gracias a un denominador común: la evangelización. En esta línea de argumentación la fundación indígena Tizatlán nos recuerda rápidamente a la Granada de los árabes:

> Es muy mayor que Granada y muy más fuerte y de tan buenos edificios y de muy mucha más gente que Granada tenía al tiempo que se ganó [...]. Finalmente, que entre ellos [los indios] hay toda la manera de buena orden y policía, y es gente de toda razón y concierto, y tal que lo mejor de África no se le iguala[13].

Sin embargo, la construcción de la continuidad histórica va más allá al incluir el ideal caballeresco medieval de las cruzadas. Innes subraya que el discurso, "into which the conquistadors were born", era el de un mundo de "crusading knights", y describe el período de la Conquista como "age of medieval chivalry when the only proper activity for a gentleman, indeed his only 'raison d'être', was to fight" (1969: 22). Esta proyección de los conquistadores y colonizadores

[12] V. Cortés en su "Segunda Relación" al emperador Carlos V: "Por lo que yo he visto y comprehendido cerca de la similitud que toda esta tierra tiene a España, ansí en la fertelidad como en la grandeza y fríos que en ella hace y en otras muchas cosas que la equiparan a ella, me paresció que el más conveniente nombre para esta dicha tierra era llamarse la Nueva España del Mar Océano" (1993 [1519 ss.]: 308).

[13] Cortés (1993 [1519 ss.]: 184 ss.). De igual forma, el fortín "Segura de la Frontera" construido para facilitar la conquista de Tenochtitlán recuerda la fundación de una fortaleza del mismo nombre durante la Reconquista.

como "'caudillos' de la 'cruzada contra el infiel'" (Gómez-Moriana 1992: 38 ss.) conlleva a la legitimación y estabilización de la Reconquista por partida doble: por una parte, se puede recurrir a las bulas papales que justificaron las cruzadas; por la otra, las bulas de la Reconquista recalcan la prolongación de la guerra por "la fe", en la cual España se convierte en la mano derecha de Dios.

Es muy significativo en este contexto el tratado de Tordesillas (1494), en el cual el papa Alejandro VI reparte los territorios foráneos entre los españoles y los portugueses y conecta esta apropiación con la tarea de evangelización del soldado cristiano, otro paso en la política imperialista española que Gómez-Moriana atribuye a la mentalidad de la época: "Parece como si el 'homo hispanus' se hubiese identificado de tal manera con el ideal caballeresco de la cruzada, que, tras conseguir la 'pureza de la fe' interior, se lanza a imponerla en el mundo todo" (1992: 38 ss.).

Sin embargo, hay varios lapsos en los diferentes aspectos de esta construcción que a primera vista parece íntegra y coherente. Un problema es que presentar a los indios como sociedad con una gran cultura, lo cual sirve para glorificarse a sí mismos por acentuar el peligro de la Conquista, no ayuda a justificar la fuerte violencia empleada contra ellos. Esta es la razón por la que hace falta crear una imagen de inferioridad que culmina en una descripción bastante dudosa del Otro: por una parte, son sujetos culturales, "pero sujetos reducidos a su papel de producir objetos", como por ejemplo las ciudades que tanto le impresionan a Cortés; admira sus rendimientos, "pero con una admiración que acentúa la distancia entre él [Cortés] y ellos" (Todorov 1982: 159, traducción del autor). A esto se añade la fantasía de que el desarrollo de los indios se ha parado justo entre el nivel del animal y el del hombre (Todorov 1982: 177), una creencia popular nutrida por las novelas de caballería exportadas en gran número a América.

Aunque haría falta un análisis detallado para estudiar las imágenes representadas por dichas novelas y su impacto en los conquistadores, está claro que fueron leídas en voz alta y con frecuencia al fuego de los campamentos, y que la invención de la imprenta contribuyó mucho a su diseminación (v. Ife 1985: 16). Pastor Bodmer habla de una "pasión colectiva por las novelas de caballerías" (1984: 153 ss.), y es muy probable que los cuentos en los cuales el caballero cristiano vence a un sinnúmero de infieles y monstruos fueran particularmente populares. Aunque estos enfrentamientos fueran ficticios, en los casos en los que no eran reconocidos como tales deben haber apoyado la teoría de la inferioridad y la hostilidad de los individuos foráneos cuyo terreno se acababa de invadir. Si es así, podríamos considerar estas obras como medios excelentes para la internalización del discurso de la cruzada en la mente del soldado simple, a pesar de que durante el período clave de la Conquista la Iglesia española las consideró como obras controvertidas por su contenido profano y romántico, e incluso llegó a prohibir su exportación al Nuevo Mundo[14].

Una tercera perspectiva del indio la ofrece Sepúlveda (1979 [1545]: 35), un hombre que nunca estuvo en América pero cuya opinión era muy respetada por ser representante de la Santa Inquisición. Cuando describe a los indios como bárbaros que no aceptan los valores cristianos y que por esta razón tendrán que ser convencidos de manera forzosa, lo que consigue es propagar explícitamente la idea de la Conquista como "bellum iustum". Basándose únicamente en valores occidentales, la obra de este teólogo elabora un catálogo de deficiencias que separan claramente al indio del soldado cristiano que está dispuesto a traerle la civilización europea:

> Compara ahora estas dotes de prudencia, ingenio, magnanimidad, templanza, humanidad y religión, con las que tienen esos hombrecillos en los cuales apenas encontrarás vestigios de humanidad; que no sólo no poseen ciencia alguna, sino que ni siquiera conocen las letras ni conservan ningún monumento de su historia sino cierta obscura y vaga reminiscencia de algunas cosas consignadas en ciertas pinturas, y tampoco tienen leyes escritas, sino instituciones y costumbres bárbaras. Pues si tratamos de las virtudes, qué templanza ni qué mansedumbre vas a esperar de hombres que estaban entregados a todo género de intemperancia y de liviandades, y comían carne humana[15].

[14] V. el decreto de Carlos V de 1531, que prohíbe la exportación a las colonias "de romances, de historias vanas o de profanidad como son de Amadís y otros de esta calidad". En 1543 se expande esta prohibición a todo tipo de "romances que traten de materias profanas y fabulosas e historias fingidas" (Ife 1985: 16).

[15] Sepúlveda (1996 [1545]: 105). Tomando como referencia a Covarrubias, Lewis define al "bárbaro" como "someone who spoke Spanish badly or not at all, was unable to write, did not obey Spanish law or behave according to Spanish custom, lacked reason and was 'merciless and cruel'" (1996: 89).

Se entiende que las diferencias entre las representaciones de los indios como retrasados, enemigos infieles o bárbaros en los documentos resumidos son muy importantes para legitimar su tratamiento, pero sirven igualmente para la justificación de la Conquista y la colonización. Con respecto al supuesto monopolio universal del pensamiento occidental-cristiano, en el cual se basan todas estas perspectivas, Waldenfels declara: "El adulto tiene razón frente al niño, el civilizado frente al retrasado, el sano frente al enfermo [...]. En el caso de niños y retrasados, se trata de formas no desarrolladas, en el caso del enfermo de formas fallidas de la razón" (1990: 62, traducción del autor). Tal imagen atribuye las diferencias entre los españoles y los indios al subdesarrollo de los últimos, en lugar de usar diferentes escalas para valorarlos. El mundo recién "descubierto" aparece así "igual al viejo, pero degenerado, débil", "una reproducción desvaída, o un espejo deformante", es decir, "ser 'otro' [o incluso más: ser foráneo] no significa sólo ser diferente, sino 'diferente porque menos': menos fuerte, menos inteligente... menos humano" (Campra 1991: 81 ss.)[16].

El diario de a bordo de Colón muestra que es fácil subestimar la resistencia de estos mecanismos de proyección porque, al encontrarse en una situación aparentemente contradictoria, solamente se dedica a sustituir una idea fantástica por otra. Un ejemplo es su reinvención de las sirenas: al ver que las mujeres que toma por sirenas no son tan guapas como dice el mito de Ulises, Colón "corrige" la noción de belleza del héroe mítico, pero en ningún momento se le ocurre pensar que no son las mismas sirenas o que se trata de seres imaginarios (Todorov 1982: 26 ss.). De esta forma se mantiene la idea de la superioridad racional europea a pesar de los numerosos ejemplos incoherentes, y es esta convicción la que últimamente facilita la justificación de la invasión y ocupación de vastos territorios ajenos. Sepúlveda resume la argumentación imperial al escribir:

> Es lícito y justo que los mejores y que más sobresalen por naturaleza, costumbres y leyes imperen sobre sus inferiores. [...] Con perfecto derecho los españoles ejercen su dominio sobre esos bárbaros del Nuevo Mundo e islas adyacentes, los cuales en prudencia, ingenio y todo género de virtudes y humanos sentimientos son tan inferiores a los españoles como

[16] V. Fama: "América fue inventada [...] en la imagen del descubridor" (1995: 36).

> los niños a los adultos, las mujeres a los varones, los crueles e inhumanos a los extremadamente mansos, los exageradamente intemperantes a los continentes y moderados, finalmente cuanto estoy por decir los monos a los hombres (1979 [1545]: 33).

Aunque al comparar a los indios con las mujeres Sepúlveda es más bien la excepción que la regla, la tendencia del conquistador masculino de presentar al indio de manera femenina es una constante en las crónicas y en los textos que se basan en ellas[17] y, por consiguiente, de particular interés para la investigación de géneros. Haciendo referencia a los estudios de Fernández, Zamora y Montrose, Lewis subraya dos aspectos en particular:

> Beginning with Columbus' letters and diaries, feminizing discourses were written into many Spanish accounts of the natives of the New World [...]. Spanish women, in turn, were themselves 'indianized' or 'primitivized' in the 'conduct manuals' written for them by the sixteenth-century Spaniards Luis Vives and Luis de León (Lewis 1996: 75).

Se podría entonces resumir que en el discurso colonial hay que leer la historia de lo foráneo como la historia menos heroica del Yo, pero en realidad va más allá: se vincula aquí la presente y futura discriminación del indio con la ya arraigada y antigua discriminación de la mujer y, lo que es más, esto se basa únicamente en los prejuicios que los hombres tienen sobre mujeres, que las describen como seres débiles, guiados por sus instintos animales (v. la noción de "mono" arriba), y en búsqueda de la orientación y dirección que sólo la racionalidad patriarcal les puede proporcionar.

La continuidad de tal discurso en la literatura europea la demuestra Hölz en su análisis de textos filosóficos de Hegel, Rousseau y Hugo (1998: 18-25), y en su estudio de las imágenes de género en la narrativa de Chateaubriand, Gautier y Mérimée, resume que de igual forma que

[17] V. López de Gomara, que ha observado en los indios que "hay muy pocos crespos ni bien barbados, porque se arrancan y untan los pelos para que no nazcan. [...] Píntanse mucho y feo en guerra y bailes [...]. Son mansos, lisonjeros y obedientes, especial con los señores y reyes" (1979 [1552]: 340). Sólo en una ocasión –en la misma obra– hace una comparación directa similar a la de Sepúlveda: "Visten una manta cuadrada, añudada al hombro derecho como gitanas".

el hombre cultural define al "hombre natural" de manera complementaria, a la mujer la categoriza únicamente como negación del orden masculino (Hölz 2002: 44).

La frecuente representación simbólica del Nuevo Mundo como india desnuda en la pintura europea barroca, romántica e incluso moderna confirma tal imagen, especialmente en el contexto de una sociedad patriarcal en la cual el hombre exige obediencia y lealtad de su mujer. Transferido al nivel de poder en el encuentro de las culturas, esto significa que el conquistador puede exigir lo mismo del indio. En cambio, Colón ya menciona la obligación del conquistador a ofrecer protección y ayuda, y Las Casas se lo recuerda repetidamente unas décadas más tarde, pero se trata de un deber cuyo cumplimiento era incluso más difícil de exigir en el caso de los indios sometidos por la fuerza en América que en el de las mujeres españolas del Viejo Mundo.

Lewis resume las características que se esperan de los "buenos" indios y las "buenas" mujeres bajo los temas "debilidad y reclusión", "honor y trabajo", y –dentro de la casa– "apertura y sexualidad". Es particularmente sorprendente la semejanza estructural entre el "enclosure centering on home and church" exigido de las mujeres (Lewis 1996: 77) y la renuncia a la política y la legislación exigida de los indios, con excepción de su participación en la "República de los Indios" fundada por la Corona española. Teniendo en cuenta la limitación socioeconómica del indio, esto le lleva a adoptar el trabajo rural como su ocupación "natural", un reflejo deformado de la limitación de las mujeres a las labores de la casa. Son tendencias estructurales de larga duración que siguen contribuyendo a la marginalización socioeconómica y política de los indios contemporáneos, y que culminan en la separación de la América Latina rural (identificada como india) de la urbana (clasificada como española), los "infieles" de los cristianos, los productores de los consumidores. Además, esta separación relativamente rigurosa contribuye a la estabilización del poder. Según dice Lewis, "the Spanish male was made elite not only by his rationality, superior self-control, blood purity and adherence to God's will. He also gained status through distance from labour, because manual production was considered dishonorable" (Lewis 1996: 78-79). Así, el hombre español se limita a la política nacional o regional y a la administración de sus terrenos, aunque las familias más ricas delegaran muchas de las últimas tareas a administradores mestizos.

Otra paralela consiste en la idea de que tanto los indios como las mujeres se dejan llevar por los instintos y, consecuentemente, se encuentran en oposición directa al hombre español razonable, del que necesitan protección porque "left unsupervised, Indians would not only pervert the socioreligious order through idolatry and witchcraft, they would also 'fall into sexual sin'" (Lewis 1996: 81). Este montaje paralelo es tan convincente que la Santa Inquisición suele tratar con semejante clemencia el comportamiento no deseado de estos dos grupos de "seres de la naturaleza": o no se los castiga para nada (los indios quedan exentos de la jurisdicción inquisitoria) o se les castiga menos[18].

Hay que constatar que las comparaciones directas de indios con mujeres como las que hace Sepúlveda son más bien la excepción, pero hasta cierto punto el representante de la Inquisición no hace más que expresar claramente lo que los textos de López de Gomara, Vespucio y Bernal Díaz tratan a nivel discursivo. El denominador común es la proyección de las deficiencias del Yo en el Otro:

> El ser diferente de los indios [...] se integra en la ética colonial dogmática del sujeto europeo de tal forma que llega a ser lo malo, instintivo y natural del Yo propio. En esta analogía, el Yo está frente al Otro como el sujeto civilizado frente al ser natural y lo masculino frente a lo femenino (Hölz 1998: 84, traducción del autor).

El punto de vista patriarcal, característico del discurso colonial, se puede apoyar fácilmente en el discurso teológico cuyo texto clave, la Biblia, no sólo acentúa la idea de la inferioridad femenina, sino que también da ejemplos claros de la aculturación de lo femenino, como el quinto libro de Moisés, 21, 10-13, titulado "Trato debido a una mujer cautiva":

> Cuando salieres á la guerra contra tus enemigos, y Jehová tu Dios los entregare en tu mano, y tomares de ellos cautivos / Y vieres entre los cautivos alguna mujer hermosa, y la codiciares, y la tomares para tí por mujer / La meterás en tu casa; y ella raerá su cabeza, y cortará sus uñas / Y se quitará el vestido de su cautiverio, y quedaráse en tu casa: y llorará á

[18] Lewis observa que "cases against women witches were often not taken up by the inquisitors, and convicted women were sometimes lightly punished" (1996: 80).

> su padre y á su madre el tiempo de un mes; y después entrarás á ella, y tú serás su marido, y ella tu mujer (De Valera 2007 [1862]: 42).

Aunque la limitación de la barbarie masculina hacia el sexo femenino en tiempos de guerra propuesta aquí indique una actitud progresista para el siglo VII a.C., hay que acentuar que lo que entonces parece buen trato a las mujeres sigue siendo cuestionable como modelo para la colonización de América, especialmente en una época en la cual florece el humanismo europeo, marcado por los estudios de Juan Luis Vives, Erasmo de Rotterdam y Tomás Moro. La reducción de las mujeres de los vencidos a botín de los vencedores correlaciona con la suposición tradicional de que Dios es masculino, y que lo masculino se entiende como "representante de lo humano en general" (v. Hausherr-Mälzer 1990: 99 ss., traducción del autor), una mentalidad que ya se refleja en la concordancia de los conceptos "ser humano" y "hombre" en latín ("homo"), español ("hombre"), francés ("homme") e italiano ("uomo").

Menos aún convence la reimplantación de los estereotipos coloniales en Europa durante y después del apogeo colonial, un aspecto ya indicado por Foucault: "Hubo toda una serie de modelos coloniales –sucesivamente adquiridos en Occidente– que le han permitido a Occidente practicar sobre sí mismo algo así como una colonización, un colonialismo interno" (Foucault 1996 [1975-76]: 88). El filósofo francés se refiere aquí a la creación y consolidación de nuevas estructuras burguesas conservadoras en los siglos XIX y XX, que recurren a la "misión civilizatoria" del colonialismo europeo para disciplinar al género femenino y la clase obrera en Europa. McClintock observa el mismo fenómeno de principios del siglo XX en Gran Bretaña: "the agency of women, the colonised and the industrial working class were disavowed and projected onto anachronistic space: prehistoric, atavistic and irrational, inherently out of place in the historical time of modernity" (1995: 40).

El fascismo español encuentra apoyo en una mentalidad burguesa muy comparable y, en general, sabe mantener al mínimo la influencia de estos elementos en la política del Estado hasta que pierde su poder gubernamental en 1975. La posición oficial de la España de Franco sobre la Conquista y colonización de América se refleja inequívocamente en el homenaje al Cuarto Centenario de la muerte de Hernán Cortés (1948). El famoso rebelde que ignora las órdenes de su rey

Carlos V aparece entonces en la acreditada *Revista de Indias* como el "alma de la conquista", "su héroe y protagonista" (Ezquerra 1948: 37) y, finalmente, como "verdadero libertador de los indios, a los que redime de sus tiránicos señores primitivos, de sus ídolos y errores y de su grado de incultura" (Ballesteros Gaibros 1948: 35). En este contexto, la evangelización forzada se esconde detrás de una discutible admiración al indio: "Cortés se convierte en misionero [...] porque cree que los indios son dignos de esta misión y tienen condiciones espirituales, intelectuales, humanas [...] para ser objeto de ella" (Ballesteros Gaibros 1948: 34). De manera semejante se elogia el clero, ya que su rendimiento parece haber liberado a los indios de "supersticiones, [...] barbarie y apartamiento del conocimiento de Dios", que es esencial para encaminarlos hacia las "verdades de la religión" (Ballesteros Gaibros 1948: 34 ss.; v. también Muriel 1948: 232).

Esta mitificación de la Conquista se basa en la idea del carácter objetivo, racional y justo del hombre español, supuestamente personificado por el cronista Bernal Díaz[19] pero visible de igual forma en casi todos los conquistadores, empezando por Cortés. Muriel subraya en particular su sentido humanista con respecto a los derechos del individuo: "Un hombre es para Hernán Cortés siempre un hombre, aunque sea moreno, vicioso, ignorante e idólatra" (1948: 231). Un poco más tarde generaliza este concepto y lo aplica a todos: "Cuando el conquistador se encuentra ante las fuertes organizaciones indígenas [...] su reacción es comprensión de la humanidad de los indígenas" (ibíd.). Asimismo, cuando Cortés deja embarazada a una de las hijas de Moctezuma, Muriel describe la situación como "bella fusión de razas y culturas" en la cual la india se convierte "en un modelo viviente de lo que debía ser la vida en la nueva nación" (Muriel 1948: 239), lo cual es igualmente cuestionable.

Aunque desde la muerte de Franco dominan los estudios críticos, hay que señalar que la glorificación de Cortés y otros conquistadores ha sobrevivido la larga época fascista. Apenas consolidada la democracia, las preparaciones para el Quinto Centenario (1992) provocan mucha crítica abierta, en particular de intelectuales y de diferentes

[19] V. Ezquerra: "Bernal Díaz [...], auténtico español –de los legítimos– no mezcla la admiración con el servilismo, ni calla los defectos o errores; mas no es rencoroso ni demoledor: sólo quiere restablecer la exactitud y dar a cada uno lo suyo, lo que se le debe en justicia" (1948: 38).

asociaciones indígenas que califican de absurda la continua proyección del conquistador como mediador de la civilización humanista y cristiana. Sin embargo, persiste un apoyo fuerte para la decisión gubernamental española de celebrar "el Descubrimiento" a lo grande, y al lado de la prensa conservadora no faltan tampoco académicos que intentan justificar la Conquista y colonización. Como ejemplo de esta argumentación neo-colonial Zavala cita el discurso de un compañero anónimo:

> Pronto [...] se recordará con solemnidad el desembarco de Cristóbal Colón [...]. Si bien la apertura de las Rutas Oceánicas tuvo algunas veces consecuencias nefastas para los aborígenes [...] no es posible negar que los grandes civilizadores españoles contribuyeron eficazmente a propagar gérmenes de libertad y conceptos de dignidad cuajados en la bula Sublimis Deus de Paulo III, en 1537. [...] Parece materialmente imposible que no veamos el 12 de octubre de 1992 como el primer paso de un programa de acción concreto y capaz de devolver a los pueblos iberoamericanos su poder creador, organizador, fomentador de la acción del hombre, movido por el ideal de hermandad que conduzca a la unidad de todos los hombres (1992: 8 ss.).

Se reactiva aquí la posición académica de la España fascista reflejada en el homenaje a Cortés, mientras que a nivel político es significativo que no sólo se ignora la fuerte crítica al llevar a cabo el programa de celebraciones, sino que también se decide honrar a los conquistadores por medio de la reimpresión de billetes con los rostros de Cortés, Pizarro y Colón. A través de su aparición en todos los billetes de 1.000 y 5.000 pesetas –la última nueva impresión antes de la introducción del euro– se continúa el culto a los héroes de una España imperialista, una tradición retomada más tarde por el apoyo español en la invasión y ocupación del Iraq dirigidas por los Estados Unidos. El hecho de que la imprenta de los nuevos billetes se llevó a cabo bajo un gobierno socialista (el PSOE de Felipe González) mientras que la ayuda militar española en la ocupación del Iraq (2003-2005) fue consecuencia de una política conservadora (el PP de José María Aznar) indica que el culto a estos "héroes" pertenece todavía a un discurso político tan profundamente arraigado que atraviesa con facilidad las fronteras ideológicas de los grandes partidos democráticos españoles. El polémico diseño de los billetes insinúa también que los méritos de los grandes conquistadores hay que considerarlos a la misma altura que los del botánico y matemático Mutis (en los billetes de 2.000 pesetas) y del navegante y académico Jorge Juan y Santacilla (en los de 10.000). Lo sorprendente a primera vista es que con el último incluyen a un crítico de la empresa colonial en este homenaje a la conquista (v. sus *Noticias secretas de América* publicadas en 1826), pero teniendo en cuenta la fuerte desaprobación popular e intelectual en contra del Quinto Centenario habría que considerar este acto como modesta concesión política por parte del gobierno español. Además, la integración superficial de elementos críticos es un método frecuentemente utilizado para proteger los discursos oficiales que están en peligro de perder su apoyo popular. Un buen ejemplo es la inclusión de críticos como Martín Luis Guzmán, Agustín Yánez y Juan Rulfo en el discurso del Partido Revolucionario Institucional (PRI) en México, con el cual Felipe González solía mantener buenos contactos[20].

El mensaje político esencial sigue siendo el de una síntesis armónica –panhispanista– entre el Nuevo Mundo y el Viejo Mundo, una construcción utópica pero muy popular para justificar prácticas neocoloniales contemporáneas, no es casualidad que se la suela encontrar desde hace décadas en diferentes textos a ambos lados del Atlántico. La descripción por el PRI de la Conquista y colonización de México como una simple historia de disputas familiares es un buen ejemplo de esta posición, favorecida por muchos gobiernos latinoamericanos contemporáneos:

> La niñez de México como nación transcurrió en uno como orfanato cruel, impuesto por sus hermanos mayores, los criollos, asociados a los europeos; pero el destino justiciero los castigó halagándolos y engañándolos con Iturbide, para que ellos hicieran la tarea de los menores, consumando la Independencia. Después hemos dado la impresión de que los episodios siguientes a ése, eran reyertas de adolescentes incapaces de gobernarse a sí mismos y a quienes el Viejo Mundo no podía tomar en serio. Más tarde sufrimos la obligada tutela caída en las manos del hermano mayor, es decir, de Porfirio Díaz. [...] Pero el pueblo los arrojó [a Díaz y a sus "albaceas científicos y militares"], tras de una lucha heroica, dos veces

[20] Rings trata varias formas de colaboración e integración empleadas por el PRI (1996: 309, 45 ss., 53, 61 ss.).

> fratricida. Ahora vamos por el camino abierto por la Revolución con sus armas y sus ideas (Zuno 1964: 127).

Aquí también domina al final la idea de un mestizaje armónico:

> Cascanes y españoles lucharon entre sí denodadamente [...]. Pero después, con los mestizos, hijos de las dos razas, unidos con ellos, al correr de los años [...] todos aquí se juntaron en un propósito de considerarse como hermanos (Zuno 1964: 126).

Una diferencia fundamental entre la perspectiva de Zuno y las imágenes diseminadas por los discursos coloniales y neo-coloniales españoles se refleja en la aprobación (aún si es polémica) de los gobiernos latinoamericanos nacidos de las guerras de independencia. Por una parte, la historia oficial de estos gobiernos busca (de acuerdo con los documentos coloniales españoles) la "continuación de la historia de la civilización occidental" (Guzmán Böckler 1983: 93), que se manifiesta con frecuencia en una política económica neoliberal y el acercamiento a los Estados Unidos y a Europa. Por otra, se suele acentuar y defender (al menos retóricamente) la autonomía política y las tendencias de "deseuropeización", aunque debe tenerse en cuenta que el retorno a las estructuras sociales, económicas o políticas precolombinas en un período marcado por la globalización, el neo-colonialismo y el neocapitalismo parece poco practicable.

En el caso de la celebración de los diferentes centenarios en España la aprobación parece más fácil; como dice Ramos, "en España [...] se celebran los éxitos" (1989: 49). Quizá sea ésta la razón por la que los medios de comunicación españoles siguen mostrando poco interés por la situación actual de los indios en las diferentes regiones latinoamericanas y, en su lugar, prefieren tratar sus problemas de forma humorística. Éste es por lo menos el resultado del análisis de Flores con referencia a los artículos aparecidos en diferentes periódicos entre los años 1990 y 1992, es decir, inmediatamente antes y durante el Quinto Centenario. En los pocos que tratan los problemas de los indios latinoamericanos el autor encuentra "bocetos y dibujos que sujetos a una tradición cultural hispano-mediterránea de representación de los 'otros' aportan más datos de interés sobre los que representan, que sobre los representados" (Flores 1995: 333).

Es muy interesante la continuidad de un estilo caracterizado por el frecuente uso de ironía, anécdotas, parodias y caricaturas en la mayoría de estos artículos. Se trata, en resumen, de una tendencia que confirma la actualidad y autoridad de una "Enciclopedia de las Indias" que hay que imaginarse detrás de los numerosos estereotipos reproducidos una y otra vez. Esta enciclopedia mental guarda un "imaginario ancestral y cuasi mítico sobre los 'otros' americanos" que atribuye a los "sujetos españoles" un "conocimiento casi clausurado sobre la historia y las realidades de las sociedades americanas, al sur del Rio Grande" (Flores 1995: 334).

Por otra parte, los artículos sobre la población indígena de los Estados Unidos tienden al uso de estructuras narrativas épicas, que describen rebeliones aisladas como las de los Mohawk como "un hito más en una larga secuencia temporal en la que los pueblos indios de América del Norte se rebelan" (Flores 1995: 325 ss.). Es decir, los puntos de vista de valoración pueden cambiar radicalmente: mientras que en el propio ámbito de dominio (español) las rebeliones son generalmente poco elogiables, aquellas que se dirigen en contra de otros (neo-) colonizadores siguen atrayendo mucho interés y suelen ser descritas como actos heroicos ejemplares, sobre todo si van en contra de grandes "competidores" de España, como Estados Unidos. En este caso es interesante el papel histórico de los Estados Unidos, tanto como provocador de la aniquilación de los restos del imperio colonial español en 1898, como –sobre todo– su papel actual como promotor y líder de la "guerra contra el terrorismo" iniciada después del "11-S". Aunque esta guerra no ha terminado todavía, parece que sus dimensiones imperialistas (v. la invasión y ocupación de Iraq) y totalitarias (restricciones importantes de derechos humanos en Guantánamo) reactivan el impacto del discurso (neo-)colonial en Latinoamérica, ya sea por la relativa facilidad con la cual los movimientos opuestos a los gobiernos "aliados" de los Estados Unidos pueden categorizarse como "terroristas", o por la causada "distracción global" de la opinión pública, que desde el "11-S" recibe menos información sobre los marginados en sus países.

3. Perspectivas indigenistas

En las últimas décadas de la época colonial y a comienzos de la independencia, diferentes grupos intelectuales provenientes de la burguesía criolla y mestiza latinoamericana elaboran un discurso "patriótico" o "americano" –en oposición a la glorificación tradicional del conquistador y colonizador español– que acentúa la importancia de la herencia indígena para el desarrollo de América. Precisamente por dicho enfoque este estudio quiere considerarlo como base e historia temprana del discurso indigenista, y no como su prehistoria. La mentalidad de la época se refleja en el nuevo interés por las antiguas civilizaciones de los aztecas e incas, pero también en la amplia diseminación de la epopeya *La Araucana* de Alonso de Ercilla en el Chile independiente y en el uso del adjetivo "araucano" como sinónimo de "amante de la libertad", "anti-español" y "chileno" (König 1991: 363). Al contrario que antes, la Conquista aparece ahora como "invasión brutal", "supresión de pueblos pacíficos" y "usurpación del poder" (ibíd.: 363 ss.), todo ello fundado exclusivamente en la ley del más fuerte. Estas imágenes enlazan con el deseo de la burguesía criolla y mestiza al mando de los movimientos independistas de extender su influencia socioeconómica y cultural al ámbito político, hasta entonces dominado por los españoles. En particular hay que considerar muy al principio la simple necesidad de reclutar soldados y justificar la lucha en contra de la Corona española, con lo que podemos observar construcciones paralelas entre la resistencia indígena en contra de los conquistadores españoles del siglo XVI y la nueva lucha por el poder político del siglo XIX. Con frecuencia estas paralelas culminan en la mitificación del deseo de libertad de los indios, al cual recurre la lucha supuestamente americana de los criollos. Es decir, las representaciones favorables de "lo indígena" reflejan la perspectiva de las élites educadas y sus proyectos nacionales, lo que explica que no conduzcan directamente al respeto por el indio rural de la época y a la preocupación por sus problemas.

Sin duda, el pequeño porcentaje de indios en el ejército independista es un indicio claro de la falta de aceptación de esta imagen propagandística; sin embargo, en lugar de admitir la artificialidad de la construcción, el nuevo discurso utiliza la hipótesis del servilismo tradicional del indio como excusa de esta discrepancia. En particular, la idea básica de reducir a la absoluta mayoría de los indios a sirvientes como desarrollo natural de su larga supresión por los colonizadores españoles facilita la elaboración de dos aspectos clave:

1) la culpa de la falta de participación indígena en las guerras por la independencia la tienen los gobernadores españoles, y no los latifundistas criollos ni la falta de credibilidad de su discurso "patriótico", y

2) la falta de participación indígena en la política justifica no sólo el liderazgo del movimiento independista de los criollos, sino también la toma de poder de esta élite en nombre de todos los "americanos" después de la victoria militar.

Esta posición se refleja claramente en el *Discurso cívico* de Covarrubias, que achaca el "olvido civil" y la "tristeza desconsoladora" del indio a las secuelas mentales del colonialismo (1959: 338 ss.). En su argumentación, estas secuelas impiden su desarrollo civilizador y, en particular, su participación activa en la política nacional, aunque no evita su integración en la construcción discursiva nacional ya que "el edificio monárquico más sólido cede a los esfuerzos de un gigante, y [...] muchos hombres unidos con el lazo de un martirio común, una igual voluntad, un mismo deseo y sufrimientos semejantes, bien pueden formar ese gigante" (Covarrubias 1959: 330 ss.). La contribución de una minoría de indios guerreros a las luchas de la independencia ayuda a consolidar la posición de poder de los criollos sin alterar significativamente el discurso patriótico, porque éste se limita a integrarlos de forma temporal y excepcional en su sistema patriarcal, una estrategia que se refleja también en la presentación de las mujeres guerreras en la misma época.

Al final, todas estas excepciones –que se encuentran en la narrativa de Ignacio Rodríguez Galván, José María Lacunza e Ignacio Manuel Altamirano– ratifican la perspectiva colonial al acentuar la inferioridad biológica del Otro, sólo que el modelo masculino a seguir después de la independencia ya no es el del conquistador español, sino el del guerrero criollo, líder de una nación americana más civilizada[21]. Ya que en esta perspectiva el indio –igual que la mujer– no puede negar "su na-

[21] Las protagonistas Celestina, en *Muñoz, visitador de México* (1838) de Rodríguez Galván, Netzula, en la obra del mismo título de Lacunza (1837), y Pilar, en la novela póstuma *El Zarco* de Altamirano (1900), son ejemplos que confirman la superficialidad del nuevo culto a la cultura indígena en la literatura de la época. La india (Netzula) y las otras dos criollas rompen temporalmente con las jerarquías de género, pero al final interpretan un papel que reafirma las normas de género y el carácter de sujeto del hombre. La derivación biológica de las normas de género ya se describe en el *Emile* de Rousseau, que subraya: "la hembra es toda su vida hembra" (1762: 45, traducción del autor).

turaleza", no debe extrañarnos que comparta el mismo destino que las pocas heroínas: interpretar el papel del ser que no hace la historia, sino que la sufre. En el discurso patriótico son los criollos los que tienen que actuar en su nombre, protegiéndolo y guiándolo, y en este autorretrato pueden presentarse incluso como "los vengadores de las injusticias cometidas contra los indios" (König 1991: 369; traducción del autor).

La absoluta mayoría de los estudios contemporáneos sobre el indigenismo latinoamericano suele ignorar la importancia de este desarrollo discursivo al datar el nacimiento del nuevo movimiento en la primera mitad del siglo XX, explicándolo casi exclusivamente como el resultado de la evolución sociopolítica y económica de la época. Un ejemplo es Troyan, que sigue tratando la aparición del indigenismo en Colombia como consecuencia de la creciente importancia de la burguesía liberal, la cual desea integrar a las masas rurales en sus proyectos de "modernización" del país (2008: 87 ss.). Aunque este aspecto es sin duda clave para el desarrollo del movimiento indigenista tanto en Colombia como en casi toda América Latina, todavía hace falta conectarlo con el discurso "patriótico" del siglo XIX. Troyan hace lo contrario y separa de manera radical el nuevo discurso indigenista (que supuestamente concede a grupos indígenas por primera vez "a privileged status in the imaginary of Columbian identity") del "discurso pre-1926", categorizado como "paternalistic and racist" (2008: 81, 86 ss.). Todo esto es sorprendente porque el autor admite que el gran indigenista liberal Antonio García Nossa (1912-1982) tampoco está libre de racismo cuando categoriza a los indios de su época como "degenerados" (Troyan 2008: 90).

El espejo indígena de Salmón muestra más interés por las continuidades discursivas dentro del indigenismo boliviano, aunque en algunas cuestiones fundamentales su investigación de la literatura "indigenista" de la primera mitad del siglo XX no hace más que repetir conceptos ya conocidos de los textos decimonónicos, pero no indaga en las paralelas obvias:

> El indio [...] no sólo es el objeto del discurso de la sociedad criolla, sino también la estatua muda o de 'bronce' vestida con la ideología de la nación, la sociedad y la revolución (Salmón 1997: 155).

Lo mismo podría aplicarse a su propuesta de analizar nuevamente los autores criollos y mestizos: el interés narrativo por el patrimonio cultural indígena en la primera mitad del siglo XX está sin duda determinado por la profunda ignorancia de las diferencias culturales; pero como ya sabemos, esto no es nuevo, sino que refleja en primer lugar la mentalidad criolla nacional que marcó los movimientos independentistas. El tratamiento de conceptos nacionalistas en las obras de Alcides Arguedas (*Pueblo enfermo,* 1909) y Franz Tamayo (*Creación de una pedagogía nacional,* 1910) es un paso importante, pero hubiera sido útil integrar plenamente en esta discusión los discursos nacionales y de género de los americanistas del siglo XIX, para poder así describir con mayor detalle la influencia de la "filosofía americana" sobre el indigenismo.

Una forma muy popular de explicar la continua y escasa representación socioeconómica y política del indio en las nuevas naciones latinoamericanas es su supuesto estado de degeneración, brevemente indicado arriba. La hipótesis de la degeneración indígena, que floreció durante las guerras de la independencia, gana otra vez en popularidad tras el fallido intento de integrar plenamente a las masas rurales en los diversos proyectos nacionales de "modernización", muy característicos de los años veinte y treinta.

La Colombia de Antonio García Nossa, la Bolivia de Tristan Marof, la Guatemala de Miguel Ángel Asturias y el Perú de José Carlos Mariátegui, entre muchos otros países y escritores, son ejemplos de un renovado interés por "lo indígena", que en su tenaz ambición por querer mejorar las condiciones de vida de los indios de su época va más allá de la admiración por las antiguas culturas típica de la época post-independista. Es por eso que se puede hablar de un cambio importante reflejado a nivel discursivo –en especial por la influencia de ideas socialistas y marxistas– que lleva a muchos investigadores a datar el indigenismo entre los años veinte y los años cuarenta (v. Troyan 2008: 83 ss.).

Sin embargo, hay que acentuar que el discurso indigenista no comienza en los años veinte –como se ha mostrado ya– ni termina en la primera mitad del siglo XX; además, este cambio es relativo en el sentido de que el racismo cultural pre-independista y post-independista sigue caracterizando los textos clave, ya sean de intelectuales como Antonio García (v. *Pasado y presente del indio,* 1939) o de ejecutivos políticos trabajando en la "modernización" de los indios. Un buen ejemplo es el comentario del dirigente de la "Brigada de Culturización Indígena" en el Perú, que intenta achacar su fracaso en conseguir la "aculturación" del indio durante el segundo gobierno de Benavides a las "costumbres que lo degeneran": "Para llevar a cabo la obra de la regeneración del indio, se hace indispensable afear las malas costumbres y combatir los vicios en forma eficaz"[22]. El paradigma de esta "modernización" –entendida como "advancement towards a condition corresponding to the industrial capitalist societies of the West" (Smith 2003: 44)– sobrevive la Segunda Guerra Mundial a pesar de la fragilidad política, filosófica y moral de estas sociedades modelo, lo cual provoca largos debates teóricos y grandes movimientos descolonizadores. La modernización de una nación latinoamericana según este paradigma significa en primer lugar transferir la tecnología de países ya modernizados a uno menos desarrollado, y dentro de éste apoyar los sectores menos desarrollados (rurales-indígenas) a través del sector más modernizado (urbano-blanco/mestizo). Esta aplicación del saber moderno a "lo subdesarrollado" no sólo continúa, sino que mantiene vigentes las estructuras jerárquicas coloniales al presentar al indio en una posición inferior y al mediador del desarrollo (en general blanco o mestizo) como sujeto omnisciente superior, por lo cual se puede tratar esta fase del indigenismo como "neo-colonial".

En las décadas siguientes, la participación y la resistencia de los indios han ayudado a cambiar este discurso, en especial al cuestionar la política de aculturación y al luchar activamente por conseguir reformas agrarias. El impacto generalizado ha sido tan fuerte, que desde los años ochenta (que marcan el principio de la llamada democratización latinoamericana) ya no se suele expresar explícitamente la hipótesis de la degeneración en foros oficiales, aunque sobreviva a nivel popular. Esto ha sido posible gracias al neo-indigenismo elaborado y diseminado por el "Instituto Indigenista Interamericano", pero también al trabajo de Beltrán Salmón (1980, 2005), Díaz Bordenave (1977) y otros representantes de las nuevas teorías de comunicación por el desarrollo. Sus estudios rechazan el papel modelo universal atribuido a las sociedades occidentales y critican la noción de "modernización" como "irrelevant, or even harmful, to the interests of historically non dominant or marginalised groups" (Kim 2005: 563). En su lugar, pro-

[22] V. Peralta Ruiz (1995: 278) para un análisis de los informes de las brigadas originalmente publicadas en el *Boletín de la Dirección de Asuntos Indígenas* (Lima 1940, 515-570).

ponen el diálogo intercultural y la participación indígena activa en los programas de desarrollo. Esto significa que la comunicación con los indios no sólo es necesaria como herramienta para llevar a cabo un proyecto desarrollado por otros (normalmente blancos o mestizos), sino como proceso social esencial para acercarse a la complejidad de los problemas del indio y para encontrar mejores formas de solucionarlos, un proceso que conduce al fomento de proyectos diferentes.

El sistema tradicional de "aculturación" cede en ese contexto a una política de "autogestión" indígena (v. Peralta Ruiz 1995: 284) que, en la época de internet incluye el acceso directo a información global y el intercambio directo e internacional. Un buen ejemplo es el portal *Índios On Line* de la ONG Thydêwá (2008) que provee a los Kiriri, Tupinambá, Pankararu y otras cuatro pequeñas comunidades del noreste de Brasil con la tecnología necesaria para utilizar el chat y el correo electrónico con todo el mundo, pero especialmente con ellos mismos, con el fin de promover el intercambio de ideas y experiencias indígenas.

Al mismo tiempo, se nota una nueva ola de interés político nacional por la herencia indígena que ha llevado a la integración cultural a base de mitos nacionales. Esto se muestra en la presentación de la historia indígena como primera parte de la historia americana en museos nacionales de antropología, cuyas exposiciones se concentran en el aspecto guerrero y rebelde del indio, es decir, en la historia de los incas, aztecas y araucanos. Además hay un "boom" del folclore en los teatros, las calles y las plazas centrales de la Ciudad de México, Lima y otros sitios turísticos, y los conquistadores suelen ser excluidos de este nuevo "panteón heroico de la América Latina" (Bennassar 1999: 99, traducción del autor).

Tanto *La visión de los vencidos* (1959) y *El reverso de la conquista* (1987), del historiador Miguel León Portilla, como el trabajo historiográfico y periodístico de Frank Niess (1991), confirman el nuevo repudio del colonialismo. Sin embargo, esto no significa el rechazo de los modelos neo-liberales y neo-capitalistas europeos o estadounidenses en el discurso político nacional en Latinoamérica, ni la revalorización fundamental del indio contemporáneo en los medios de comunicación, sino que en su ignorancia socioeconómica y política el discurso oficial de muchos países sigue pareciéndose al indigenismo tradicional. Por otra parte, los conquistadores tampoco han desaparecido del paisaje urbano[23], y además su herencia sigue siendo visible en las estructuras políticas, sociales, económicas y mentales de las diferentes naciones latinoamericanas[24].

Por consiguiente la continuidad de los conflictos étnicos no es de sorprender; un ejemplo excepcional es "la guerra con palabras" de la organización "Ejército Zapatista de Liberación Nacional" (EZLN) en México, la cual rechaza el uso de armas pero demanda reformas agrarias, y se sitúa de esta forma en la tradición de los movimientos rurales acompañantes de las "revoluciones" de México (1910-1940), Bolivia (1952), Cuba (1953-1959) y Nicaragua (1979-1990). Al fin y al cabo hay que tener en cuenta que la élite sociopolítica y económica latinoamericana no tiene ningún interés fundamental en compartir sus privilegios, lo cual no es directamente una cuestión étnica, aunque sí es cierto que dicha élite es en general criolla o mestiza mientras que la mayoría de la población indígena lleva una vida marginal en el campo o en los barrios pobres de las grandes ciudades. Por lo tanto, en la actualidad hay relativamente pocas leyes que apoyen la integración socioeconómica y política de la población indígena[25], y su aplicación es incluso más fortuita.

En este contexto, proyectos como *Índios On Line* parecen más bien gotas de agua en el océano, pero podrían servir como modelo para aquellos proyectos nacionales o supranacionales que no logran romper con las jerarquías económicas, políticas y comunicativas[26].

[23] Ejemplos simbólicos son la estatua de Pizarro en la Plaza de Armas de Lima y la conservación del domicilio de Hernán Cortés en Oaxaca. Niess (1991: 9 ss.) contiene una lista de monumentos y otras formas de homenaje a Colón.

[24] Mols describe "la actualidad del tiempo colonial" en México (1983: 32 ss.).

[25] Como excepciones que confirman la regla destacan Venezuela y Bolivia, que bajo sus líderes socialistas Hugo Chávez y Evo Morales han llamado la atención internacional por el gran número de leyes y acciones políticas que enfocan la integración socioeconómica de los grupos marginales, aunque por lo menos en el segundo caso es demasiado pronto para valorar el éxito de las medidas. V. el notable crecimiento del PIB en Venezuela de 2003 a 2007 en CIA (2007).

[26] Ya que *Índios on Line* depende completamente de la política financiera del Ministerio de Cultura de Brasil y del apoyo de la UNESCO y otras organizaciones, no se puede ignorar cierta dependencia económica y política, pero una buena parte del proyecto se lleva a cabo en forma de diálogo directo con los indios, y esto se refleja a nivel lingüístico. Mientras que en los diferentes organismos de las Naciones Unidas se suelen usar términos como "target group" ("población objetivo"), "beneficiaries" ("beneficiarios") y "developees" ("personas que hay que desarrollar") para referirse a

Aunque haya muchos avances, no cabe duda de que los estereotipos del indio como subdesarrollado muestran una resistencia extraordinaria, tal vez la misma que las imágenes populares del negro africano pre-civilizado[27]. Asimismo, el impacto del neo-indigenismo en la política interior de la mayoría de los países latinoamericanos es poco visible[28], y su impacto en la política exterior de los países extranjeros con más influencia en América Latina es cuestionable. Es decir, la marginalización política y socioeconómica y el rechazo del indio contemporáneo marcado como "primitivo" continúan en la vida y en la política diaria latinoamericana, a pesar del nuevo interés por su herencia cultural. Guzmán Böckler afirma que los factores que explican esta discrepancia son la desconexión temporal y la fragmentación de las antiguas culturas indígenas:

los que reciben el apoyo de programas de "desarrollo", *Índios On Line* evita la clasificación del Otro como objeto pasivo por medio de enfocar "el diálogo" y "la alianza" con "los indios" o "las naciones indígenas". Este estudio sostiene que el problema está en el empleo limitado de la noción de "desarrollo", aplicada a menudo únicamente a la economía o la tecnología. Si se entendiera este concepto en un sentido más amplio y, sobre todo, mutuo, como lo intenta *Índios On Line*, sería posible conectar la enseñanza tecnológica con el aprendizaje de relaciones sociales, lo que podría contribuir a la disolución de las rígidas fronteras entre "developer" y "developee", y podría estimular los esfuerzos por reducir los problemas medioambientales existenciales de los llamados países desarrollados.

[27] En un ambiente cada vez más virtual las películas y los tebeos contribuyen de manera significativa a exponer estos estereotipos. En Rings (2009) analizamos las imágenes sobre los inmigrantes negros en el cine español contemporáneo, el cual se opone a la discriminación y la explotación neo-coloniales pero, al mismo tiempo, recurre a estereotipos tradicionales (el negro pre-civilizado, el negro-objeto frente al blanco-sujeto) por lo cual pone en duda su propio mensaje. Por su parte, Schütz lleva la atención académica a *Inodoro Pereyra*, una historieta argentina que sigue siendo muy popular por criticar estereotipos comunes sobre la población rural. Aquí resume que por medio del gaucho Inodoro, Fontanarrosa da una voz importante a esta gente, entre ella a indios cuyos debates filosóficos en la historieta se oponen a las imágenes tradicionales del subdesarrollo indígena (Schütz 2007: 154, 160).

[28] Peralta Ruiz menciona las peleas internas de los indigenistas como principales problemas, además de la falta de interés, en particular por parte de los jóvenes que, en un ambiente de "modernidad popular", suelen buscar su "progreso personal y colectivo" independientemente de las "élites gobernantes y del propio sistema político" (1995: 283, 290). Esto parece coincidir con tendencias individualistas globales pero también con la política económica neo-liberal de la absoluta mayoría de los gobiernos latinoamericanos, que suele percibir la "autogestión indígena" como obstáculo a la "modernización" nacional.

> Se le niega unidad [a la civilización mesoamericana] y, al analizarla, se la despedaza [...] así se habla de civilización olmeca, civilización teotihuacana [...] pero se tiene el cuidado de fijarlas a todas en un pasado tan remoto que carece de nexos directos con la sociedad colonial y con la que la sucede (Guzmán Böckler 1983: 94).

En contraste con las grandes culturas indígenas, la presentación del indio contemporáneo suele tener características generalizadoras que lo conectan con las tendencias coloniales mencionadas arriba ("el indio" representa al maya, azteca, etc.) y, finalmente, con el objetivo colonizador tradicional. Esto significa que, con el fin de explotarlo mejor, una vez clasificado el indio como ser deficiente, hay que reunir a todas las culturas bajo el concepto de un único "Otro" (v. también "el negro" que representa al nigeriano, keniano, etc.). Sin embargo, hay que dar un paso más adelante y preguntarse si el gran interés por las antiguas culturas indígenas que aparece en el punto culminante del neo-liberalismo y neo-capitalismo global es coincidencia. Parece que cuanto más se ignora a los indios contemporáneos, más esfuerzo se hace por integrar su simbolismo histórico en las ideologías y programas nacionales, en los proyectos de cultura regionales y locales, y en los sistemas de marketing comerciales.

En este contexto es interesante examinar el trabajo de García Canclini sobre el marketing comercial de "lo indígena" que se produce a nivel nacional –en Tijuana y otras localidades turísticas mexicanas (1995: 212 ss.)– y la crítica de Harjo sobre el uso de estereotipos de indios guerreros para la promoción y venta de deportes en los "Washington Redskins" y los "Cleveland Indians", estos últimos con su mascota "Chief Wahoo" (Harjo 1999). Lo Otro se presenta en estos casos como exótico y salvaje, y parece que las construcciones híbridas de lo blanco contemporáneo con lo indígena del pasado venden particularmente bien. Se podría decir por tanto que, al convertir al Otro en objeto de consumo de moda, se logra en primer lugar el apoyo de la industria occidental (en el sentido más amplio), la estabilización de principios neo-capitalistas[29], la confirmación del papel dominante

[29] Kien Ngi Ha analiza diferentes formas de instrumentalización capitalista de la hibridez (2005). Asimismo, observamos un fenómeno semejante en la imagen de los alemanes de origen turco en los cines alemán y turco-alemán contemporáneos (Rings 2008: 10, 24 ss.).

y activo de la cultura industrializada (que supuestamente se ocupa del Otro) y la corroboración de las fronteras culturales tradicionales y neo-coloniales.

Por otra parte, la perspectiva neo-humanista, que hoy suele condenar las masacres de los conquistadores y el comercio de esclavos en la época colonial, es muy polémica por considerarse frecuentemente conectada con la posición de Bartolomé de las Casas. La crítica en sí es legítima ya que, en un período clave del colonialismo, Las Casas es el primer obispo español que defiende los derechos humanos de los indios con tanta elocuencia y constancia que la Corona se ve obligada a establecer leyes para protegerlos. A pesar de que el clérigo no logra romper con el sistema infrahumano de las encomiendas, su impacto es tal que su *Brevísima relación de la destrucción de las Indias* (1552) y *De Regio Potestate o Derecho de Autodeterminación* (1571) podrían considerarse como textos precursores del discurso indigenista. Por tanto, la obra de Las Casas se convierte hasta cierto punto en un texto de autoridad en los estudios clásicos neo-indigenistas con tendencia marxista de Hans Koning (1991) y Kirkpatrick Sale (1992), una construcción que Ellwood apoya en su resumen marxista-socialista de la época colonial (1991) y que McNeill, como miembro del "Christopher Columbus Quincentenary Jubilee Commitee", condena como "history caricature" (1990).

A pesar de este antagonismo ideológico hay que tener en cuenta que Las Casas nunca se opone a la invasión y evangelización del Nuevo Mundo; es decir, si se integraran las muy escasas fuentes indígenas bajo su perspectiva, se estaría corroborando la visión eurocéntrica. Ya sea como receptores de una cultura supuestamente superior, humanista y cristiana en la perspectiva (neo-)colonial, o como víctimas inocentes de los brutales conquistadores según indigenistas, en ambos casos se degrada a los indios a objetos pasivos manipulados por sujetos activos europeos.

4. La Conquista en la historiografía contemporánea

Hasta el final de la Segunda Guerra Mundial el discurso historiográfico internacional sigue a grandes rasgos el discurso (neo-)colonial español, especialmente en la representación de los conquistadores como héroes y recaderos de una civilización superior y de la fe cristiana (v. Pietschmann 1991: 13). Esto cambia con la guerra, que revela la fragilidad de los grandes poderes coloniales europeos de forma incluso más clara que la Primera Guerra Mundial. A ello se añaden la posterior descolonización de África, Asia y el Caribe, la expansión del comunismo soviético y el creciente nacionalismo en la absoluta mayoría de los países del llamado Tercer Mundo, incluidos los latinoamericanos. El nuevo escepticismo sobre las nociones occidentales de progreso y sobre el colonialismo legitimado por dichas nociones lleva a una valoración mucho más negativa de la Conquista y del período colonial, la cual acompaña las celebraciones del Quinto Centenario[30].

Sin embargo, en lugar de aprovechar este entorno para llevar a cabo una investigación más objetiva de la Conquista, muchos historiadores se incorporan rápidamente a las líneas argumentativas del discurso indigenista. De esta manera, la polarización entre el indigenismo y el colonialismo que ha caracterizado los discursos políticos sobre la historia colonial latinoamericana durante los últimos siglos se introduce plenamente en la historiografía internacional y, en general, complica los esfuerzos de aquellos individuos que intentan conseguir una perspectiva menos subjetiva. Los etnógrafos Georg Friederici y Franz Boas son ejemplos de tales individuos, pero hay que esperar al desarrollo de la etnohistoria, "a merger between historical and anthropological approaches" (Washington 1993: 284), para notar la influencia significativa de la antropología en la metodología historiográfica.

Un buen modelo es el trabajo del etnohistoriador Robert F. Berkhofer Junior, que insiste precozmente en alejarse de la perspectiva misionera y del principio de asimilación occidentales para poder investigar "the remarkable persistence of cultural and personality traits and ethnic identity in Indian societies in the face of white conquest and efforts at elimination or assimilation" (1969: 102). En sus estudios principales sobre la historia colonial norteamericana analiza sobre todo la distribución de poder entre los indios y los conquistadores, pero también cuestiones de poder y conducta política entre las diferentes poblaciones indígenas, con el fin de acercarse a una perspectiva india de "handling change and persistence" (Berkhofer 1969: 123 ss.). Al aplicar el enfoque de Berkhofer al colonialismo español, que el autor ya intenta aunque no en profundidad en *The White Man's Indian* (1979), se nota

[30] V. Detering (1996: 401) y Pietschmann (1991: 13).

la colaboración creciente entre antropólogos e historiadores, que se expresa a través de la introducción frecuente del punto de vista histórico en los estudios antropológicos y del aumento de fuentes antropológicas en la investigación histórica. De esta forma se podría hacer referencia a la obra de Ramón A. Gutiérrez (1991), que usa crónicas, actas de tribunales y artículos periodísticos para explorar diferentes formas de matrimonios indígenas y cristianos con el objetivo de aclarar sus "contours of class and status, gender, sexual relations, self-identity, and adulthood" (Washington 1993: 285). Gracias a estudios etnohistóricos de este tipo se puede probar en detalle que los indios siguen interpretando "un papel histórico activo" después de la llegada de los españoles, y que contribuyen considerablemente al desarrollo de las sociedades coloniales y postcoloniales (v. Pietschmann 1991: 13).

Es decir, la oposición tradicional entre conquistadores activos e indios conquistados pasivos que domina los discursos coloniales e indigenistas se disuelve aquí. Al mismo tiempo, dicha oposición da paso a un planteamiento que es mucho más diferenciado y que está dispuesto a aceptar la heterogeneidad étnica y política de las poblaciones indígenas, la variedad de los objetivos materiales y religiosos de los españoles y los portugueses en diferentes períodos de la colonización, y la diversidad de factores geográficos y ecológicos. De esta manera se cede un espacio importante a la visión de los marginados: "Historians and anthropologists with historical vision have placed historical actors once silenced or considered passive in the center of their own experience, and revealed the efforts of these groups to assert autonomy and power" (Washington 1993: 286).

No todos los investigadores que utilizan este método se califican a sí mismos como etnohistoriadores, pero autores como Berkhofer incitan cambios fundamentales en las disciplinas conocidas y contribuyen al desarrollo de otras nuevas, como por ejemplo el "New Historicism" de Stephen Greenblatt o el "Cultural Materialism" de Raymond Williams. Ambos investigadores se interesan en particular por los mecanismos de apropiación del pasado por parte de las instituciones gobernantes, es decir, su "selección de textos –y marginación de toda manifestación de alteridad política, social, racial o sexual–, consagración de ese corpus ideológico en un canon privilegiado, [...] y difusión de esta visión monolítica del pasado a través del sistema educativo, como forma de perpetuación de la ideología dominante" (Pontón 1996: 15; v. Greenblatt 1991: 54). Como ramas especializadas de la historia, la historia oral, la historia del día a día y la historia de las mentalidades incorporan este denominador común del etnohistoricismo, el neo-historicismo y el "cultural materialism" para acercarse así a los aspectos marginados, suprimidos, más subjetivos y, en general, menos "demostrables" de la historia.

Sin embargo, debido a la escasez de documentos indígenas del período de la Conquista y la colonización el uso de una metodología cualitativa de la historia de las mentalidades resulta prometedor. En particular, porque dicha metodología sabe combinar aspectos clave de la historia oral y del día a día con estudios antropológicos, para poder analizar más profundamente textos (semi-)ficcionales que tratan los miedos y las esperanzas de los españoles y los indios en los siglos XV y XVI. Es también una metodología que puede basarse en la gran variedad de crónicas (semi)ficcionales, hasta ahora apenas consideradas o –lo que es peor– no consideradas como ficcionales, y que ya ha demostrado su eficacia en el análisis de la revolución francesa. Aquí, un ejemplo clásico es *The Great Cat Massacre* (1985) de Robert Darnton, que se aprovecha de la densidad simbólica de las notas en diarios para investigar las mentalidades de artesanos simples antes del estallido de la revolución. Haciendo referencia a la obra del antropólogo Clifford Geertz[31], Darnton emplea las posibilidades ofrecidas por las "descripciones densas", es decir, textos que se concentran en los aspectos fundamentales del sistema cultural o "mundo simbólico" de un determinado grupo de hombres, en un lugar y época específicos, para descubrir las relaciones de poder que no admite el discurso oficial. Consecuentemente, *The Great Cat Massacre* y la obra posterior *The Kiss of Lamourette* (1990) se basan en textos bastante subjetivos, lo cual las hace comparables al diario de Colón y a las cartas de Cortés, cuyo fuerte carácter ficticio ha llegado a ser un tema central en la historiografía contemporánea y en la Nueva Narrativa Histórica.

Una vez reconocida y desarrollada como tal, la subjetividad ayuda a analizar las motivaciones para acciones que por parecer de poca importancia y absurdos (como la masacre de los gatos por los artesanos) no han recibido mucha atención por la historiografía tradicional. Tex-

[31] *Thick Description*, de Geertz (1973, v. en particular 87 ss. y 193 ss.). Varios comentarios críticos están incluidos en Bourdieu/Chartier/Darnton (1985: 22 ss.) y Fernández (1988: 113 ss.).

tos como las notas autobiográficas seleccionadas por Darnton reflejan su sociedad porque están "embedded in a symbolic world that was social and cultural at the same time" (Darnton 1986: 260).

Al final se trata de una especialidad histórica que promete nuevos puntos de vista subjetivos pero no por ello menos enriquecedores, sea por un nuevo enfoque en el análisis de textos conocidos (v. el tratamiento del diario de Colón y las cartas de Cortés en Pastor Bodmer 1992), o por la integración de textos frecuentemente ignorados por la historiografía tradicional (como cuentos de hadas, diarios, novelas y películas populares), cuya relevancia sociohistórica y carácter representativo hace falta valorar[32].

Los estudios sobre La Malinche/Doña Marina/Malintzín se han beneficiado mucho de esta nueva orientación etnohistórica, y *Doña Marina* (1993), de María Elena Landa, es solamente uno de los muchos ejemplos que trata el papel de las mujeres durante la Conquista y la colonización en general, y el papel de la Malinche en particular, un personaje doblemente marginado, por ser mujer y por ser india. Sin embargo, no hay que olvidar el valor de obras anteriores, como *Malintzin en un fuste, seis rostros y una sola máscara* (1964) de Miguel Ángel Menéndez, que antes de Berkhofer, Greenblatt y Williams ya muestran un interés etnohistórico que ayuda a crear un espacio para los vencidos (v. Wurm 1996: 179). De manera semejante, Mols propone de forma relativamente prematura una visión más diferenciada acerca de la variedad de sistemas coloniales y sus consecuencias (1983: 14 ss.).

Otros temas que aparecen en la historiografía contemporánea son el apoyo de instituciones centrales por medio del "divide y vencerás" administrativo en las provincias, la supremacía del poder de las relaciones personales frente a las normas institucionales y la continua marginación de los indios (Mols 1983: 37 ss.). Serrafero examina hasta qué punto el papel de los presidentes actuales se define como continuación del sistema administrativo colonial (1993: 111 ss.), mientras

[32] Darnton afirma que "the problem of proof and the problem of representativeness" parece ser una consecuencia del tema en cuestión, no de la metodología ("world views cannot be pinned down with proof"), lo cual es aceptable si se considera que el objetivo final es acercarse a "[the] otherness in other cultures" (1986: 261). Este estudio adopta la misma posición.

que Thibaut y Lauga profundizan acerca de las razones estructurales causantes de la pobreza de los indios (1999: 69 ss.).

Sin embargo, muchos historiadores mantienen una visión eurocéntrica en sus estudios recientes, a pesar de los muchos avances etnohistóricos[33]. Esto incluye muchas obras feministas desde los años setenta a los noventa, cuyas generalizaciones y negligencia de fuentes históricas son poco convincentes[34], mientras que los estudios llamados postfeministas que guían la investigación académica femenina desde la segunda mitad de los años noventa han contribuido a la reducción del feminismo radical de los años setenta. La obra de De Valdés es solamente una de las muchas obras convincentes acerca de la "growing maturity of feminist criticism today that has transcended the limitations of an anti-macho program" (De Valdés 1998: 196). Como subrayan el gran número de conferencias y publicaciones en la última década, el hecho de que los indios se hayan convertido en la "'cause célébre' del postcolonialismo" (Ashcroft *et al.* 2006: 163) ha despertado un nuevo interés en la historia colonial latinoamericana. En este contexto, el antropólogo cultural Walter Mignolo, el sociólogo-historiador Aníbal Quijano y muchos otros se concentran en analizar la resistencia indígena, con la esperanza de llegar a comprender mejor la interacción compleja y altamente dinámica entre las prácticas de las comunidades indígenas y las estrategias coloniales y neo-coloniales clave. De particular interés son las diferentes formas contemporáneas de "colonialismo interno" que, después de la independencia, desplazaron al "colonialismo externo" y que caracterizan gran parte del desarrollo sociopolítico, económico y discursivo nacional en la América Latina del siglo XX (Mignolo 1997).

[33] Un ejemplo es *Conquest* de Hugh Thomas, una obra que destaca por su profundo estudio de las fuentes históricas y por un excelente análisis de la conquista de Tenochtitlán –pero que también recurre a estereotipos al tratar fenómenos al margen de su investigación–. Algunos ejemplos de dichos estereotipos son la presentación de los sacrificios humanos por los aztecas y la valoración de la Conquista en un contexto histórico más amplio. En el primer caso, Thomas continúa la tradición eurocéntrica de los cronistas al criticar los sacrificios indígenas, sin considerar de forma semejante las masacres españolas en el proceso de evangelización de América o las víctimas de la Inquisición (Thomas 1993: xiii). Al mismo tiempo, su lista de las grandes conquistas históricas refuerza la impresión de que la Conquista de América es un fenómeno humano "natural" y, además, cualitativamente igual a todas las otras conquistas, anteriores y posteriores. Todorov (1982: 174 ss.) ofrece una imagen más diferenciada.

[34] Schaeffer-Hegel describe el papel de las mujeres en todas las culturas antiguas como "bola de Navidad" (1996: 177).

Igual importancia tienen los cambios de estas estructuras nacionales en el nuevo período de globalización acelerada, en el cual –según Quijano– el poder de las multinacionales y la colonialidad están inseparablemente vinculados (2000: 533 ss.). En este contexto, se analiza el desarrollo del indigenismo con un nuevo énfasis en aquellos textos que fueron archivados pero que hasta ahora han sido poco estudiados, sean cartas personales, declaraciones de testigos indios ante un tribunal o documentos legales. Algunos ejemplos son el ya citado *El espejo indígena* (1997) de Josefa Salmón y *El mesianismo y la semiótica indígena en el Alto Perú* (1998) de Nicholas Robins, que junto a los numerosos estudios históricos aparecidos en las revistas *Colonial Latin American Historical Review* (CLAHR) y *Hispanic American Historical Review* (v. Levy 2008 y Gomes da Cunha 2008) aportan nuevos conocimientos acerca de las condiciones, mentalidades y resistencias indígenas.

Capítulo II
Entre los discursos: la narrativa española y latinoamericana

1. Temas y estructuras tradicionales

La narrativa hispánica tampoco se libra de la influencia de los discursos eurocéntricos e indigenistas; de hecho, podemos encontrar ambas perspectivas desde la literatura del siglo XVI al cine de este siglo. La glorificación de los conquistadores y su asimilación del Otro caracterizan no sólo el teatro del Siglo de Oro, sino también las numerosas novelas, las piezas de teatro y las películas que acompañan a los discursos coloniales y neo-coloniales. A los numerosos ejemplos de los últimos cien años pertenecen la epopeya en versos *Hernán Cortés* (1917) de Francisco Villaespesa, la novela histórica *El corazón de piedra verde* (1943) de Salvador de Madariaga, la película *Conquistadores del Pacífico* (1963) de José María Elorrieta, y la pieza teatral *Hernán Cortés* (1940) de Ramón J. Sender, convertida más tarde por el mismo autor en la novela *Jubileo en el Zócalo* (1964). De manera semejante se glorifica el heroísmo de los últimos colonizadores españoles en películas como *Los últimos de Filipinas* (1945) y *Héroes del 95* (1947).
Sin embargo, después del período de descolonización y del activismo de la generación del 68 las obras de este tipo han perdido credibilidad y se encuentran con menos frecuencia. Es más: poco después del punto culminante de la revolución cultural el famoso dramaturgo español Alberto Miralles introduce con *Cátaro Colón o versos de arte menor por un varón ilustre* (1969) al celebrado "descubridor" como pícaro embaucador que engaña a todo el que puede, una imagen más tarde elaborada por Carpentier en *El arpa y la sombra*. De la misma manera,

la producción española-cubana *Mambí* (Ríos 1998) presenta mediante Goyo a un antihéroe español durante la guerra de Cuba cuyo amor por la joven cubana Ofelia complica el asunto. Sin embargo, la ópera *Cristóbal Colón* (1990) de Antonio Gala y *El comendador de Alcántara* (2003) de José Miguel Carrillo de Albornoz indica la continuidad neo-colonial que sigue disfrutando de relativa popularidad y que rompe con el desarrollo lineal y progresivo hacia la transculturalidad. Basta citar aquí como ejemplo el autorretrato heroico del Colón de Gala: "Para España, la crédula; / para España, la generosa, / Dios ha entregado por mis manos / nuevos amaneceres / nuevos árboles", que culmina en el ideal de armonía cultural del hispanismo: "Preparemos el viaje interminable [...] dándonos las manos para multiplicarnos", y que confirma unánimemente el coro "Todos": "Esa es nuestra esperanza. Nuestra única esperanza: la esperanza en el Hombre" (Gala 1990: 139-142).

Cuando en la historia de la literatura se sigue integrando a novelistas latinoamericanos en un canon literario europeo es obvio que el mismo principio de asimilación del Otro, que antiguamente convirtió la pantera en el "león americano" (v. Campra 1991: 83), continúa en el ámbito cultural. Casos claros son la descripción de Lezama Lima como "el Proust del trópico", la categorización de *Rayuela* de Cortázar como "una obra maestra del Nouveau Roman" o el elogio de *Los pasos perdidos* de Carpentier por su "carácter europeo de la invención".

El principio de asimilación colonial se critica notablemente por vez primera en el siglo de la Ilustración y de la Revolución Francesa, cuando se rechazan los sistemas neo-feudales europeos de los siglos XV, XVI y XVII que eran propicios para el desarrollo del imperio colonial español. En el contexto de la leyenda negra, la cual suele tener un punto de vista eurocéntrico y hace referencia a la crítica humanista de Bartolomé de las Casas, la proyección del indio latinoamericano como "salvaje noble" desprestigia el poder colonial español (v. Gewecke 1992: 280). Un ejemplo es la producción filosófica y literaria de Jean-Jacques Rousseau, en la cual se encuentra una inversión parcial que hace que lo foráneo noble sustituya como modelo al Yo corrupto. Detering demuestra que esta imagen de Rousseau no es consecuencia de su experiencia religiosa tardía sino que ya se encuentra en sus textos anteriores, como la pequeña ópera, que ya presenta un "estado salvaje" en Guanahaní tan extremamente modélico que Colón abandona sus propios planes de someter la isla al ver la nobleza de los sentimientos de sus habitantes:

> Te quiero como amigo, que seas el sujeto de Isabel. / De ahora en adelante presume de tu supuesta brillantez, / Europa, en este ambiente salvaje, / Se encuentra tanto coraje / Se encuentra más virtud allí (1856 [1776]: IX, 376; traducción del autor).

Más tarde, Rousseau va a elaborar con más detalle esta idea del indio noble como modelo en su *Discours sur les sciences et les arts* y en *Les Confessions*. Sin duda, el nuevo concepto no significa necesariamente la huida del Yo, sino más bien "una desviación por lo foráneo" (Waldenfels 1990: 64) en la cual el etnocentrismo continúa. Corresponde por tanto a esta interpretación que Rousseau no se interese mucho por la situación histórica en Guanahaní, "sino que desplaza un argumento dramático, el conflicto interior entre el amor y la virtud, al otro lado del océano" (Detering 1996: 192).

La narración *Supplément au voyage de Bougainville*, en la cual Denis Diderot censura la perspectiva colonial de *Voyage autour du monde* del circunnavegante Louis-Antoine de Bougainville, parece más abierta hacia los Otros pero tampoco se libra del etnocentrismo de este período. Esta apertura es de índole filosófica y dialéctica, y en el segundo capítulo ya se establece la conexión entre las acciones escrupulosas de los colonizadores y la Europa "corrupta". El medio principal para conseguirlo es el discurso de despedida del anciano tahitiano, que incluye una crítica aguda a los colonizadores. Más tarde se deconstruyen también algunos estereotipos colonialistas clave al explicar algunas costumbres sexuales de los indios, pero el tema más importante es la crítica de la cultura europea del autor. En general, los isleños mantienen su función de modelo de inocencia frente a la moral corrupta, decadente y parcialmente sadomasoquista de los que se hacen llamar "civilizados", y esta función la comparten con los indígenas de *Voyage du Baron de La Hontan dans l'Amérique septentrionale* de La Hontan y el *Supplément au* voyage de Cook de Giraudoux.

La independencia política de la mayoría de los países latinoamericanos, cuyo bicentenario se está preparando actualmente, facilita el desarrollo de una narrativa ambigua: por una parte, los autores aspiran a emanciparse de todo tipo de colonialismo (sea europeo o norteamericano) pero por otra, mantienen en vigor los conceptos de inferioridad que ha transmitido el discurso colonial y que la élite sociopolítica y económica criolla o mestiza defienden tan explícitamente por ser la base de su liderazgo y su poder. Se podría citar como ejemplo el cuento "Netzula" de José María Lacunza (1837), en el cual se subraya la valentía de la protagonista india en la lucha contra los conquistadores, pero al mismo tiempo se muestra la historia de amor que acompaña a tal lucha, la cual confirma que su motivación se debe a su emocionalidad y religiosidad femeninas. A pesar del amplio programa de emancipación sociocultural llevado a cabo por una élite patriarcal, este personaje está limitado a un papel secundario y complementario. Lo mismo podría decirse de Celestina en el drama *Muñoz, visitador de México* (1838) de Ignacio Rodríguez Galván, que se queda en el papel de "ornato moral, que acompaña la actuación histórica de los sujetos masculinos" (Hölz 1998: 97)[1]. Es precisamente este mismo papel el que caracteriza la lucha indígena en la mayoría de las obras decimonónicas: al ser calificada como lucha femenina, puede tener éxito únicamente bajo un fuerte liderazgo masculino, como el de los criollos en las guerras de la independencia, pero sin esta orientación está destinada al fracaso rápido que supuestamente se observó en la Conquista.

Este nuevo paradigma se muestra incluso en el modernismo latinoamericano, a pesar de que este movimiento se clasifica normalmente como reaccionario al racionalismo europeo, ya que invierte el impacto literario (hasta entonces de España en América) y ayuda de esta manera a crear una nueva conciencia cultural en el Nuevo Mundo (v. Bravo Lira 1993: 420 ss.). Ejemplos clave son las obras de Rubén Darío, al cual se describe como "iniciador y figura central" (Wentzlaff-Eggebert 1990: 91) y "poeta más representativo del movimiento modernista" (De la Fuente 1976: 12). Desgraciadamente, el intento de deconstruir el discurso colonial lo lleva a cabo utilizando el concepto de inferioridad femenina. No es casualidad que el mestizaje armónico retratado en el poema *A Colón* sea inalcanzable debido a las deficiencias de las masas indígenas, representadas aquí por una india "histérica":

[1] La caracterización colonial de María en el cuento *La condesa de Peña Aranda* de Ramón Isaac Alcaraz (1844) es otro ejemplo de subordinación femenina, al igual que las obras maestras de Eligio Ancona (*La mestiza*, 1861) e Ignacio Altamirano (*El Zarco*, 1900).

> ¡Desgraciado Almirante! Tu pobre América, / tu india virgen y hermosa de sangre cálida, / la perla de tus sueños, es una histérica / de convulsivos nervios y frente pálida (Darío 1967 [1892]: 703).

Queda claro que no se puede realizar la utopía social elitista de Darío con este "pueblo torpe, sucio, feo y malo"[2], aunque haya respeto por la nobleza de sus caciques. Más tarde la continuidad neo-colonial encuentra una base filosófica fiable en el ateneísmo, el movimiento intelectual que caracteriza por ejemplo las imágenes culturales de la Novela de Revolución Mexicana, la cual se conoce generalmente por su distanciamiento crítico a la herencia colonial conservada por el gran dictador mexicano Porfirio Díaz. Destaca el ensayo *La querella de México* del ateneísta Martín Luis Guzmán, que elabora la hipótesis de la "penuria del espíritu" indígena (1984 [1915]: 10). Con estas palabras el famoso escritor resume la idea de un "diletantismo espiritual" (Hölz 1984: 440), que ya existía antes de la Conquista y que aumentó durante la larga historia de violencia en la cual el indio reapareció como víctima de diferentes "dueños": "de manos del cacique cruel pasó el indio a las del español sin piedad y a las del fraile sin virtud" (Guzmán 1984: 14-15). Esta crítica viene acompañada de la demanda de una reforma moral que se encuentra muy explícitamente en novelas como *El águila y la serpiente* (1928) de Guzmán o *La Tormenta* (1936) y *El desastre* (1938) de Vasconcelos. En ellas se muestran a indios que se caracterizan por una "irritante y mortal docilidad" y que, al mismo tiempo, parecen ser culpables del círculo vicioso de la violencia en la historia latinoamericana (Guzmán 1984: 15), ya que los procesos necesarios de renovación nacional no pueden basarse ni en su primitivismo ni en el de la mayoría de sus descendientes mestizos. En otra ocasión hemos analizado en detalle esta conexión ateneísta en las obras maestras de la Novela de la Revolución Mexicana (Rings 1996), y Leinen, por su parte, ha propuesto la noción de "blanqueamiento" como tendencia central del ateneísmo que apoya tanto la marginación de las masas rurales indígenas como la revalorización de un "mestizaje" que basa su orientación en modelos sociopolíticos y culturales europeos marcados por La Reforma (Leinen 2000: 232 ss., 275).

[2] V. "Ecce Homo" en Darío (1892: 400). El desprecio de la fuerza histórica del "pueblo" en las obras de Darío puede verse en Hexel (1985: 125-131) y Biermann (1991: 165).

En las novelas latinoamericanas sobre la Conquista analizadas por Domschke (1996) se intensifica la crítica del colonialismo y del neocolonialismo europeo y norteamericano, aunque –como en el caso de la gran mayoría de las novelas de la Revolución Mexicana– se trate todavía de obras inspiradas significativamente en la narrativa "documental-realista" del siglo XIX, es decir, siguen elaborando su crítica de los discursos tradicionales a base de métodos estilísticos tradicionales. Como en las obras de Rousseau, la leyenda negra se convierte otra vez en el esquema dominante de la categorización de la Conquista, por lo cual los conquistadores suelen presentarse como los "'podridos de España', como 'seres de injuria' y 'rapaces materialistas', que vinieron por el botín" (Domschke 1996: 216). Es precisamente este cierre interpretativo semántico y referencial el que domina todavía en *Un nuevo mar para el rey* (1965) y *El Quijote de El Dorado* (1964) de Aguilera-Maltas. Es verdad que con los protagonistas de estas novelas, Núñez de Balboa y Francisco de Orellana, se presenta a dos conquistadores relativamente humanos, pero ellos son la excepción entre los españoles brutales y codiciosos y, además, nunca ponen en duda la legitimación de la Conquista[3]. Este principio predomina incluso en las novelas metafóricas/simbólicas de Carlos Droguett (*Supay el cristiano*, 1967), Miguel Ángel Asturias (*Maladrón*, 1969) y Miguel Otero Silva (*Lope de Aguirre*, 1979), en las cuales los protagonistas proponen alternativas a la conquista violenta para de esta manera poder seguir legitimando la colonización[4].

2. La Nueva Narrativa Histórica

2.1. El corpus de textos

Frente a las imágenes de la narrativa tradicional se encuentran obras que proponen "actuar y pensar en la frontera" cultural y "reconocer

[3] Al final queda sólo la esperanza a una vida armónica juntos resumida por Núñez de Balboa: "Algún día todo esto cambiará, Anayansi; algún día nos querremos todos, y sabremos comprendernos mejor. No se podrá distinguir dónde comienza la sangre de ellos y dónde termina la nuestra" (Aguilera-Maltas 1965: 112).

[4] De manera ejemplar podría mencionarse al Lope de Aguirre de Otero Silva, un personaje ficticio bastante humano y racional.

lo foráneo durante el encuentro" (Detering 1996: 192; traducción del autor). Un ejemplo temprano excelente es sin duda *Visión de Anáhuac* de Alfonso Reyes, ya que en esta obra las luchas diarias (entre indios, entre españoles y entre los dos) y los períodos de coexistencia separatista conflictiva han llevado a la destrucción: "De Netzahualcóyotl al segundo Luis de Velasco, y de éste a Porfirio Díaz, parece correr la consigna de secar la tierra" (Reyes 1963 [1915]: 5). Anáhuac, el valle de la ciudad de México, representa en este contexto la nación que tiene que abrirse para buscar "el ideal común" "en que España y las Nuevas Españas se [dan] la mano" (Reyes 1960 [1944]: 98). La nueva novela histórica, el cine colonial contemporáneo y el teatro postmoderno hispánicos parten frecuentemente de esta idea transcultural y la desarrollan a través del contenido y a menudo también mediante la forma narrativa.

Menton (1993) data el comienzo de la nueva novela histórica latinoamericana de cuando se publicó *El arpa y la sombra* de Alejo Carpentier y *El mar de las lentejas* de Antonio Benítez Rojos en 1979, y Flores explica su evolución en el contexto de dos tendencias: "las postmodernas (y eurocéntricas) dudas sobre la validez de las narrativas de legitimación (la Historia, entre ellas), y por otra, la secular inestabilidad política latinoamericana generada por una larga sucesión de regímenes autoritarios" (Flores 1994: 53). Según la opinión de Flores, estos factores han llevado a una fuerte "recusación del Poder" (1994: 55), la cual conduce últimamente a una crítica fundamental de las "categorías de conocimiento fabricadas y establecidas en Europa" (Mignolo 1997: 68).

Además de *El arpa y la sombra* de Carpentier, los textos seleccionados que siguen esta tendencia son *Daimón* (1978) y *Los perros del paraíso* (1983) de Abel Posse, *Gonzalo Guerrero* (1980) de Eugenio Aguirre, *La mujer habitada* (1988) de Gioconda Belli, *Memorias del Nuevo Mundo* (1988) de Homero Aridjis, *Diario maldito de Nuño de Guzmán* (1990) de Herminio Martínez y *Llanto. Novelas imposibles* (1992) de Carmen Boullosa. También pueden añadirse obras de autores con trasfondo migratorio como *Crónica de blasfemos* (1986) del español-peruano Félix Álvarez Sáenz y *La marca en la arena* (1995) del argentino Lidio Mosca Bustamante, asentado en Austria.

Mientras que la obra de Menton se limita a analizar las nuevas novelas latinoamericanas pertenecientes al canon hasta el comienzo de los años noventa, el presente estudio propone investigar –usando este corpus de texto como base– hasta qué punto se pueden emplear sus criterios para investigar la nueva narrativa hispánica en general, que incluye tanto novelas latinoamericanas populares (por ejemplo *La mujer habitada*), como novelas comparables españolas, así como el teatro y el cine hispánicos, cuyas tendencias intentaremos indicar a continuación.

En la novelística española las nuevas tendencias aparecen con cierto retraso. No sólo hay que esperar a la muerte de Franco en 1975, sino también a que pase "la crisis del desencanto" (Lissorgues 1991: 28), es decir, el final de la euforia postfascista, para ver los primeros indicios de un tipo nuevo de novela. Lo importante es la desaparición de la censura franquista, la liberalización del sistema editorial, la apertura del mercado español a obras no fascistas y, sobre todo, "la liberación de las conciencias de los 'grandes relatos legitimadores'" (Lissorgues 1991: 29), a los cuales pertenecen el discurso fascista y su construcción de identidad neo-colonial. En este contexto se nota una propensión hacia la sensibilidad postmoderna en la que se puede incluir lo que aquí se define como la nueva novela histórica española. Su datación exacta es problemática ya que, como ocurre en el caso latinoamericano, existen precedentes que se remontan al menos a los años sesenta[5], pero *Urraca* de Lourdes Ortiz y *Las naves quemadas* de Armas Marcelo corresponden tan claramente a las categorías establecidas por Menton que permiten fechar el comienzo de la nueva novela española en 1982, es decir, tres años después de su equivalente latinoamericano. Al igual que en el caso latinoamericano, esta nueva corriente destaca por la destrucción del conocimiento tradicional, la cual aparece en *La ciudad de los prodigios* de Eduardo Mendoza (1986), *El insomnio de una noche de invierno* de Eduardo Alonso (1984) y las novelas de Antonio Muñoz Molina, aunque los temas sean muy diferentes. Lo esencial es su orientación hacia el Otro, "sea en el concepto de la lógica y el conocimiento, en las relaciones entre mujeres y hombres, o en el papel del arte popular en la existencia humana" (Spires 1995: 323), tendencia que lleva a la elaboración intertextual del "patriarcado, el poder, el silogismo y el arte popular" (ibíd.: 316). Esto indica, empero, un

[5] Navajas menciona "los conatos inaugurales" de Martín Santos, Juan Goytisolo, Luis Goytisolo, Juan Benet y Carmen Martín Gaite, con especial referencia a *Tiempos de silencio* (1962) de Martín Santos (1987: 13).

inconveniente asociado con la dependencia de la cultura de los medios de comunicación de masas: "El problema de la imposibilidad de vivir aislado de los códigos de la cultura popular" en los que el individuo aparece más como objeto que sujeto del desarrollo sociocultural.

Al contrario que el escritor del realismo social, "que aspira a que su obra realice una transformación efectiva del mundo", el nuevo novelista sabe que su influencia se reduce a contribuir al proceso de concienciación (Navajas 1987: 18). Obras con el tema de la conquista y colonización que forman parte de esta vertiente son, aparte de *Las naves quemadas*, *El origen perdido* (2003) de Matilde Asensi, *El caldero de oro* (1981) de José María Merino, *El árbol del bien y del mal* (1985) de Juan José Armas Marcelo, *No serán las Indias* (1988) de Luisa López Vergara, *Cristóbal Colón "Llora por ti la tierra"* (1992) de Ramón Hernández, *Guanahaní* y *El fuerte Navidad* (2002) de José Luis Muñoz, *Puerta de Indias* (2003) de Manuel Pimentel, y *La princesa india* (2005) de Inma Chacón. Al centrarse en la deconstrucción de los conceptos tradicionales de cultura y de género y al distanciarse de las construcciones literarias de identidades universales, la nueva novela histórica española cumple los criterios de Menton elaborados en detalle en el capítulo 2.2.

En el caso del teatro hispánico observamos un retraso semejante en la Península Ibérica, ya que desde la publicación de las obras frecuentemente categorizadas como postmodernas del dramaturgo argentino Eduardo Pavlovsky, del brasileño Antunes Filho y del chileno Andrés Pérez Araya a las de José Sanchis Sinisterra y Jerónimo López Mozo hay varios años de diferencia. Destaca por la parte latinoamericana la obra de Pavlovsky que, ya en su pieza maestra *El señor Galíndez* de 1973 (adaptada al cine por Rodolfo Kuhn en 1987), desarrolla un espectáculo cuyo montaje de fragmentos psicodramáticos exige la participación de los lectores y espectadores para conectar las distintas imágenes de tortura que les hace ver lo absurdo de la violencia humana. No es casualidad que Alfonso de Toro califique a Pavlovsky como ejemplo de un "teatro de deconstrucción historizante [...] recodificado en una forma postmoderna, alusiva, intertextual, ambigua, fragmentada" (1995: 159), y es de lamentar que el dramaturgo argentino no se haya interesado demasiado por la Conquista y colonización de América, por lo cual este estudio enfoca otras obras latinoamericanas escritas considerablemente más tarde, como *La noche de Hernán Cortés* (Leñero 1992), *Digo que Norte Sur corre la tierra* (Arrau 1992) y la excelente *El carnaval de la muerte alegre* de Carlos José Reyes (1996).

En el ámbito teatral español, Floeck observa que a partir de *Ñaque o de piojos y actores* (1980) la reflexión metateatral postmoderna domina el teatro de José Sanchis Sinisterra, un autor que junto a José Luis Alonso de Santos y Fermín Cabal pertenece a "la primera promoción del teatro postfranquista" (Floeck 2003: 152, 162) y que más tarde producirá una obra (*El cerco de Leningrado* 1994) que encaja incluso mejor con los principios del teatro de deconstrucción descritos por Alfonso de Toro. Manuel Sosa Ramírez confirma la importancia de Sanchis Sinisterra en la evolución del teatro español postmoderno al compararlo con el famoso autor colombiano Enrique Buenaventura, destacando que los dos comparten "impulso renovador en las formas y contenidos, desmitificación histórica, reivindicación de caracteres y discursos periféricos, revisión crítica de la imagen de los considerados 'grandes héroes'" (Sosa Ramírez 2004: 9). Después de *Ñaque* y antes de *El cerco de Leningrado*, Sanchis Sinisterra produce sus tres piezas sobre la conquista de América (*El retablo de Eldorado*, *Lope de Aguirre, traidor* y *Naufragios de Álvar Núñez*), que se publican por primera vez durante las preparaciones del Quinto Centenario en la colección *Trilogía americana* (1992). En cuanto a la elaboración de los aspectos metateatrales e intertextuales, se trata de piezas ejemplares de la obra dramática del autor que sobresalen de otras obras analizadas aquí, como por ejemplo *Tierraaa aaa laaa vistaaa!!!* (Martínez Mediero 1991 [1989]), *Yo, maldita india...* (López Mozo 1990 [1988]) y *La taberna de los cuatro vientos* (Vázquez-Figueroa 1994).

En cuanto al cine, es incluso más difícil datar exactamente las nuevas tendencias dentro de los ricos y variados entornos latinoamericanos, entre los cuales destacan las industrias cinemáticas de México, Brasil, Cuba y Argentina. Sin embargo, se suele notar un cambio paradigmático en los años ochenta, caracterizado más bien por "an attention to the implicitly political" que por "[the] labor or agrarian struggles or mass mobilization" explícitos que marcaron el llamado Tercer Cine (Rich 1997: 281). En resumen, podría hablarse de un cambio "from revolutionary to revelatory" (ibíd.: 282) que hay que investigar en el contexto de una nueva era de democratización en América Latina, aunque sea el resultado más bien del fracaso sociopolítico y económico de los regímenes militares que de la lucha heroica revolucionaria. Shaw reafirma la nueva predisposición como característica general cinemática de las últimas tres décadas cuando resume que lo político está todavía presente, pero ha sido redefinido, es decir, la mayoría de las películas contemporáneas "reject the path of revolution and look to groups of individuals for solutions to national problems" (2003: 4).

El cine colonial de los directores latinoamericanos sigue esta pauta al ejemplificar la inhumanidad de la conquista y la colonización a través de la inversión de papeles de ciertos individuos. En particular se trata de conquistadores fracasados que han sido esclavizados, cuyo sufrimiento y lucha interior entre la rebelión y la subordinación al vivir diariamente entre los indios explora nuevos caminos transculturales en *Cabeza de Vaca* (Echevarría 1991), *Jericó* (Lamata 1990) y *Hans Staden* (Pereira 1999)[6]. Hasta cierto punto se trata de un "cine de exceso" que utiliza "the shock value of the visual" (Schaefer 2003: 9) dentro de estructuras más o menos melodramáticas con el fin de romper con la armonía visual del cine popular. Esta estrategia también la emplean las obras *La otra conquista*, que relata la vida de un indio noble forzado a vivir en un monasterio y, hasta cierto punto, *Ave María* (Rossoff 1999), que recurre a la biografía de Sor Juana Inés de la Cruz para criticar el colonialismo español.

El cine peninsular reacciona a la creciente desilusión política y a las nuevas tendencias comerciales que siguen al franquismo[7] con estrategias semejantes a las latinoamericanas, un fenómeno ampliamente investigado en el caso de Pedro Almodóvar. Por desgracia, hasta ahora el cine colonial español no ha atraído a muchos directores vanguardistas, por lo cual se encuentran pocas películas neobarrocas, según la definición de Rings (2006: 191 ss.). Sin embargo, no se puede dudar que la comedia estilo "landista" *Cristóbal Colón, de oficio... descubridor* (Ozores 1982) pertenece a un tipo de películas de exceso con cierto potencial crítico, en el sentido de que su vulgaridad excesiva

[6] En cuanto a temas contemporáneos, se podría citar a *Pixote* (Babenco 1981), *Central do Brasil* (Salles 1998) y *Amores perros* (González Iñárritu 2000) como ejemplos de obras que analizan "the implicit failures of the state" y, en particular, "how family units, both biological and symbolic, seek to provide a secure identity denied by the state" (Pereira 1999).

[7] En América Latina las nuevas tendencias comerciales llevan directamente al recorte radical del apoyo económico estatal al cine nacional (v. Hart 2004: 12 ss. para los efectos en Embrafilme de Brasil e IMCINE de México).

contribuye a disolver las diferencias entre lo culto y lo popular, lo alto y lo bajo y lo noble y lo vulgar, al estilo del carnaval de Bajtín. Es decir, el arquetipo español personificado por Pajares (bajito, moreno, obsesionado con las mujeres y frustrado material y sexualmente), que interpreta el papel del Colón vulgar, no sólo intenta entretener a la clase media baja sino que también invita a cruzar los límites del espacio y el tiempo de la historia oficial. Un buen ejemplo es la canción de dos juglares, que recuerdan a los protagonistas de las películas de Mel Brooks, cuando cantan acompañados de sus liras *Los Hermanos Pinzones* muy al estilo de la banda musical punk vasca La Polla Records, cuyas obras intentan sacar de su "sonambulismo" a una clase que "vive la mayor parte del tiempo [...] soñando en querer ser otra cosa, siempre envidiando al otro que no es como él" (Careaga 1974: 61). A esta simple comedia neobarroca podemos añadir dos películas que siguen la tradición del cine de capa y espada de Hollywood: *Hijos del viento* (Juárez 2000) y *Cristóbal Colón: El descubrimiento* (Glen 1992); también encontramos el fracaso comercial *El Dorado* (Saura 1988) y, finalmente, coproducciones importantes con participación española como *1492: La conquista del paraíso* (Scott 1992) y, sobre todo, *Cabeza de Vaca* (v. IV.3).

Con la notable excepción de *Cabeza de Vaca,* en todos estos casos se trata de películas hiperrealistas "light", es decir, que siguen algunos aspectos de la estética postmoderna y adaptan criterios de Menton, como el juego intertextual, conceptos bajtinianos, etc. (v. 2.2). Sin embargo, los aspectos metahistoriográficos y metaficcionales son tan rudimentarios en estos largometrajes que no se los puede comparar con la producción alemana *Aguirre, la cólera de Dios* (Herzog 1972), que sirvió de modelo a Saura, o la obra norteamericana basada en el guión de Tarantino *Abierto hasta el amanecer* (Rodríguez 1996). Éstas y otras películas de prestigio internacional están incluidas en la sección "otras obras consultadas", junto a algunas españolas tan tradicionales como *La marrana* (1992) de Cuerda, en la cual Alfredo Landa interpreta el papel del pícaro que quiere unirse a la expedición de Colón.

2.2. Tendencias narrativas

Es necesario investigar la conexión de la nueva novela histórica, el cine colonial contemporáneo y el nuevo teatro de España y América

Latina con el cambio paradigmático de la corriente filosófica y literaria resumida frecuentemente con conceptos como "postmoderno" y "postcolonial" en obras europeas o estadounidenses (Sieber 2006: 124) o las nociones "moderno" e "híbrido" en estudios latinoamericanos (Brunner 2006: 185 ss.; García Canclini 2006: 129 ss.). Aunque cada concepto tenga un enfoque diferente y no existan definiciones universales para ninguno de ellos, Alfonso de Toro menciona un denominador común en la introducción a su volumen *Postmodernidad y postcolonialidad*: es "una actitud y un pensamiento deconstruccionista, intertextual [...] que descentra la historia por un pensamiento heterogéneo o híbrido, subjetivo y de radical particularidad, de radical diversidad y por consecuencia universal" (1997: 29, v. también Montalbán Peregrín 2009: 77). Esto implica que la pluralidad de perspectivas sirve como base para analizar la incoherencia de todo aquello que se describió como "historia verdadera" en los diferentes discursos supuestamente monolíticos, ya sean estos coloniales, neo-coloniales o indigenistas tradicionales.

Si el colonialismo se puede definir como "constitución geopolítica y geohistórica de la modernidad occidental europea", no sólo en cuanto a la orientación política y económica, sino también en relación con el intelecto que legitima dicha orientación, entonces la "razón postcolonial" es la base para cuestionar este concepto críticamente (Mignolo 1997: 52). Para empezar, hay que poner en duda la dicotomía tradicional entre occidente y oriente, analizada en detalle y calificada como invención europea por Edward Said (1978), y que aparece en la mentalidad popular europea y estadounidense como sinónimo de la diferencia entre la civilización y la barbarie. Este impulso colectivo –más bien emocional y generalizador que cognitivo y diferenciado– recobró fuerzas tras los atentados llevados a cabo por terroristas fundamentalistas el 11 de septiembre de 2001 en Nueva York (11-S), el 11 de marzo de 2004 en Madrid (11-M), el 7 de julio de 2005 en Londres y el 26 de noviembre de 2008 en Mumbai (antes Bombay), pero también se conserva gracias al "collective programming of the mind" (Hofstede 2001: 4, 18 ss.) que sigue teniendo lugar en los colegios e institutos[8].

[8] Basta echar un vistazo a la descripción de las cruzadas y el colonialismo europeos en los libros de texto de historia española para reconocer la dicotomía y su valoración desde un punto de vista "occidental". Sin embargo, hay que admitir que esta valoración

La cuestión de si el nuevo paradigma que sigue a la descolonización política masiva de los años cincuenta a los setenta, y que este estudio nomina "descolonización espiritual", se debe considerar como "postcolonial" (v. De Toro 1997: 29)[9] o "híbrido" (De Toro 2006: 41) es más bien un problema terminológico secundario[10]. No es casualidad que para Milagros Ezquerro y sus contribuidores este problema no tenga mayor relevancia, ya que existe un consenso fundamental de que el concepto de hibridez "permite comprender mejor no solamente las sociedades [...] latinoamericanas, sino también la evolución de las culturas" y desarrollar otra perspectiva sobre la globalización" (Ezquerro 2005: 10). En este sentido transfronterizo, y para evitar confusiones de significado, se ha optado aquí por utilizar la expresión "híbrido" para indicar lo esencial de la "descolonización espiritual", aunque esta decisión no pretende reducir la validez de otras perspectivas frecuentemente clasificadas como "postcoloniales". Esta decisión la podría apoyar también a grandes rasgos la absoluta mayoría de los 24 contribuidores del volumen de Alfonso de Toro (*Cartografías y estrategias de la "postmodernidad" y la "postcolonialidad"*), que examina una gran variedad de conceptos para desarrollar estrategias que ayuden a la

contiene ahora más elementos autocríticos que los libros producidos durante la época fascista.

[9] V. Shohat que define "postcolonial" como "post-First/Third Worlds Theory, [...] a movement beyond a relatively binaristic, fixed and stable mapping of power relations between 'colonizer/colonized' and 'center/periphery'" (1992: 118). El "mito de la modernidad" en el cual se basa esta dicotomía de centro y periferia lo resume Dussel al decir: "(1) Modern (European) civilization understands itself as the most developed, the superior, civilization; (2) this sense of superiority obliges it [...] to 'develop' [...] the more primitive, barbarous, underdeveloped civilizations; (3) The path of such development should be that followed by Europe in its own development out of antiquity and the Middle Ages; (4) Where the barbarians or the primitive opposes the civilizing process, the praxis of modernity must [...] have recourse to the violence necessary to remove the obstacles; [...] (7) The suffering and sacrifices of modernization imposed on 'immature' peoples [...] are inevitable and necessary" (Dussel 1993: 65 ss.).

[10] Desde el punto de vista europeo tal vez sorprende más la frecuencia del uso del término "moderno" por parte de los intelectuales latinoamericanos, pero hay que entender que éstos prefieren hablar de una "modernidad" latinoamericana, aunque sea especial ("periférica", Brunner 2006: 185 ss.; "nuestra", Martín-Barbero 2006: 129 ss.; o "no-contemporánea", García Canclini 2006: 143 ss.), para poder categorizar su crítica como parte de un amplio proceso de redefinición latinoamericana, en contraste con la modernidad *asimilacionista* europea.

creación de cartografías "siempre por habitar [...] en un tercer espacio de la apropiación, recodificación y angustia" (De Toro 2006: 41).

En el presente libro se va a investigar estas estrategias mediante una revisión actual de la narrativa de la Conquista de América Latina, teniendo como objetivo principal "hacer oír los silencios de la historia" (Morello-Frosch 1986: 201 ss.), un interés que coincide con la tarea principal de los nuevos escritores que Carlos Fuentes resume ya en los tiempos del "boom" como: "la elaboración crítica de todo lo no dicho en nuestra larga historia de mentiras, silencios, retóricas y complicidades académicas" (1969: 74). Para poder expresar estos "silencios de la historia", a los cuales pertenecen especialmente la visión desde el punto de vista de lo foráneo, hay que reducir primero la distancia que separa al lector/espectador de las tradicionales construcciones oficiales, historiográficas y ficcionales de la propia cultura, las cuales se basan en el culto a los héroes nacionales, las celebraciones gubernamentales y otros rituales colectivos contemporáneos. Es precisamente la calidad metahistórica de las obras la que permite al lector reconocer las estructuras de su propio pensamiento y comportamiento. También lo lleva a aceptar que "las máscaras de la 'otredad' hispanoamericana a las que Europa dirigía sus miras" no reflejan ninguna ontología latinoamericana, sino la definición europea de alteridad, lo cual conduce progresivamente a la disolución de las fronteras entre el Yo y lo foráneo:

> Lo otro, los otros, los Hispanoamericanos no son ya ni los subalternos, ni el ornamento de un sujeto occidental canibalista que con la alteridad ensancha su identidad. Somos más bien nosotros, los europeos, que nos descubrimos mirados por los otros, por los que, desde el afuera, irritan la seguridad de nuestra patria epistemológica. Desde esta óptica [...] la historia de la colonización de América [...] ya no se ve como la historia del poder y de la impotencia de los subalternos [...] sino más bien como la historia de la impotencia de un pensamiento occidental, presente en ambos lados del océano, un pensamiento centrado en sí mismo, en el cuidado de sí mismo, en su propio deseo narcisista de identidad, un pensamiento sujetado a la obsesión de encontrar su identidad (Borsò 1999: 152, 172, 175).

Lo que Borsò llama en este contexto la nueva orientación "intercultural" sería según Welsch (1999) más bien un cambio paradigmático transcultural, ya que rechaza rotundamente el separatismo de los conceptos de cultura tradicionales. Haciendo referencia al análisis básico de las construcciones de identidad y alteridad que aparece en el capítulo 1.1., podríamos entonces argumentar que el punto clave del nuevo paradigma es el interés fundamental en "[the] interconnectedness of our increasingly global environment" y en las interacciones y los intercambios que contribuyen al desarrollo de un "pool of global cultures" que tiene el potencial de facilitar la selección individual de aspectos culturales[11]. En este sentido, se trata de una orientación que disuelve la frontera entre culturas individuales (v. Antor 2006b: 30), no sólo como resultado ideal del diálogo intercultural (Delanoy 2006: 239), sino también como prerrequisito del encuentro a nivel personal. Es decir, ya no deberíamos imaginarnos diferentes perspectivas culturales como nociones antitéticas, sino solamente como construcciones distintas dentro de una "nueva organización fragmentada con jerarquías inestables" (García Canclini 1989: 87). Esto implica la necesidad de retomar las cuestiones del desarrollo de culturas en tanto que dependen de la agencia individual y las estructuras colectivas, y se entiende que cualquier revisión debe ser el resultado de consultar autores y filósofos de ambos lados del Atlántico. Es obvio que esto incluye el rechazo de "universal truth claims", que es un tema reiterado en la literatura moderna, pero hay que tener en cuenta que la novela latinoamericana del "boom" continúa buscando hasta los años sesenta identidades "auténticas" dentro de una verdad histórica imaginada (v. Williams 1995: 7).

La nueva narrativa discutida aquí se puede definir como "historiographic metafiction" (Hutcheon 1988: 49) que tiene como denominador común "[the] theoretical self-awareness of history and fiction as human constructs" (ibíd.: 5). De esta forma se vuelve a la discusión sobre el carácter ficticio del discurso histórico, la cual observa la forma narrativa, la intertextualidad, las estrategias de representación y el papel de la lengua, todos ellos aspectos que obstaculizan todo intento de querer establecer un modelo contrario de identidad "auténtica" frente a las construcciones nacionales tradicionales. Esto no impide al autor

[11] Huggan (2006: 58 ss.). Mientras que Huggan sostiene que hay una conexión directa entre la expansión de las mentalidades transculturalistas y el enriquecimiento de la selección individual, se podría también rechazar tal teoría considerando el gran número de ejemplos de economía transcultural citados por Ritzer (2008). Sin duda hay una correlación entre estas dos tendencias, pero hay que investigar los límites retóricos y, de hecho, habría que hacerlo individualmente en todos los casos.

(ni al lector) desarrollar una opinión individual[12], pero implica que –como producto cultural– la nueva narrativa es también una "actuación simbólica" híbrida de las interacciones contemporáneas simuladas y diferidas (García Canclini 1995: 327), las cuales no se dirigen en contra de la modernidad, "sino por el contrario, la 'habita' [...], se la 'apropia' reincorporándola y recodificándola" (De Toro 1997: 17). La idea central es precisamente la "escenificación de una doble pérdida: del libreto y del autor" (García Canclini 1995: 307)[13].

Dentro de este contexto parece esencial el desarrollo de nuevos medios discursivos, entre los cuales Menton (1993: 42, 43) distingue seis tendencias:

1. "la subordinación [...] de la reproducción mimética de cierto período histórico a la presentación de algunas ideas filosóficas, difundidas en los cuentos de Borges": esto incluye la idea de la "imposibilidad de conocer la verdad histórica o la realidad", el carácter cíclico de la historia y, sin embargo, su imprevisibilidad. El presente estudio va a reducir esta última paradoja al reemplazar la construcción cíclica por una espiral, ya que la segunda noción, que se encuentra frecuentemente en las novelas, indica el retorno de estructuras conocidas pero en situaciones diferentes que no permiten anticipar los cambios que están por venir.

[12] Quien, como Navajas, sigue a favor de una "huida de toda determinación racional del mundo" (1987: 19), se pierde el sentido más profundo del discurso postmoderno. Booth sostiene correctamente: "Total openness is total entropy – and hence total apathy" (1988: 64), y Antor confirma que es necesario negociar los límites de la nueva apertura. Abrirse al mundo del Otro y rechazar un concepto universal de la razón no implica necesariamente introducir otras normas sociopolíticas o culturales, ni mucho menos renunciar a una perspectiva propia, que sería el equivalente de un "intellectual sell-out" (Antor 1996: 73). Se trata más bien de que cada uno tiene el derecho y además el deber de buscar su propia perspectiva, lo que puede resultar en un cambio de mentalidad y comportamiento o, alternativamente, en la corroboración de normas conocidas: "We are free to reconfirm our own explanatory patterns after an open and fair appraisal of those of our neighbours as long as we are willing to take the risk of having a close look at them", y "we do not seek change for change's sake" (Antor 1996: 72 ss.).

[13] En el caso del libreto significa "[the] deligitimation of the old master narratives" (Williams 1995: 11), a las cuales pertenecen tanto doctrinas cristianas como ideologías capitalistas o marxistas. Su ilegitimación implica una negación de la dicotomía tradicional de lo verdadero y lo falso, que lleva también a una autocrítica más seria del discurso literario. Con respecto a la subjetividad de los escritores, García Canclini sostiene que la "exaltación narcisista" de los "que quieren hacer de su gestualidad el acto fundador del mundo" hay que considerarla como la "parodia seudolaica de Dios" (1995: 307).

2. "la distorsión consciente de la historia mediante omisiones, exageraciones y anacronismos": tal distorsión resulta, por ejemplo, de la superposición de nociones de tiempo diferentes, en la cual los saltos del pasado al futuro y viceversa rompen con la continuidad temporal de la narración[14].

3. "la ficcionalización de personajes históricos": al alejarse del concepto de la novela histórica de Walter Scott elaborado a principios del siglo XIX[15], los nuevos autores se permiten más libertades en su mezcla de ficción con hechos históricos[16].

4. "la metaficción o los comentarios del narrador sobre el proceso de creación": Borsò confirma que hay que buscar el desafío central de la nueva literatura y de la nueva ciencia literaria en esta auto-reflexión (1997: 202). Al acentuar el carácter metaficcional de las nuevas novelas, seguiremos esta línea de argumentación, aunque hay que constatar que especialmente en este aspecto hay muchas diferencias literarias, y por lo general la metaficción es menos visible en las obras hiperrealistas que en las neobarrocas.

5. "la intertextualidad": las referencias a otras obras pueden ser explícitas o implícitas, y muchas veces aparecen en forma de parodia, como por ejemplo en el caso de la magnífica *Los perros del paraíso* de Abel Posse.

6. "los conceptos bajtinianos de lo dialógico, lo carnavalesco, la parodia y la heteroglosia": lo dialógico se refleja en la presentación de diferentes interpretaciones sobre las mismas situaciones, figuras y perspectivas, para la cual muchos autores se basan en el estilo de Dostoievski adaptado por Bajtín. El concepto carnavalesco desarrollado por este último durante sus estudios de Rabelais se expresa por las numerosas exageraciones humorísticas y la acentuación de las funciones

[14] Buenos ejemplos son *Los perros del paraíso* de Posse, en la cual los tres barcos de Colón se encuentran con modernos barcos de crucero, y *Daimón*, del mismo autor, cuyo protagonista Lope de Aguirre vive cuatro siglos de historia americana.

[15] Según Scott, cuyas ideas inspiraron a autores de novelas históricas durante más de un siglo, lo histórico debería limitarse al contexto del argumento mientras que los protagonistas ficticios aparecen en primer plano. Sin embargo, algunas obras ya rompían con esta regla en los tiempos de Scott, incluyendo *Cinq-Mars* de Alfred de Vigny y *Xicoténcatl* de un autor anónimo latinoamericano.

[16] Ejemplos son la presentación de Colón en *El arpa y la sombra* de Carpentier y de Aguirre en *Daimón* de Posse. Por medio de la "reducción de los personajes históricos a la dimensión unilateral de 'figuras' o 'protagonistas literarios'" se dirige la atención a la ficción de los discursos políticos e historiográficos (Sklodowska 1990: 350).

del cuerpo, sean en el amor carnal o la muerte. El humor se manifiesta en particular en la parodia, la cual según Aínsa no es nada menos que "la clave en que puede sintetizarse la nueva narrativa histórica", ya que "la deconstrucción paródica rehumaniza personajes históricos a los que se había transformado en 'hombres de mármol'" (1991: 39). "Heteroglosia" es para Menton la pluralidad de los discursos y, en particular, el empleo consciente de diferentes niveles de lenguaje (1993: 43).

De estos seis aspectos hay que subrayar la importancia de la renuncia a la historia "verdadera", "auténtica" o "real" (v. 1) y la importancia de la metaficción y la auto-reflexión (4), que coinciden con la definición de la nueva narrativa como "historiographic metafiction" (Hutcheon 1988: 5) y con el resumen propuesto por Borsò. Según ésta, hay que excluir del nuevo grupo a todas las novelas que en la tradición del "boom" intentan guiar al lector por medio de "modelos 'contrahistóricos' o 'ahistóricos'" ficcionales declarados como "auténticos", que la lleva a no incluir *Terra Nostra* de Carlos Fuentes (1997: 196, 200; 1999: 161). Los otros criterios (2, 3, 5, 6) se encuentran con frecuencia pero no necesariamente en cada caso, y es esta pluralidad que destaca como otra característica importante de la nueva narrativa.

Las posiciones feministas interpretan un papel importante, ya que investigan desde la perspectiva de géneros "lo que es construido e impuesto en la cultura, lo que no es neutral ni natural sino constituido por discursos en última instancia fundados en la política, la ideología, el poder" (Ordóñez 1995: 177). Por desgracia no hay muchas directoras de cine ni tampoco tantas dramaturgas dedicadas al tema de la Conquista, y apenas se ha investigado el creciente número de novelistas, es decir, concretamente hay muy pocos estudios acerca de *La princesa india* (2005) de Inma Chacón, *El origen perdido* (2003) de Matilde Asensi, *Llanto: novelas imposibles* (1992) de Carmen Boullosa, y *No serán las Indias* (1988) de Luisa López Vergara, para citar únicamente cuatro ejemplos.

Navajas conecta el papel de la literatura feminista actual en España con la larga historia de su machismo tradicional: "Con mayor intensidad que en el modelo cultural occidental en general, el español ha conferido a la mujer una posición de manifiesta subordinación al sistema del otro" (1987: 21). Es obvio que hay que relativizar esta declaración, pero no hay duda de que las continuidades en la discriminación de la mujer estimulan a las escritoras a ambos lados del Atlántico a "crear un espacio propio para alternativas más acogedoras", cuyo último objetivo es "destruir el mecanismo discursivo [masculino]" (Ordóñez 1995: 177).

Aunque el último punto es tal vez un reto demasiado ambicioso, su crítica del sistema patriarcal colonial ayuda a explicar por qué las novelistas suelen mostrar un gran interés por las perspectivas indigenistas en su tratamiento de la Conquista. Igual que sus semejantes latinoamericanas Belli y Boullosa, la española Asensi intenta disolver las imágenes históricas del discurso colonial desde la perspectiva de los marginados imaginados femeninos, ya que "al destruir las formas del archivo [cultural masculino], su intertextualidad activa una variedad de posibilidades liberadoras" (Ordóñez 1995: 178).

2.3. Obras neobarrocas e hiperrealistas

En la nueva narrativa hispánica se pueden distinguir dos estilos fundamentalmente diferentes: por un lado, se encuentran las obras "barrocas" o "neobarrocas" de Alejo Carpentier, Carmen Boullosa, José Sanchis Sinisterra, Alejandro González Iñárritu, Eduardo Mendoza y Armas Marcelo, en las cuales el "proceso de auto-desmitificación [...] y desmitificación de la historia a través de la desmitificación misma del lenguaje" (Pulgarín 1995: 16) es muy explícito. Por otra parte, se observa una nueva sencillez "hiperrealista" respaldada por Umberto Eco que es particularmente característica de los discursos novelísticos y teatrales españoles más recientes, y también del cine hispánico. Para el ámbito teatral, Floeck explica la coexistencia de las dos tendencias que a veces incluso se puede encontrar en la producción del mismo autor –como en el caso de Alonso de Santos, Cabal o Belbel– de la siguiente manera:

> La pérdida de la fe de la postmodernidad en la existencia de valores y normas objetivas y universalmente válidas ha permitido y provocado, no sólo un relativismo ideológico, sino también un relativismo estético marcado por la heterogeneidad y la yuxtaposición de estilos múltiples. La postmodernidad se ha liberado de la exigencia de innovación estética de la modernidad y sobre todo de la vanguardia histórica [...]. La pluralidad es una noción clave de la postmodernidad, y esto significa la utilización tanto de formas tradicionales como experimentales (2003: 157).

Sin duda, el concepto tradicional de "cultura híbrida" contemporánea diseminado por el clásico de García Canclini ha llevado más bien a la noción de "copresencia tumultuosa" de diferentes perspectivas y estilos dentro de la misma obra (1995: 307), una tendencia que se podría definir con el término "neobarroco" propuesto por Severo Sarduy en 1974. Un año más tarde, Carpentier define "lo barroco" como una "constante humana" inspirada por las transformaciones, mutaciones e innovaciones del entorno latinoamericano, correlación que resume de forma muy simple: "La descripción de un mundo barroco ha de ser necesariamente barroca" (1987 [1975]: 117)[17]. Jarauta define esta estrategia narrativa como "neobarroca" y defiende su razonamiento al explicar que hay que tratar un "mundo de ruinas o de fragmentos" por medio de una poética de fragmentos y, del mismo modo, hace falta un "exceso de principios y formas" para responder a la excesiva "miseria del mundo" (1992: 70 ss.)[18]. De manera semejante Montalbán Peregrín acentúa que "la crisis apunta a la desintegración de la unidad estética, ética y científica que constituye el núcleo de la conciencia moderna", lo que se expresa a través de una epistemología de lo fragmentario (2009: 77).

Al fin y al cabo, este exceso desestabilizador denota –según Calabrese– "una ruptura epistemológica que implica [por medio de la distorsión y perversión del sentido del tiempo] el fin de la historia tal y como la conocíamos y la absoluta contemporaneidad de todos los conocimientos" (1992: 100). Se manifiesta en particular mediante la "estética de la repetición", que propone como principios nuevos "la variación organizada, el policentrismo y la irregularidad regularizada, y el ritmo rapidísimo". En este contexto, el desorden y el caos se convierten en temas centrales que se expresan a través de las alegorías del laberinto y del nudo, diseminadas desde Borges a Eco por un sinnúmero de autores. En *Otras inquisiciones* (1952), *El Aleph* (1949) y *Ficciones* (1944) de Borges se encuentran ya las ideas centrales acerca del carácter cíclico de la historia y la necesidad de la autocrítica ficcional; también hallamos una interpretación convincente del mito

[17] Carpentier se sirve aquí de la definición de "barroco" ofrecida por Eugenio D'Ors (v. Fama 1995: 28).

[18] Calabrese habla de una "poética de fragmentos" cuando "se renuncia a la voluntad de reconstruir el todo al que pertenecen y se producen y se gozan en función de su carácter fragmentario" (1992: 95 ss.).

del eterno retorno, su concepto de intertextualidad y su investigación del realismo fantástico que inspiró a escritores como Armas Marcelo (v. *Las naves quemadas*) y Merino (*El caldero de oro*). En todos estos casos, es esencial entender la relación entre la lengua y el Yo en las obras (neo)barrocas, "which turns out to be language as self, meaning that there is no hidden residue of being after the linguistic display of baroque poetics" (González Echevarría 1993: 5).

Un ejemplo muy claro dentro de nuestro corpus de textos es *Llanto. Novelas imposibles* de Carmen Boullosa (1992), una novela en la que el subtítulo ya indica la necesidad de analizar el proceso creativo, un enfoque que se refleja en el diseño fragmentario de la opinión de Moctezuma sobre el México contemporáneo. Aquí el problema de comprender al Otro es esencial, ya que parece ser la consecuencia de "la memoria india imborrable e imposible de evitar" pero al mismo tiempo "irrecuperable e inalcanzable" (Boullosa 1992: 118). A pesar de que la narradora en primera persona, Laura, se esfuerza mucho en comprender lo foráneo que se ha encontrado en un parque de la ciudad de México, él permanece inaccesible para ella. La historiografía tampoco ofrece ninguna solución, ya que existen al menos cinco versiones diferentes acerca de su muerte que aparecen de forma incompleta a lo largo de la novela. Por otro lado, la narrativa literaria ayuda a entender la complejidad del análisis histórico, aunque tampoco puede llevar a una explicación universal satisfactoria. Al final de la novela dominan los fragmentos y el convencimiento de que la obra no puede cumplir con su objetivo, es decir, será para siempre "la novela que las musas me decidieron imposible" (Boullosa 1992: 120).

Concierto barroco (1974) también presenta a Moctezuma como foráneo pero, como es costumbre en la obra de Carpentier, se usan estrategias intertextuales para cuestionar y desestabilizar los discursos tradicionales de alteridad. *El arpa y la sombra* (1979) del mismo autor es incluso más convincente en su acercamiento al Otro por medio de la deconstrucción del Yo heroico; aquí, el Colón oficial celebrado por Gala en *Cristóbal Colón* se convierte en un materialista vicioso, una vergüenza para los grandes humanistas del siglo XVI, en vez de su representante. La parodia del discurso colonial se intensifica con el *Diario maldito de Nuño de Guzmán* (1990) de Herminio Martínez, cuya caricatura de la megalomanía de los conquistadores supera el retrato satírico de Colón en la novela de Carpentier o en la película de Ozores *Cristóbal Colón, de oficio... descubridor* (1982). Otras novelas como *Las naves quemadas* (1982) y *El árbol del bien y del mal* (1985) de Armas Marcelo, o *El caldero de oro* (1981) de Merino[19] muestran un entorno fantástico y grotesco en cuyo juego carnavalesco se borran las fronteras entre los discursos etnocéntricos y se confirman las novelas mismas como invenciones. Tanto *Daimón* (1978) y *Los perros del paraíso* (1983) de Posse como *Crónica de blasfemos* (1986) de Félix Álvarez Sáenz ofrecen una ironización tragicómica del discurso colonial, sea a través de la presentación del viejo Aguirre como viajante en el tiempo, de Colón como vividor del paraíso americano, o de la penuria y la muerte de los simples conquistadores.

Las obras más semejantes en el ámbito teatral son en este contexto la *Trilogía americana* de Sanchis Sinisterra, *El carnaval de la muerte alegre* de Reyes y *Yo, maldita india...* de López Mozo. Todas ellas se concentran en deconstruir la noción tradicional de objetividad histórica; las dos primeras lo consiguen en primer lugar mediante la fragmentación excesiva de las múltiples perspectivas, mientras que la última describe al narrador Bernal Díaz del Castillo como borracho cada vez más inseguro de la objetividad de su propio libro acerca de la Conquista.

Por otra parte, las proyecciones cinemáticas de la violencia, la religiosidad y la sexualidad en las nuevas películas inspiradas por la Conquista revelan con frecuencia un exceso barroco. En la obra del guionista Tarantino *Abierto hasta el amanecer* (Rodríguez 1996) se observa no sólo una obsesión por mostrar los detalles violentos (como las decapitaciones y las mutilaciones de todo tipo), sino también la estética del fragmento y de la metamorfosis. Un buen ejemplo es la transformación de bailarina exótica a vampiro de Santanico Pandemonium (interpretada por la mexicana Salma Hayek), que representa la serpiente emplumada Quetzalcóatl. La excesiva violencia y la transformación espiritual radical son también temas centrales de *La otra conquista*, en la cual Topiltzin-Tomás, hijo de Moctezuma que es convertido forzosamente al cristianismo, encuentra semejanzas entre el mundo religioso de los aztecas y de los españoles ocultas tras el antagonismo oficial. Un presente surrealista violento, un pasado lejano

[19] La Conquista es también el tema de su volumen *Las Crónicas Mestizas* (1992), que está dirigido a niños y que contiene los relatos cortos *El oro de los sueños* (1986), *La tierra del tiempo perdido* (1987) y *Las lágrimas del sol* (1989).

y un futuro utópico se mezclan en sus alucinaciones y fantasías, que finalmente lo llevan a la muerte.

Como alternativa a las estructuras neobarrocas de esta narrativa, muchos escritores recientes han preferido dejarse inspirar por obras clásicas como *La Celestina* y *Don Quijote*, tendencia que ha llevado a una "nueva sencillez" (Kohut 1997: 17) que se refleja en las obras de Gioconda Belli, Álvaro Mutis, Alfonso Arau y Mempo Giardinelli en América Latina y Matilde Asensi, José María Merino y Luis Landero en España. Estos son solamente algunos de los autores que han querido recuperar a los lectores que se han visto intimidados por los experimentos de las obras neobarrocas mencionadas arriba o por las fases experimentales anteriores. Umberto Eco, muy probablemente el representante más famoso de la nueva sencillez italiana, indica las razones para adoptar esta nueva orientación por medio de una alegoría paródica de dichas estructuras experimentales ya que, desde su punto de vista, el acercamiento neobarroco no es otra cosa que el reflejo de la mente complicadísima de un hombre:

> que ama a una mujer muy culta y sabe que no puede decirle 'te amo desesperadamente', porque sabe que ella sabe (y que ella sabe que él sabe) que esta frase ya la ha escrito Liala. Podrá decir: 'Como diría Liala, te amo desesperadamente'. En ese momento, habiendo evitado la falsa inocencia, habiendo dicho claramente que ya no se puede hablar de manera inocente, habrá logrado sin embargo decirle a la mujer lo que quería decirle: que la ama, pero que la ama en una época de inocencia perdida (1984: 73; traducción del autor).

Ahora bien, si ambos saben que la frase ya aparece en Liala, entonces no es necesario ponerla entre comillas, y en este sentido "la nueva sencillez puede considerarse como consecuencia lógica de la extrema sofisticación" (Kohut 1997: 17). Es decir, la nueva búsqueda de un compromiso entre las exigencias intelectuales y el interés en el éxito comercial de la literatura no significa necesariamente el retorno a las formas clásicas del relato. Lo que a primera vista parece "realista" es, según Lissorgues, la "coherencia de una construcción ficcional en la que interviene [...] la imaginación pero que disimula la simulación para dar por literariamente verdadero el engaño" (1991: 31). Al utilizar el término "realismo abierto", Juan Oleza reconoce aquí una "fórmula novelesca" que construye y deconstruye proyecciones realistas al mismo tiempo (en Álvarez-Ude 1990: 10).

Sin embargo, el término "hiperrealismo" parece ser más frecuente y lo define Walter como "el juego, la crónica o el simulacro de lo real cada vez más literario" (1991: 24). Aquí, la desestabilización de las estructuras del pensamiento tradicional suele ocurrir por medio de la inclusión de conceptos borgianos y bajtinianos por debajo del nivel documental y realista de la narración. Un ejemplo es *La mujer habitada* (1988) de Gioconda Belli, una novela que deconstruye tanto perspectivas coloniales como feministas, marxistas e indigenistas mediante la metamorfosis carnavalesca del cuerpo femenino, la cual asemeja la lucha indígena contra los conquistadores españoles a la revolución sandinista. De manera semejante se cuentan la historia de Colón en *No serán las Indias* (1988) de Luisa López Vergara, y la de un grupo de investigadores contemporáneos en *Puerta de Indias* (2003) de Manuel Pimentel. Ambas obras siguen una argumentación linear y progresiva pero en la primera, los elementos centrales que rompen con el realismo tradicional son la retirada del narrador omnisciente ante el diálogo de las figuras y el enfoque en el proceso creativo (el narrador y converso condenado a muerte Juan de Dios escribe desde su celda, 1988: 191), mientras que en la segunda, se facilita la deconstrucción porque los protagonistas personifican los discursos coloniales e indigenistas. *El origen perdido* (2003) de Matilde Asensi y *La marca en la arena* (1995) de Lidio Mosca Bustamante presentan como protagonistas a los personajes quijotescos Arnau Querault y Américo Cruz, que invitan a diferenciar –cada uno a su manera– el punto de vista que presentan[20].

De manera comparable, lo real se hace irreal utilizando medios estilísticos relativamente sutiles en las novelas *Memorias del Nuevo Mundo* (1988) de Homero Aridjis, *Cristóbal Colón* (1992) de Ramón Hernández, *Guanahaní* (2002) y *El fuerte Navidad* (2002) de José Luis Muñoz[21] y *Gonzalo Guerrero* (1980) de Eugenio Aguirre, lo cual también puede aplicarse a las obras de teatro *Yo, maldita india...* (1990)

[20] Mosca Bustamante reconoce explícitamente que una de sus fuentes de inspiración fue el "hiperrealismo posmoderno" (v. entrevista con Rings 2003: 223).

[21] El análisis da preferencia a estas dos partes de la trilogía *La pérdida del paraíso* (que termina con *Caribe*), ya que tratan los encuentros transculturales en el contexto del primer viaje de Colón (*Guanahaní*) y de la primera colonización (*El fuerte Navidad*).

de López Mozo, *Tierraaa aaa laaa vistaaa!!!* (1991) de Martínez Mediero, *La taberna de los cuatro vientos* (1994) de Vázquez-Figueroa, y *Ceremonias del alba* (1991) de Fuentes. También se podría categorizar como "hiperrealista" la absoluta mayoría de las películas tratadas en este estudio, entre las que destaca *Cabeza de Vaca* (Echevarría 1991) por suprimir los diálogos en favor de imágenes expresivas que se concentran en la transformación del tesorero Álvar Núñez en chamán. En una estructura narrativa tradicional, *Jericó* acentúa la confrontación entre la violencia y la religiosidad cristiana que lleva repetidamente a la destrucción de la identidad del protagonista Antonio, cuyo personaje cambia de fraile cristiano ascético a marido y padre de familia entre los indios, y finalmente a loco que lo pierde todo. Otras obras que podrían incluirse bajo esta misma categoría serían *Ave María* (1999) de Rossoff, *Hans Staden* (1999) de Pereira, *El Dorado* (1988) de Saura, *1492: La conquista del paraíso* (1992) de Scott, *Cristóbal Colón: El descubrimiento* (1992) de Glen, *Hijos del viento* (2000) de Juárez, y *Cristóbal Colón, de oficio... descubridor* (1982) de Ozores.

Capítulo III
Textos neobarrocos

1. ¿Colón: un "pícaro" de la Edad Media? Intertextualidad como principio formal en *El arpa y la sombra* de Alejo Carpentier

1.1. Estructura general

Este análisis de texto comienza con un estudio de la última novela de Carpentier, ya que con ella empieza la nueva novela histórica latinoamericana y, además, destaca dentro del género por su densidad intertextual, que es la base de su revisión del discurso colonial e historiográfico oficial. En general, la intertextualidad es una característica común de las nuevas novelas, pero en el caso de Carpentier es tan notable su uso que podría ser la razón principal para calificar al escritor cubano como "iniciador de la Nueva Novela Histórica"[1]. Son además tan frecuentes y están tan bien conectadas las referencias textuales que determinan la estructura formal de algunas de sus obras clave hasta el punto en que podría considerarse dicha estructura como el resultado del juego intertextual. Esto ya se nota en *El siglo de las luces* (v. Langenhorst 1998: 228) pero su cénit temprano es el "Concerto Grosso" de *Concierto Barroco*, en el cual Vivaldi aparece como violi-

[1] V. Menton (1993: 39). Su lista de nuevas novelas incluye *El reino de este mundo* (1949), *El siglo de las luces* (1962) y *Concierto barroco* (1974) como precursores, y *El arpa y la sombra* como principio del género (ibíd.: 12, 38 ss.).

nista, Scarlatti está al clavecín y Händel al órgano, cada uno de ellos guiando la atención del lector a diferentes períodos históricos y una multitud de textos. Carpentier utiliza este juego con una gran variedad de perspectivas diferentes para intentar reflejar la realidad latinoamericana "barroca"[2], y culmina este efecto años más tarde en *El arpa y la sombra*, que se compone de numerosas citas literarias que abarcan más de cuatro siglos.

Por medio de los fragmentos de otras obras, el excelente historiador y "poeta doctus" cubano crea una literatura nueva, mucho más densa y, en este sentido, ejemplar para la nueva novela histórica. Entre muchos otros, se encuentran en sus menciones huellas literarias a autores como Carlos Fuentes, que define lo barroco explícitamente como "culture of the incomplete, of the voracious, of the intertextual" (1981: 153), y que responde con su más denso y amplio juego intertextual[3] en *Terra Nostra*, su obra enciclopédica acerca de la Conquista. Poco más tarde, en *Gonzalo Guerrero* de Eugenio Aguirre (1980) y en *Los perros del paraíso* de Abel Posse (1983) dominan experimentos con el tiempo y el lenguaje, los cuales deconstruyen de manera comparable las imágenes tradicionales de la Conquista, y la obra de Posse también hace referencia directa a *El arpa y la sombra* (v. 1987 [1983]: 105).

Además todas las novelas citadas tienen en común la simulación de la verificación de las calificaciones académicas para la desestabilización de la supuesta objetividad de los discursos académicos, tendencia que se refleja en citas directas de los textos consultados, fáciles de identificar por su aparición en cursiva o su puesta entre comillas. Es obvio que Carpentier y Posse prefieren trabajar con citas clave frecuentemente opuestas mientras que Aguirre juega mucho con citas superfluas, pero los dos métodos, la contradicción y la reducción, sirven finalmente el mismo objetivo: acentuar la poca validez de los documentos etnocéntricos.

[2] Poco antes de empezar a escribir la versión definitiva de su última novela (planeada ya desde los años cuarenta), Carpentier resume América Latina como "continente de simbiosis, de mutaciones, de vibraciones, de mestizajes" que según él era siempre "barroco", ya que "toda simbiosis, todo mestizaje, engendra un barroquismo". Consecuentemente exige una escritura barroca: "La descripción de un mundo barroco ha de ser necesariamente barroca". V. Carpentier (1987 [1975]: 110 ss., 112, 117).

[3] V. Dupont para la intertextualidad barroca en *Terra Nostra* (2002: 8).

El título de la obra de Carpentier ya indica la estructura general, aunque ésta es en realidad un tríptico en el cual se distinguen "el arpa", "la mano" y "la sombra". Bajo el símbolo del arpa, frecuentemente usado para elogiar divinidades en la mitología griega y en la Biblia, la primera parte de la novela establece una conexión simbólica con el proceso de beatificación de Cristóbal Colón que el papa Pío IX inició para sostener su lucha contra el liberalismo: "Lo ideal, lo perfecto, para compactar la fe cristiana en el viejo y nuevo mundo [es] un San Cristóbal, Christophoros, Porteador de Cristo, conocido por todos, admirado por los pueblos, universal en sus obras, universal en su prestigio" (Carpentier 1985: 44 ss.). El segundo capítulo, "la mano", comienza con unas palabras del versículo 2 de Isaías: "Extendió su mano sobre el mar para trastornar los reinos [...]"(Carpentier 1985: 51). En vez de la mano de Dios aparece aquí Colón, cuyos viajes hicieron posibles la sumisión y la cristianización de los territorios indígenas. Sin embargo, el Colón de Carpentier cuenta en primera persona del singular y desde su lecho de muerte su versión del "descubrimiento" del Nuevo Mundo. La base de esta narración es su propio diario de a bordo, cuya glorificación personal rechaza en esta nueva lectura[4].

El contenido de la tercera parte, "la sombra", se introduce a través de una pregunta clave de la *Divina Comedia* (Inferno IV) de Dante, que se refiere a los "spiriti", es decir, los muertos que viven en el imperio de las sombras: "Tu non dimandi ché spiriti son questi que tu vedi?" (Carpentier 1985: 175). Esta pregunta, que en su versión original Virgilio dirige a Dante, hay que formularla ahora entre Colón y el lector. El tema central es el proceso de beatificación que se pone en escena por medio de un diálogo entre los muertos siguiendo la tradición antigua de Luciano de Samósata, con el cual culmina la fragmentación de este "final event in a moral drama" (Souza 1992: 44). Mientras que las posiciones de Giuseppe Baldi y Léon Bloy apoyan la "leyenda áurea", las voces críticas de Víctor Hugo, Julio Verne y Bartolomé de las Casas –citadas sobre todo en el contexto de la leyenda negra– celebran su gran éxito con el rechazo de la solicitud papal. Esta polarización discursiva se intensifica por un contrapunto musical, dentro del que "el

[4] La situación del narrador que llega a ser "reader of his own narration [...] which ultimately elicits reader empathy and makes seductive an unbelievable narrator", la usa poco después Aguirre en *Gonzalo Guerrero* (Reckley 1992: 133).

mesiánico y el confesional" aparecen como "grupos melódicos principales" en un "concierto para arpa y orquesta" (Fernández-Carracedo 1987: 75 ss.), el cual conecta directamente con la estructura musical del *Concierto Barroco* publicado tan solo cuatro años antes. Entre otros, Armbruster (1982) y Schuchard (1990) ya han explorado los textos clave en los cuales se basa Carpentier para elaborar esta alternativa al discurso historiográfico oficial, pero en el contexto de nuevos resultados de investigación (en particular acerca de los intertextos en el diario de a bordo original) este gran juego intertextual que cita documentos de los siglos XVI al XIX merece más atención.

1.2. Los viajes de un pícaro quijotesco

Además del *Quijote* y otras obras de Cervantes (con el cual el moribundo autor cubano tiene mucho en común[5]), Carpentier admira en particular la "picaresca española" porque le parece una "novelística enteramente nueva" (1981: 192). Durante su trabajo en *El arpa y la sombra* el autor apunta en particular que con ella "nace [...] la novela como hoy la entendemos"; la trata como una "invención totalmente española", y "por su novedad, por su poder de calar a lo hondo de lo circundante y cotidiano" como modelo literario dentro y fuera de España (ibíd.). Se podría añadir que la novela picaresca tradicional comparte con el *Quijote* el fundamental interés en la deconstrucción de la "literatura idealizada" que culmina en los libros de caballería, todavía muy populares en un Siglo de Oro caracterizado por la pobreza de un número creciente de gente, incluyendo la nobleza baja.

Al "héroe idealizado" representado por el caballero medieval, cuyos hechos fantásticos sirvieron de inspiración al conquistador común, se contrapone en forma de "pícaro" (o de Quijote) un "antihéroe" que tiene más credibilidad. En sus viajes por España, Europa y América este antihéroe ya no encuentra mucha nobleza de sentimientos, amor romántico o lucha heroica, sino más bien un sinfín de personas guiadas por instintos bajos en su lucha diaria por sobrevivir, y otras que lle-

[5] Carpentier escribe *El arpa y la sombra* en sus últimos dos años de vida en la conciencia de sufrir de un cáncer letal. Semejantemente Cervantes escribe *Los trabajos de Persiles y Sigismunda* sabiendo que va a morir. No es casualidad que la acción de las dos obras termine en la metrópoli Roma como destino final.

van una vida caracterizada por la (auto)simulación y lejos del "mundo real", como el pobre hidalgo en el *Lazarillo de Tormes* o el Quijote[6]. En el cine colonial contemporáneo se recurre a esta proyección, particularmente con el protagonista-pícaro hambriento de *La marrana* y el Colón-soñador-simulador de *Cristóbal Colón... de oficio descubridor*, aunque el Colón de Glen y de Scott vuelva –como hace el de Gala en el ámbito teatral– a la idea del descubridor heroico. Según nota el mismo Carpentier, obras como el *Lazarillo* (1554), *Guzmán de Alfarache* (volumen I: 1599, II: 1604) y la *Historia de la vida del Buscón* (1626) han influenciado notablemente la literatura europea y americana, desde el Siglo de Oro hasta la época contemporánea[7]. De esta forma no es de sorprender que Carpentier se haya dejado guiar por la novela picaresca en cuanto a la elaboración de su última obra[8]. En cierto sentido el autor cubano contribuye así a reducir una deficiencia literaria, ya que en su afán de querer contribuir a mejorar la situación social en España, la picaresca tradicional nunca llegó a desarrollar la Conquista como tema central.

Igual que Alemán, Quevedo y el autor anónimo del *Lazarillo*, Carpentier intenta desmitificar una literatura idealizada, solamente que en este caso se trata de la narrativa que glorifica el "descubrimiento" de América. A esta categoría pertenecen el diario de a bordo de Colón, la absoluta mayoría de la historiografía internacional hasta mediados del siglo XX (bastante guiada por el tono muchas veces hagiográfico presente en las crónicas), la literatura procedente de éstas y el discurso político que estaba detrás de la celebración del Quinto Centenario del llamado "Descubrimiento". En lo que se refiere a tal gama extraordinariamente amplia del discurso colonial y neo-colonial, el narrador

[6] Alborg (1970: 752 ss.); v. también Ife (1985: 172 ss.) y Rico (1995: 123).

[7] Algunos ejemplos son el *Simplicissimus* de Grimmelshausen (1668), *Gil Blas* de Lesage (1715-35), *Unfortunate Traveller* de Nashe (1594), *La familia de Pascual Duarte* de Cela (1942), *Die Bekenntnisse des Hochstaplers Felix Krull* de Mann (1954), *The Adventures of Augie March* de Bellow (1954), *Die Blechtrommel* de Grass (1959) y *Ansichten eines Clowns* de Böll (1963).

[8] Una referencia explícita dentro de la novela la establece el narrador omnisciente al contar que de niño el futuro papa Pío IX leyó "las novelas de la picaresca española" (Carpentier 1985: 20). Es el tiempo en el cual el joven Mastaï sufre una "existencia de miseria altiva en palacios ruinosos" (ibíd.), que probablemente le permite identificarse con los hidalgos pobres de la picaresca. Es sólo cuando las cosas le van mejor que deja esta lectura "por frívola" (ibíd.).

omnisciente alude ya al principio de *El arpa y la sombra* a la gran colección de documentos reunidos por el papa Pío IX y a la *Historia de Cristóbal Colón* de Roselly de Lorgues (Carpentier 1985: 16, 17), representativa de la historiografía conservadora del siglo XIX.

Un elemento central de la estructura picaresca de *El arpa y la sombra* es la representación de Colón como un simple pícaro lleno de vicios. Con esta imagen Carpentier desarrolla un personaje alternativo a los usados tanto en la hagiográfica del Santo Cristóforo de los papas Pío IX y Leo XIII como en la visión (neo-)colonial popular del gran descubridor y diseminador heroico de la civilización cristiana. El carácter picaresco del Colón carpenteriano se muestra claramente en su talento teatral e inventivo con el cual se asegura la financiación de sus viajes costosos por los Reyes Católicos. Una prueba excelente de este talento es la invención espontánea y la presentación elocuente de amistades y títulos importantes que sostienen su credibilidad:

> De repente me saqué de las mangas un tío almirante; me hice estudiante graduado de la Universidad de Padua, cuyos claustros jamás pisé en mi jodida existencia; me hice amigo –sin haberle visto la cara– del Rey Renato de Anou y piloto distinguido del ilustre Coulon el Mozo [...], hice creer por trasmano, al aragonés y a la castellana –con la ayuda de un médico y astrólogo más enredador que Belcebú [...]– que, por la tonta obcecación de otros, estaba en trance de perderse, para este reino, un fabuloso negocio (Carpentier 1985: 88 ss.)[9].

Esta facilidad de disimular y engañar recuerda a características de figuras como el Lazarillo, Guzmán o el Buscón. Sin embargo, al final el Colón de Carpentier los excede a todos en cuanto a las dimensiones y el éxito de su pieza teatral, después de la cual él entra en los libros de historia como "Almirante Mayor de la Mar Océana" (ibíd.: 108) y héroe del mundo occidental cristiano. La artificialidad de estas imágenes las confirma él mismo al resumir en su lecho de muerte: "Me

[9] De manera semejante Colón engaña más tarde a su tripulación al darle diariamente una distancia navegada menor que la real, para que se sienta más segura y no ponga en riesgo su proyecto. Por supuesto, Carpentier se refiere aquí a un aspecto bien conocido por medio del diario de a bordo original, pero lo que sólo el Colón de Carpentier ofrece al lector es una autoevaluación negativa de este episodio como "recurrir a la mentira, al embuste, al perenne embuste en que habría de vivir [...] desde el domingo 9 de septiembre" (1985: 101).

asombro ante mi natural vocación de farsante, de animador de antruejos, de armador de ilusiones, a manera de los saltabancos que en Italia, de feria en feria [...] llevan sus comedias, pantomimas y mascaradas" (ibíd.: 166). Lo interesante es que detrás de su escenificación teatral del "Descubrimiento" hay una fuerte auto-dinámica. Empieza con un "Tinglado" o "Retablo" de "Maravillas" (ibíd.: 89, 92, 99) que recuerda a los "saltabancos" mencionados por él mismo, pero también a los narradores de cuentos históricos en *El camino de Santiago* y al mozo de cuadra del *Concierto Barroco*, ambas obras carpenterianas[10].

Sin embargo, con su éxito crece el interés por intensificar el juego teatral y de esta forma su "tinglado" se expande rápidamente. Antes del primer viaje ya se transforma en un teatro nacional, cuyos espectadores vienen de la élite social española[11], y después se habla del "gran teatro del universo":

> Entré yo en el palacio [...] seguido de mi gran compañía de Retablo de las Maravillas de Indias –primer espectáculo de tal género presentado en el gran teatro del universo [...] el oro [...] los indios [...] llevando en las manos, en los hombros, en los antebrazos, todos los papagayos que me quedaban vivos [...] marinos míos (ibíd.: 137 ss.)[12].

Siempre hay críticos, y figuras como Isabel y Dieguito reconocen el proyecto de Colón en gran parte como juego con el simulacro. Sin embargo, al final incluso ellos acaban interpretando el papel que les preparó Colón, ya sea por intereses políticos (Isabel "por joder a Portugal", ibíd.: 144) o por falta de poder (v. Dieguito, ibíd.: 145 ss.). De esta forma, en última instancia domina la simulación, tanto en el Viejo como en el Nuevo Mundo, en la corte y en el ambiente popular de los marineros españoles y, en particular, delante de los indios. Hasta

[10] El mozo de cuadra negro es también el narrador de muchas historias fantasiosas que recuerdan al amo a los "feriantes en los mercados de México" y su versión de la "gran historia de Montezuma y Hernán Cortés" (Carpentier 1983: 21).

[11] El Colón de Carpentier habla de "duques y altezas, financistas, frailes, y ricoshombres, clérigos y banqueros" (1985: 80 ss.).

[12] En el tercer viaje el Nuevo Mundo se transforma en escenario también: "Al ver que los indios de una isla se mostraban recelosos en acercarse a nosotros, improvisé un escenario en el castillo de popa, haciendo que unos españoles danzaran bulliciosamente al son de tamboril y tejoletas, para que se viese que éramos gente alegre y de un natural apacible" (ibíd.: 166).

cierto punto se trata de una marcha triunfal carnavalesca que ignora las ciencias contemporáneas ("mejor olvidar los mapas", ibíd.: 75) y el razonamiento económico ("sé que mis viajes mucho costaron y poco rindieron", ibíd.: 161).

Por tanto no es de sorprender que el proyecto del protagonista no convenza y que finalmente sea él mismo quien empiece a definirse como "descubridor-descubierto" y "conquistador-conquistado", ya que a partir de su primer viaje su identidad queda determinada por su camino quijotesco: "Empecé a existir para mí y para los demás el día en que llegué allá, y, desde entonces, son aquellas tierras las que me definen, esculpen mi figura, me paran en el aire que me circunda" (ibíd.: 170).

Distanciándose de la megalomanía histórica del Cuarto Centenario y las celebraciones del Quinto Centenario, la historiografía contemporánea describe la Conquista como un proyecto utópico de muy dudoso beneficio que no está muy lejos de la crítica esporádica de la comedia española del Siglo de Oro y que en definitiva se acerca a la perspectiva del Colón de Carpentier. Benito Izquierdo refleja esta tendencia historiográfica cuando argumenta:

> España se embarcó en la empresa americana y se desangró en ella. El descubrimiento y el imperio le proporcionaron la gloria [...], pero perdió la posibilidad de continuar por la línea de crecimiento organizado y al final fracasó arrastrada por las grandes fuerzas de la historia que desbordaban su propia capacidad de dirección. [...] Cabe preguntarse si España conquistó América y, a continuación, consiguió la hegemonía en el mundo, o al revés (1998: 117 ss.).

El estilo autobiográfico de la segunda parte de la novela conecta directamente con la tradición narrativa de la picaresca y, al mismo tiempo, contrasta con el narrador omnisciente de la primera y tercera parte, lo cual hace que la perspectiva del Colón moribundo parezca más verosímil que la versión papal. La credibilidad del pícaro aumenta por el mero hecho de encontrarse solo poco antes de morir, en un estado de auto confesión en el cual no tiene razones para mentir, ya que no ha de tener miedo de consecuencias negativas, ni siquiera para su imagen histórica. Se pueden encontrar muchos modelos literarios de situaciones narrativas igualmente existenciales, en particular en la nueva novela picaresca[13], pero es probable que Carpentier se haya dejado guiar por la estructura de *Le livre de Christophe Colomb* (1935) de Paul Claudel, una obra que conoció a fondo gracias a sus primeros trabajos. En cuanto a la personalidad, el Colón de Carpentier refleja bien las características clave del pícaro tradicional que Alborg resume como "personaje nacido en los bajos fondos de la sociedad [...] hombre de cortos escrúpulos y vida irregular [...] un desengañado irremediable frente a todas las excelencias y valores de la vida social" (1970: 746 ss., traducción del autor; v. también König 1981: 289). Su procedencia de los bajos fondos sociales la acentúa él mismo al describirse como "obscuro marino, criado entre los quesos y vinos de una taberna" (Carpentier 1985: 85). La falta de escrúpulos se hace manifiesta en su representación teatral en la corte, mientras que su profesión y sus vicios dan muchos ejemplos de una "vida irregular". Él mismo es quien dice que de los pecados mortales, solo uno le "fue siempre ajeno: el de pereza" (ibíd.: 57). Quedan por tanto seis pecados: la soberbia, la envidia, la ira, la avaricia, la gula y la lujuria, todos explicados en detalle, aunque en otro orden que el previsto por el discurso católico desde el siglo VII. En primer lugar aparece la lujuria porque el protagonista está muy orgulloso de su virilidad (ibíd.: 58), seguida por la gula que se refleja en el ansia por el vino que lo acompaña en cantidades enormes en todos sus viajes (ibíd.: 58), y que reaparece como característica cómica del español común en diferentes narrativas españolas, sea en cuestiones de comida (v. el protagonista de *La marrana*) o de vino (el Bernal Díaz de *Yo, maldita india...*). El Colón de Carpentier tiene envidia del rey Salomón, tanto por su sabiduría como por sus mujeres (ibíd.: 62), y la soberbia la expresa especialmente a través de su obsesión con sus nuevos títulos honorarios (ibíd.: 108). Finalmente, su avaricia se aprecia cuando engaña a Rodrigo de Triana acerca de los 10.000 maravedís prometidos por descubrir tierra firme (ibíd.: 107).

Es cierto que el Colón carpenteriano se distingue de un Lazarillo o un Buscón por tener una profesión, pero su trabajo de marino mercante es más bien irregular y la libertad de la que disfruta en su vida se parece bastante a los ejemplos picarescos tradicionales. Esta semejanza

[13] A ella pertenecen *La familia de Pascual Duarte* y –hasta cierto punto– *L'Étranger*. En ambas novelas el narrador está esperando su ejecución y aprovecha el tiempo que le queda para reflexionar y rememorar su vida. V. Rings (2002: 130 ss.).

incluye los varios cambios de nivel social como servidor de diferentes amos: aunque Colón no es servidor en el sentido literal, sí sirve a los Reyes Católicos tras haber ejercido de comerciante durante años para un sinnúmero de nobles o burgueses. De esta forma conoce el espectro social de su período histórico y aprende a engañarlo, al igual que el Lazarillo. Los viajes facilitan el desarrollo de imágenes culturales fuera de la influencia directa de los discursos dominantes, y tal vez ésta sea la razón por la cual a Colón le resulta fácil identificar los motivos personales de sus viajes, sin dejarse distraer por los objetivos oficiales tantas veces repetidos. La razón central es el "querer valer más" por parte de un comerciante de clase baja que es rechazado una y otra vez por diferentes monarcas por su gran ambición de encontrar un nuevo camino a las Indias.

Para aumentar su prestigio social es imprescindible el éxito económico, el cual desea tanto que se le aparece –al menos virtualmente– por medio de personificaciones ("Doña Canela, Doña Moscada [...] entraban del brazo de Don Zafiro, Don Topacio", ibíd.: 81) y de rituales de conjura, actos en los cuales se borran las fronteras entre sugestión y autosugestión: "Eso del Gran Khan suena a oro, oro en polvo, oro en barras, oro en arcas, oro en toneles: dulce música del oro acuñado cayendo, rebrincando, sobre la mesa del banquero: música celestial" (ibíd.: 121).

En *Concierto Barroco* Carpentier trata tal mentalidad ya como esencial para comprender el dominio español en el Nuevo Mundo, aunque allí sea la plata (no el oro) que determina la vida del amo: "De plata los delgados cuchillos, los finos tenedores; de plata los platos donde un árbol de plata labrada en la concavidad de sus platas recogía el jugo de los asados" (Carpentier 1983: 9). No muy lejos de la caricatura de Colón en *El arpa y la sombra*, el narrador de *Concierto Barroco* se burla de la obsesión materialista del amo al dirigir la atención del lector a su urinario de plata: "[El amo] sólo hacía sonar la plata, de vez en cuando, al orinar magistralmente, con chorro certero, abundoso y percutiente, en una bacinilla de plata" (ibíd.: 9). La conexión musical entre las dos obras es obvia en tanto que el tintineo del oro de Colón en la mesa del banquero se asimila más tarde al sonido de la plata del urinario. La diferencia fundamental hay que buscarla en el estilo narrativo, más tradicional y con moraleja explícita por parte del narrador omnisciente en *Concierto barroco* ("las riquezas no eran garantías de felicidad", ibíd.: 17), y más implícita, auto-paródica y meta-ficticia en la obra posterior. En *El arpa y la sombra* se podrían criticar las frecuentes referencias al estereotipo del judío materialista, utilizadas para explicar la obsesión materialista del "judío errante" Colón[14], aunque el tono auto-paródico de la novela no permite tomar los comentarios racistas demasiado en serio. Pocos años después Abel Posse recurre en *Los perros del paraíso* a la idea de que Colón era judío o converso (1987 [1983]: 65), para lo cual todavía no hay pruebas historiográficas[15], pero evita el estereotipo materialista al desarrollarlo como fanático religioso que desea guiar su pueblo hacia un mundo lejos de la "cristomanía" de los Reyes Católicos (ibíd.: 78) y de su "terrorismo de Estado", frecuentemente asociado con el Nacionalsocialismo alemán (v. ibíd.: 89, 93 y 101).

En un sentido más amplio, su viaje tiene como propósito la antigua búsqueda del paraíso perdido (ibíd.: 106), y al final aparece un Colón liberado del materialismo del Viejo Mundo y disfrutando "desnudo, libre de culpas [...] la inocencia edénica" (Rosa Lojo 1995: 15). El narrador lo identifica como el "primer sudamericano integral", es decir, el "primer mestizo", incluso sin proceder de diferentes razas ("un mestizaje sin ombligo, como Adán", ibíd.: 214), y critica "faltas" en la versión carpenteriana, en particular en cuanto se refiere a la invención de la historia de amor entre Colón e Isabel la Católica:

> Yerra el gran Alejo Carpentier cuando supone una unión sexual, completa y libre, entre el navegante y la soberana. La noble voluntad democratizadora lleva a Carpentier a ese excusable error. Pero es absolutamente irreal (ibíd.: 105).

Al recordarle al lector que la invención es un aspecto esencial en todas las novelas sobre la Conquista, Posse sabe muy bien que la historia de amor criticada por su narrador es fundamental para realzar

[14] La reina Isabel lo llama "¡Cochino marrano!" al escuchar que no le importa nada vender su proyecto a otro rey si ella no le ayuda (ibíd.: 97). Con referencia al mito de Judas añade: "¡Venderías a Cristo por treinta denarios!". Más tarde Colón se define a sí mismo como "judío errante" (ibíd.: 171).

[15] V. Sale (1992: 358). Sin embargo, se mantiene la idea de un Colón judío en la literatura moderna y posmoderna. Aparte de los ejemplos más recientes ya mencionados se podría citar a Vignaud (1913), Francisco Martínez Martínez (1916), Jacob Wassermann (1977 [1929]) y Simon Wiesenthal (1972). El tema fue bien discutido por Madariaga (1939) pero hace falta un estudio que considere los ejemplos más recientes.

la dimensión quijotesca del Colón de Carpentier, ya que despierta directamente en el lector la imagen caballeresca de su protagonista. Aunque dicha imagen sirve en primera instancia para el engaño de la corte, se convierte poco a poco en su propia imagen. De esta forma Colón se define frente a la reina Isabel como "héroe en gesta de trova" y su proyecto de "descubrimiento" como "prenda de victoria puesta por el caballero sin tacha a los pies de su Dama" (ibíd.: 134), una proyección directa de los libros de caballería enriquecida por aspectos de la mitología griega y del Antiguo Testamento. Colón cita la saga de los Argonautas (ibíd.: 76) y se compara con su comandante Jasón (ibíd.: 174). En otra parte aparece como Ulises (ibíd.: 139), y Giuseppe Baldi lo compara incluso con Moisés (ibíd.: 186). Después del rechazo de la solicitud de beatificación su espíritu cambia de modelo, de Jasón al menos conocido timonel Tifis, es decir, mantiene la imagen heroica de los Argonautas pero llamando menos la atención. El final poco glorioso que el Colón histórico y el Colón de la novela comparten con la absoluta mayoría de los conquistadores del siglo XVI se resume con una cita de la *Medea* de Séneca:

> Tifis, que había domado las ondas / tuvo que entregar el gobernalle a un piloto de menos experiencia / que, lejos de los predios paternos, / no recibiendo sino una humilde sepultura / bajó al reino de las sombras oscuras... (Carpentier 1985: 210).

De esta manera el Colón de Carpentier guarda en los momentos más débiles una auto-justificación heroica que es afirmada a través de la mitología, aunque conoce sus vicios, errores y métodos de engaño. A este mecanismo de legitimación personal pertenece el retraimiento emocional a la imagen del "Andante Caballero" que le sirve incluso para una crítica de los críticos. De forma ejemplar rechaza la acusación de haber vivido con Beatriz en un matrimonio no legalizado (ibíd.: 201) al aludir a su muy superior –pero políticamente inaceptable– relación con la reina: "Hay normas de la fidelidad caballeresca que jamás entenderán esos mediocres leguleyos" (ibíd.: 203). Esto culmina con la construcción de un amor absoluto que recuerda a las canciones de los trovadores: "Hubo en mi vida un instante prodigioso en que, por mirar a lo alto, lo muy alto, desapareció la lujuria de mi cuerpo, fue ennoblecida mi mente por una comunión total de carne y espíritu, y una luz nueva disipó las nieblas de mis desvaríos y lucubraciones" (ibíd.: 204). La historiografía contemporánea confirma tales construcciones como históricas:

> Los conquistadores españoles del Nuevo Mundo, los émulos de los héroes clásicos, quisieron vivir las aventuras prodigiosas, los seres míticos y geografías fantásticas de los entonces muy exitosos libros de caballería (González Sánchez 1999: 23)[16].

Es muy probable que estas imágenes caballerescas y otras construcciones fantásticas fueran efectivas en reafirmar la creación de identidades individuales y colectivas (si no podría ser difícil explicar la megalomanía histórica en la España de 1892), pero la disolución del espíritu de Colón al final de *El arpa y la sombra* acentúa que desde la perspectiva de Carpentier la función ratificadora de la fantasía está completamente sobrecargada.

1.3. Perspectivas medievales del conquistador

Con referencia a la intertextualidad en *El arpa y la sombra*, Schuchard resume de manera ejemplar que "los libros son las gafas por las cuales el almirante de Carpentier ve América o no lo ve" (1990: 27; traducción del autor). Es obvio que se trata de textos principalmente medievales porque la obra comienza ya con una cita de la *Leyenda Dorada* de Jacobo de Vorágine (1260), más tarde conocido como obispo de Génova, que introduce la macro-estructura narrativa: "En el arpa, cuando resuena, hay tres cosas: el arte, la mano y la cuerda. En el hombre: el cuerpo, el alma y la sombra" (Carpentier 1985: 7). Además se trata de un libro extremamente popular en la época de Colón (de 1470 a 1530 "the most printed book in Europe") que alcanza "dominance in later western hagiographical literature" (Halsall 2000: 1, "The Golden Legend"). Los siete volúmenes ofrecen en primer lugar la glorificación de la vida y hechos de los santos cristianos, desde la antigüedad hasta la Edad Media, punto de partida para el contenido hagiográfico de la primera parte de *El arpa y la sombra* y para el juego carnavalesco de-

[16] En semejante contexto Izquierdo Benito resume la España del período de la Conquista como "país de quijotes" (1998: 117).

constructivo que la sigue: la perspectiva exterior clerical pierde autoridad al compararla a la versión del personaje principal (supuestamente santo), mientras que la imagen de un "Moisés-Colón", destacada por Baldi y apoyada en la *Leyenda Dorada* de Jacobo, se disuelve en la leyenda negra. Todo esto dirige al lector a los textos medievales que guían la visión de Colón.

Los primeros conocimientos acerca de otros países los obtiene el joven protagonista en la tienda de su padre "en escuchar lo que de sus andanzas contaba la gente marinera" (Carpentier 1985: 58), y esto no podía ser otra cosa que una perspectiva bastante limitada y fragmentada sostenida en gran parte por un pequeño grupo de libros enciclopédicos tradicionales de mucha popularidad (v. Schuchard 1990: 13). A este grupo pertenecen los 20 volúmenes de las *Etimologías* de Isidoro de Sevilla, los *Emblemas* de Alciato y *Sinn-Bilder* de Gabriel Rollenhagen, cuya influencia está bien documentada en la obra de Schuchard, por lo cual basta hacer una referencia breve a la famosa escena de la domesticación del rinoceronte en las *Etimologías*:

> Rinoceronte es un nombre griego. En latín significa *nare cornu*, con un cuerno en la nariz [...]. Pero como certifican aquellos que han escrito acerca de la naturaleza de los animales, una joven se hace cargo y abre su regazo al unicornio que se acerca. Éste reposa allí su cabeza, después de abandonar toda ferocidad. De esta forma, adormecido, es capturado, como si fuera indefenso (De Sevilla 1473: vol. 12, 2, frases 12 y 13; traducción del autor).

De esta forma no es de sorprender que el joven Colón de Carpentier sepa muy bien que:

> El rinoceronte –"in nare cornus"– sólo puede ser amansado en sus furores si le ponen delante una joven que descubre su seno al verlo venir, y 'de esta manera' (nos dice San Isidoro de Sevilla) 'el animal depone su fiereza y descansa la cabeza en la joven' (Carpentier 1985: 61).

Es un buen ejemplo para mostrar el aspecto fantástico de las numerosas situaciones descritas en las enciclopedias medievales a través de cuyas "gafas" el almirante intentará más tarde (re-)conocer y explicar el Nuevo Mundo[17]. En general, parece que Carpentier copió buena parte de las ideas fantásticas en *El arpa y la sombra* de Isidoro de Sevilla (560-636 d. C.), el famoso obispo e intelectual español beatificado en el siglo XVI y desde entonces santo nacional, cuyo nombre aparece dos veces en la novela y cuyos textos se usan como citas directas o mediante explicaciones indirectas, como mencionamos más arriba.

Todo esto coincide con el interés del autor cubano por escribir una historia alternativa de la Conquista –paródica pero más creíble– porque las *Etimologías* del beato ofrecían al marinero del siglo XV y XVI una fuente inagotable de textos fantásticos para la invención propia de un sinnúmero de cuentos igualmente fantásticos. De esta forma, se podría decir que la última obra de Carpentier se basa en una enciclopedia medieval que intenta resumir la sabiduría de su época desde una perspectiva clerical.

Otras representaciones fantásticas del Nuevo Mundo se basan en los relatos, también medievales, de los viajes de Marco Polo. Con todo respeto, el Colón de Carpentier llama a su compatriota aventurero "el gran veneciano cuyo libro había leído con admiración" (1985: 86) y, más tarde, rechaza la petición de Rodrigo de Triana de los 10.000 maravedís citando el texto de Marco Polo como persona de autoridad: "Aquí no valen monedas; que, en estas tierras, según tengo entendido por los relatos del veneciano Marco Polo, todo se paga en pedazos de papel del tamaño de una mano, donde se estampa el cuño del Gran Khan" (ibíd.: 107). Para la elaboración de tales anécdotas Carpentier utiliza las notas del diario de a bordo original, que describen las tierras nuevas o como parte del imperio del Gran Khan o como muy cercanas a este imperio (v. Colón 1996 [1492]: 83, 85, 87 ss.).

Sin duda estos detalles constituyen solamente la punta del iceberg, es decir, hay que considerarlos como meras indicaciones de una densidad intertextual mucho más compleja y profunda a nivel estructural. En este contexto podría ser útil adaptar a la situación hispánica

[17] De manera semejante Posse hace resaltar pocos años después en *Los perros del paraíso* la imaginación fantástica de Colón cuando el mar se convierte en un "animal vivo" o un "reino de demonios". El narrador se refiere en estos casos a nociones procedentes o de la Biblia o de una literatura mitológica indefinida, y se burla al mismo tiempo de tal imaginación: "Las bestias del mar, que conservan las dimensiones de otros tiempos del mundo, ejercen el mal automáticamente, como niños bobos, como holandeses, en suma" (Posse 1987: 147).

de los siglos XV y XVI las teorías orientalistas desarrolladas por Said y elaboradas más detalladamente por Bhabha y Spivak, a pesar de que los tres autores se referían principalmente al ámbito angloamericano del siglo XIX. Partiendo del estudio de Dill, según el cual los conquistadores miran el Nuevo Mundo por "gafas orientales" (1993: 10), y conectando esta idea con el carácter medieval de la sabiduría popular en la época de Colón elaborada anteriormente, se podría así hablar de un discurso orientalista medieval que limitaba mucho tanto lo que se podía conocer y contar acerca del Nuevo Mundo, como lo que estaba fuera del alcance de marineros como Colón. Está claro que la mayoría de la población española del período de los "descubrimientos" conocía otros países únicamente "de segunda mano, por sus lecturas de libros de viajes al Extremo Oriente, de viajeros-escritores todavía medievales, que no diferenciaban entre informe y ficción, mitología e historia" (Dill 1993: 10). Los relatos de Marco Polo son un documento clave (en especial para Colón, que identifica la isla de Cuba con el Cipango de Marco Polo) pero además hay que considerarlos en el contexto más amplio de la narrativa occidental que, por aquel entonces, guiaba las opiniones populares acerca de Asia y que, por tanto, también determinaba las esperanzas y los medios asociados con la búsqueda de un nuevo camino a las Indias[18].

Pastor Bodmer escribe que el Colón transmitido por la historiografía no "descubre" sino más bien "confirma" e "identifica": "His need to identify the newly discovered lands with preexisting sources and models, was a mixture of invention, misrepresentation, and concealment" (1992: 8). La argumentación de Peters es semejante: "Su pensamiento se basa en [...] estructuras analógicas, puede conocer e interpretar solamente lo que él mismo ya sabe" (1996: 37; traducción del autor). El Colón de Carpentier hace lo mismo pero de forma más densa y más explícita, por ejemplo, utilizando citas de las obras de Marco Polo e Isidoro de Sevilla, y repitiendo palabras clave combinadas ("oro", "Gran Khan"), lo que facilita la lectura crítica del discurso orientalista medieval por parte del lector. En resumen, se trata de un Colón monocultural en su imaginación, presentación y tratamiento

[18] Pastor Bodmer confirma las descripciones de Marco Polo como fuente de información central para el Colón histórico (1992: 11). Manzurul Islam investiga el carácter literario de los relatos de Marco Polo al analizar paralelas a las obras de Dante, algunas de las cuales Carpentier integra explícitamente en *El arpa y la sombra* (1985: 45, 175).

del Otro, y en su mentalidad más bien medieval que humanista o renacentista, tendencias que caracterizaban el ambiente cultural europeo de su época.

Es sorprendente que, en el contexto de tales avances de la historiografía y toda esta concordancia entre *El arpa y la sombra* y la historiografía del "descubridor", a principio de los años noventa Scott todavía presente en *1492: La conquista del paraíso* a un Colón "moderno", hijo de la Ilustración cuyo enemigo más peligroso parece ser la mentalidad medieval de la aristocracia española personificada por Moxica.

1.4. Conquistadores y "conquistadas"

La mezcla aleatoria de conceptos culturales y de género es semejantemente problemática para un mejor entendimiento del Nuevo Mundo, ya que aporta al discurso orientalista medieval una fuerte dosis patriarcal y, en última instancia, conduce a la estabilización de estereotipos culturales y de género que dejan poco espacio para perspectivas diferentes.

En el Viejo Mundo el Colón de Carpentier ya muestra una fuerte tendencia a aplicar en forma indiscriminada su imagen machista de mujeres a grupos masculinos. De esta forma el clero le parece afeminado, ejemplificado por el sacerdote que viene a confesarlo montado en una mula: "Mula, al fin, es montura de mujeres y de clérigos" (1985: 53). Cuando poco después describe a los indígenas del Nuevo Mundo como "hombres mansos, inermes, aptos a ser servidores obedientes y humildes" (ibíd.: 114), adapta la misma construcción de feminidad para explicar diferencias culturales[19]. Aquí se establece una conexión directa con el diario de a bordo original (donde presenta a los indios como "buenos servidores y de buen ingenio"[20]), y –en ambas obras– su "debilidad" se convierte en la excusa para transferir los estereotipos de mujeres a los indios, un fenómeno ya observado por Lewis (1996: 77) en algunos textos históricos sobre la Conquista.

[19] V. Hölz (2002: 43 ss.) para una elaboración de los mecanismos de mezcla cultural y de género, analizados de manera ejemplar en los textos de Chateaubriand.

[20] Colón (1996 [1492]: 62); v. también Hölz (1998: 25 ss.).

Otro aspecto importante es la "desnudez" de los Otros, que se interpreta como expresión de un estado de desarrollo más bien primitivo (cerca de la naturaleza y lejos de la civilización), aunque –en particular en esta construcción– hay que imaginarse la perspectiva colonial como mucho más ambigua. El Colón de Carpentier lo muestra al mencionar que se trata de una naturaleza detrás de la cual se le "iban [los] ojos" y los de su tripulación en cuanto veían indias jóvenes (1985: 116). El sentimiento de superioridad cultural sobre el Otro y la fuerte atracción por éste se presentan aquí en una fuerte paradoja, llena de contrastes y rupturas, que recuerda a los mecanismos de manifestación colonial investigadas por Young (1995) y a imágenes comparables en el cine y el teatro contemporáneos (v. las relaciones interétnicas sexuales en *Hans Staden* de Pereira 1999 y en *Yo, maldita india...* de López Mozo 1990).

Carpentier se distingue de muchos otros autores y directores al no perderse en lo emocional y erótico de esta paradoja[21]. En su lugar, se concentra en profundizar su estudio de la feminización de la otra cultura, que se intensifica cuando los conquistadores usan la fuerza, notan que son superiores y empiezan a disfrutar de esta posición. Entonces "las lágrimas de los cautivos", sus "gritos y lamentos" (1985: 116, 139), su poca experiencia con el alcohol y la posibilidad de emborracharlos para hacerlos complacientes (ibíd.: 124) les parecen femeninos, pero también su higiene corporal concienzuda: "Varias veces al día, [los indios] refrescaban sus cuerpos en los riachuelos, cañadas y cascadas de sus tierras" (ibíd.: 145). Uno de los siguientes viajes se convierte en un exceso de violencia en contra de toda la población indígena de la isla La Española, del cual el protagonista intenta distanciarse: "En mi ausencia [...] se habían soltado en ralea de oro por toda la Española, apaleando indios, incendiando sus aldeas, hiriendo, matando, torturando, para acabar de saber dónde, dónde, dónde, estaba la maldita mina invisible que yo mismo buscaba –sin hablar de las cien mujeres y mozas violadas en todas las expediciones" (ibíd.: 154).

Sin embargo, no hay que olvidar que él mismo se hará responsable de un sinnúmero de actos semejantes al proponer la esclavización de

[21] En *La pérdida del paraíso* de Muñoz, el narrador subraya el problemático instinto sexual de la tripulación, que lleva a muchos españoles a involucrarse en relaciones homosexuales con los indios a pesar de que quieren evitar a toda costa ser categorizados como "bujarrónes" (v. 2002: I, 105, 122). Su imagen machista del otro género se traslada en estos casos completamente a la población indígena del Nuevo Mundo.

los indios dentro del sistema de encomienda, facilitado por una transformación de la imagen del Otro. La novela indica cómo se produce el cambio de "seres inocentes, bondadosos, inermes" a "caníbales" (ibíd.: 150), es decir, criaturas inhumanas y sin religión en la mente de Colón, lo cual deja al protagonista explicar su motivación: "Ya que no doy con el oro, [...] puede el oro ser substituido por la irreemplazable energía de la carne humana, fuerza de trabajo" (ibíd.: 150). En cuanto a los conceptos clave, "India de los Caníbales" y "mercaduría de esclavos", aquí hace referencia directa a una carta del Colón histórico del 30 de enero de 1496 (ibíd.: 152).

El tema de la feminización e instrumentalización del Otro se refleja también en la macro-estructura: si al principio era Felipa, la mujer de Colón, la que tenía que ayudarlo a conseguir el dinero para sus viajes, ahora son los indios. Sin embargo, hay que considerar que Carpentier evita prolongar el mito del "macho-conquistador" elaborado en *El laberinto de la soledad* de Octavio Paz. Aunque después de las violaciones y matanzas los conquistadores aparecen en *El arpa y la sombra* como los grandes "chingones" que se convierten en modelo para muchos "señores feudales, hacendados, políticos, generales, [y] capitanes de industria" en México (Paz 1986 [1950]: 74), Carpentier deconstruye esta idea cuando presenta a Colón como pícaro, más bien "re-inventor" que "descubridor", incapaz de ver y conocer otra cultura, de aceptar lo propio dentro del Otro y lo femenino dentro de sí mismo.

No es casualidad que el autor se concentre en la figura heroica de Colón cuando se produce el rechazo de la solicitud de beatificación, momento que marca el comienzo de la tarea de deconstrucción, todavía inacabado. Es por esto que *El arpa y la sombra* desempeña un papel importante en este proceso, al prever con décadas de antelación muchos de los resultados de la historiografía contemporánea acerca de los aspectos ficticios del Colón oficial.

2. La Conquista como carnaval. Juegos barrocos con el lenguaje y la estructura en *Las naves quemadas* de Juan José Armas Marcelo

2.1. Estructura general

En su introducción a la segunda edición de *Las naves quemadas* (1995 [1982]), Conte destaca la influencia de escritores latinoamericanos en el autor español Juan José Armas Marcelo, que entre otros fue honrado con el segundo premio de novela de la Ciudad de Torrevieja[22]. Es obvio que se dejó inspirar por Carpentier, Vargas Llosa, García Márquez y Fuentes, particularmente en su "opción por el barroquismo como expresión fundamental, [...] su apertura hacia los excesos vanguardistas, y la noción clave y fundamental del mestizaje como el mejor y más inexorable camino para la literatura" (Conte 1995: 11).

Este estudio se concentra en el juego carnavalesco que expresa el barroquismo y que incluye tanto los conceptos de Bajtín como las categorías de Menton sobre la nueva novela histórica. En sus exageraciones trágico-humorísticas y el énfasis paródico en las funciones del cuerpo, Armas Marcelo refleja el estilo de Carpentier, pero lo barroco se muestra no tanto por la intertextualidad sino por los juegos con el lenguaje, reflejado en un vocabulario variado, una metafórica acentuada, la complejidad estructural de las frases, la repetición de palabras clave y la tendencia a la hipérbole, aspectos que también caracterizan *El concierto barroco* de Carpentier.

Las naves quemadas se puede dividir fácilmente en dos partes: la primera, "Ab urbe condita", trata el "descubrimiento" y la conquista de Salbago por el pirata Juan Rejón, el cual coloniza la isla con la tripulación de sus seis barcos, establece la primera tiranía y permanece allí hasta el final de sus días. En la segunda parte, "Los Reinos Prometidos", el narrador cuenta la historia del imperio de su hijo Álvaro, que vuelve a Salbago después de una larga odisea durante la cual funda más colonias en el Caribe. Este imperio se hunde debido a la invasión del pirata holandés Vanderoles, pero lo que no termina es el ciclo de

[22] V. *La Razón digit@l*, sección cultura, del 13/12/2003. Armas Marcelo ganó este premio de más de 360.000€ al competir con otros 345 autores con su obra *La clave de todo* (bajo el título *Casi todas las mujeres* en las librerías).

dominación extranjera brutal e irracional. El final abierto de la novela acentúa la imagen cíclica de la historia, ya indicada por las numerosas paralelas entre el autoritarismo de Juan y Álvaro Rejón, entre ellas sus historias de matanzas y violaciones, su caza de esclavos y, finalmente, la soledad existencial de ambos tiranos. El narrador omnisciente introduce a los dos protagonistas, a quienes se distingue por la técnica de contrapunto que subraya su obsesión enfermiza. Por medio de una gran variedad de metáforas el lector obtiene la imagen de una conquista fantástica y grotesca llevada a cabo por gente que siente una premura enorme por tomar posesión de nuevos territorios. Se muestra así el conquistar por conquistar, matar por matar y humillar por humillar, mecanismos basados en instintos primitivos que rompen con los principios de la razón volteriana y que se reflejan explícitamente en la novela cuando, por ejemplo, el cadáver del gran conquistador Juan Rejón se transforma en un insecto. De manera semejante, al narrar que Álvaro Rejón crea un burdel de vacas marinas y al presentar a los otros conquistadores como animales se revela un ambiente que podría resumirse como "pesadilla de lo racional" o "escándalo de la razón" (Dehennin 1984: 59). Haciendo referencia a la literatura fantástica de Borges y Bioy Casares, escritores por los que Armas Marcelo siente una gran admiración (Armas Marcelo 1996: 41 ss.), Dehennin comenta:

> El fantástico [...] al coadunar elementos de lo real con elementos de lo irreal, propone una conjunción contradictoria, inexplicable e imposible [...] supone especulaciones [...] inquietantes, inevitablemente abstractas, articuladas por un razonamiento necesario e inútil, por una lógica subvertida (1984: 60).

Se trata sin duda de una "subversión del orden racional"[23], que parte de la actualidad "ambivalente, ambigua, contradictoria, paradójica, lógicamente imposible, inexistente" (1984: 59) y cuestiona los conceptos de la literatura "realista-documental"[24]. No está muy claro si el interés de Armas Marcelo por la literatura fantástica procede de su

[23] V. Barrenechea (1972: 396).

[24] V. también Bessière: "Lo fantástico no contradice las leyes del realismo literario, sino demuestra que estas leyes son las de un irrealismo cuando la actualidad es considerada como totalmente problemática" (1974: 12).

admiración por Borges, su lectura de *Daimón*[25] de Posse o la inspiración más bien general procedente de la corriente fantástica en la novela latinoamericana contemporánea[26], pero no hay duda del ambiente fantástico-carnavalesco en *Las naves quemadas,* que se expresa en lo grotesco, un concepto elaborado por Bajtín como categoría central del sentimiento carnavalesco (Bajtín 1990: 49). Otro concepto mencionado allí es la "mesalliance", que se refleja cuando la novela une y mezcla lo sagrado con lo profano, lo alto con lo bajo, y lo racional con lo irracional al asociar a los representantes del alto clero español y de los conquistadores supuestamente heroicos con los deseos materialistas y sexuales más bajos[27]. Aquí hay paralelas con la conquista erótica en *Los perros del paraíso* de Posse, en la cual incluso los superiores de la tripulación buscan el placer en "fiestas eróticas". Mientras que el narrador en la novela de Armas Marcelo describe los instintos sexuales de Juan y Álvaro Rejón en detalle, la obra de Posse termina con la exhibición de un Colón desnudo que busca "la bendición divina en la curación a través de lo femenino" (Hölz 2000: 334). En ambos casos se trata de una conquista erótica de procedencia masculina que pone en ridículo la proclamación colonial acerca del control civilizado de los instintos. La muerte poco gloriosa de los emperadores de Salbago y de gran parte de sus oficiales, pero también la destitución de Colón en *Los perros del paraíso* recuerdan el destronamiento anual de los reyes y reinas del carnaval. El carácter cíclico de la historia en *Las naves quemadas* y, en particular, el cambio periódico de poder en Salbago refuerzan la percepción de una fiesta "del tiempo rigurosamente destructivo y renovador" (Bajtín 1990: 50). Es decir, la coronación del rey o emperador en el carnaval o en Salbago acarrea siempre consigo

[25] Sobre lo fantástico en *Daimón* v. Galster (1992: 233 ss.). Armas Marcelo escribe sobre *Daimón* en el año de su publicación (1978) y el año siguiente (1986 [1978]: 259 ss. y 1986 [1979]: 253 ss.). De estos comentarios se puede deducir que ha leído las novelas de Raúl J. Sender y Miguel Otero Silva sobre Aguirre, y ha visto la película *Aguirre, la cólera de Dios* de Werner Herzog. Sin embargo, admira más la obra de Posse, a la cual compara con *Cien años de soledad* de García Márquez (Armas Marcelo 1986 [1979]: 254).

[26] Galster clasifica *Daimón* como parte de la literatura argentina guiada por Borges y por diferentes movimientos narrativos europeos (1992: 236).

[27] Con la proyección de tales deseos como características del comportamiento diario, *Las naves quemadas* acentúa una profanación carnavalesca que Galster describe en *Daimón* como "la evocación hiperbólica de la sexualidad" (1992: 233).

la certidumbre de la destitución que le sigue, la cual se consuma con el coronamiento de un miembro de la muchedumbre en el carnaval, y de un esclavo o loco en el caso de Salbago.

No es coincidencia que Juan Rejón sea un simple pirata que llega a ser el esclavo de sus propios instintos y que demuestra su locura al quemar sus naves y envenenar su isla. El nombramiento del masturbador Hernando Rubio a director de la Inquisición y la coronación de la esclava Zulima como emperatriz son otros ejemplos que rompen con las normas jerárquicas tradicionales y con las formas básicas de piedad y etiqueta. En *Los perros del paraíso* se muestra también una desestabilización carnavalesca de la legitimidad colonial por medio de la mezcla grotesca de lo sagrado y lo profano, pero ésta tiende a culminar –como el carnaval (v. Bajtín 1990: 27) y la pieza teatral maestra de Reyes (1996)– en situaciones alegres y cómicas, mientras que la historia de Salbago es más bien trágica. Ya al principio los rejonistas parecen poco graciosos pero al establecerse el caudillaje de Rejón, que recuerda a la tiranía de Dionisio I de Siracusa en la Sicilia antigua (v. Rings 1997), la vida en la isla es cada vez más insoportable.

En resumen, no podemos considerar el carnaval de los rejonistas únicamente como espejo deformante trágico de la Conquista heroica y civilizador del discurso colonial, sino también de la vida carnavalesca elaborada por Bajtín, en la cual dominan el gozo de vivir y la ambigüedad alegre de cada uno en el contexto de contactos libres, familiarmente íntimos e interpersonales (v. Bajtín 1990: 48, 51). Esta última perspectiva se muestra de manera ejemplar en la oposición entre muerte y carnaval como constante de la historia de Colombia, representada en *El carnaval de la muerte alegre* por medio del conquistador Vasco Núñez de Balboa.

2.2. La fiebre de la Conquista y otras enfermedades

En el lenguaje metafórico de la novela dominan términos que permiten clasificar la conquista de Salbago como enfermedad. Muy al principio el narrador habla ya de la "incontenible fiebre de los descubrimientos" (Armas Marcelo 1982: 15) que se define en el caso de Juan Rejón como "la fiebre [...] de conquistador de pueblos, de constructor de nuevas ciudades" (p. 18). Dicha fiebre afecta primero a los ojos, entonces al alma ("ojos enfebrecidos", "alma ambiciosa", ibíd.) y se contagia rápidamente a otra gente si el enfermo convence por su voluntad masculina. De esta manera Juan Rejón puede declarar al obispo Juan de Frías: "Mis jóvenes hidalgos, [...] mis anónimos pardillos [...] están aquí porque yo les desperté la fiebre de la aventura" (p. 26). A medio plazo esta fiebre afecta a la memoria, por medio de leyendas. Claro que "la leyenda que la fiebre [...] había horadado calmosamente en su memoria" (p. 67) es la de Juan Rejón, o mejor dicho, un reflejo de su propia imagen que anticipa su destino por medio de la voz de Pedro de Algaba, un comandante asesinado por Rejón:

> Rejón tu no saldrás jamás de esta tierra. Como los perros estás condenado a vivir sobre ella. Como los perros morirás en ella después de todos tus esfuerzos inútiles y estériles. Esta será tu última voluntad, olvidado en la cárcel de Salbago, invento de Castilla, hundidos tus huesos en el fango ardiente y seco de la isla, esparcidos tus recuerdos hasta convertirse en polvo (p. 67).

La obsesión general con el enriquecimiento personal convierte esta prisión en un tipo de limbo, mientras que las observaciones historiográficas se van disolviendo sucesivamente y dan paso a un discurso mítico: "Las cosas [...] fueron poco a poco perdiendo su original valor en beneficio de los relatos, las ambiciones y las leyendas que recalaban en las costas del Real de Salbago desde el Nuevo Mundo conquistado por los españoles" (p. 132). Todo esto ya se indica anteriormente al llamar "entresijo de locuras" (p. 23) a la mezcla subjetiva de imágenes que los piratas intentan reconocer en Salbago y que lleva al fantástico "invento de los continentes", basado en los libros de Tolomeo, las leyendas de los marineros nórdicos y las obras de Macià de Viladestes, Angelino Dulcert, Valentín Fernandes, Giacomo Giroldi y Andrés Bianco (ibíd.).

Más tarde el narrador observa "depresiones", "locura" y "abulia" como síntomas de la educación militar del comandante Martín Martel, que choca con un enemigo invisible (p. 48). Un punto culminante en la locura de la ambición totalitaria y monocultural de la Conquista es la declaración de los perros verdes como enemigos de los invasores, aunque habiten la isla de manera pacífica y pasiva. Al igual que un año más tarde en *Los perros del paraíso*, se trata de perros mudos y vagabundos que simbólicamente ejemplifican lo foráneo del mundo conquistado. Sin embargo, a los perros de *Las naves quemadas* se los asocia también con la expresión "ser más raro que un perro verde", un arcaísmo todavía en uso en América Latina[28]. El poeta chileno Pablo Neruda utilizó esta expresión en su famosa "Oda al Mar" (incluida en *Odas Elementales*) para describir el carácter del mar, que parece inquietante e incomprensible para el ser humano:

> No puede estarse quieto, / me llamo mar, repite / pegando en una piedra / sin lograr convencerla, / entonces / con siete lenguas verdes, / de siete perros verdes, / [...] / la recorre, la besa, / [...] / repitiendo su nombre (Neruda 1995 [1959]: 96 ss.).

Tal sentido metafórico debe aplicarse también a los perros verdes de Salbago: son "mágicos animales", que pertenecen a una "raza canina, salvaje y sagrada a la vez" (p. 58) y que para los conquistadores representan lo inquietante e incomprensible del otro mundo. Su simple existencia libre no la pueden tolerar los invasores porque se opone a su reclamación totalitaria y pone en duda su capacidad de tomar posesión del nuevo territorio. Esta mentalidad está directamente relacionada con un principio de acción que se elabora al final de *Los perros del paraíso* a través de la distancia irreducible entre el Colón ocioso, que disfruta de lleno del nuevo mundo, y su tripulación, cada vez más inquieta. El comportamiento de Colón se puede entender como una subversión del privilegio masculino de acción civilizador inscrito en el discurso patriarcal. Esto se basa en la idea de que el sujeto masculino es un "ser con escasez" que solamente encuentra el sentido de la vida por medio de la negociación activa de su mundo (v. Hölz 2000: 336; traducción del autor).

En el caso de la empresa colonial, la negociación de identidades se traduce con frecuencia en la domesticación y asimilación de lo foráneo, pero la masacre de los perros verdes en la novela hace resaltar que al mismo tiempo esta domesticación puede llevar a la animalización y destrucción del Yo supresor. Desde aquí sólo hay un pequeño paso para aceptar que tal supresión no se puede mantener indefinidamente, una idea que *Las naves quemadas* subraya con la muerte de Juan Rejón y con la humanización de los últimos perros verdes, los cuales

[28] V. el artículo "Perros verdes" de Cambra en la revista *ArvoNet* (2004).

han sido supuestamente domesticados pero son capaces de planear el "asesinato" de su dueño (p. 162).

Al tratar la Conquista como enfermedad, Armas Marcelo confirma la imagen del "conquistador conquistado" elaborada ya en el *El arpa y la sombra* y otras novelas que anticipan conclusiones semejantes a las que se encuentran en la historiografía contemporánea. En la obra, el obispo Juan de Frías adivina el fracaso colectivo después de la frustración de Martel en su caza de los perros verdes: "Puede que sea una condena por nuestra ambición. Una maldición de Dios por habernos atrevido a detenernos en una tierra dejada de su mano" (p. 48).

Asimismo, al poner en ridículo la invasión presentándola como pieza de teatro militar, el narrador resalta la poca utilidad de las armas españolas en un mundo en el cual el conquistador no se enfrenta a un ejército enemigo sino a la naturaleza: "Las parmesanas, las ballestas, bombardas, culebrinas y cañoncillos que los rejonistas habían desembarcado entre alharacas e himnos de gloria con tan guerrero afán en las playas insulares resultaron artefactos poco menos que inútiles" (p. 44). De igual utilidad parece la lucha de Rejón en contra de los espíritus de los perros muertos: "Sus armas son inservibles, porque la espada no puede cortar un ruido" (p. 66).

Al final, la mayor parte de los conquistadores muere en un estado de locura o de manera poco gloriosa: Larios, en el mar, en un intento de huir de la isla con una barca de remos (p. 133), Martel, en plena calle, por ser alcohólico y encontrarse gravemente enfermo (p. 123), Juan Rejón, devorado por sus propios perros (p. 163), y su hijo Álvaro, huyendo de Vanderoles como un "pingajo borracho" (p. 340). La llegada al poder del violento pirata holandés no promete otra cosa que el comienzo de un nuevo ciclo de demencia colectiva, con el cual la locura se reafirma como constante humana.

La obra de Armas Marcelo podría traducirse como alegoría de la pasión, "una pasión que transforma, que metamorfosea al individuo entregado a ese vicio" (Connor 2001: 4), y que se aprecia también en la siguiente novela del autor, *El árbol del bien y del mal*, que profundiza en el tema de la colonización[29]. Es esta pasión violenta e irracional que

[29] Aquí el cónsul francés muere habiéndose vuelto loco después de que Horacio Rejón, un sucesor de los conquistadores de Salbago, le robara a su mujer. En cuanto a la locura de Horacio, v. Armas Marcelo (1995 [1985]: 19, 27, 31).

causa la muerte de los propios conquistadores y que al final convierte a todos (seres humanos, animales y naturaleza) en víctimas de mentes destructivas.

2.3. Aspectos históricos y fantásticos de la locura

Álvaro Rejón indica las paralelas históricas al transferir la imagen del "conquistador conquistado" a Hernán Cortés y los hermanos Pizarro los cuales últimamente forman parte de una masa anónima:

> Conocí de cerca a todos esos locos que siguen soñando con España, a pesar de haber dejado de ser españoles desde hace tanto tiempo y sin saberlo [...]. Repartidos entre dos mundos jamás van a encontrar paz para sus almas tortuosas fuera de aquello que ellos creen haber conquistado, una tierra que tiene vida propia, que no necesita de ellos, una tierra que los ha conquistado, transformado y hechizado para siempre. Esa es la única realidad de Eldorado, señores (p. 186).

Cortés destaca en este contexto como ejemplo de un "español loco" –en el sentido de irracionalmente ambicioso– al quemar sus propias naves (p. 176, 178). Esto implica una devaluación radical del maquiavelismo cortesiano ejemplificado por el Duque Negro, una personificación quijotesca del príncipe maquiavélico Cesare Borgia. La relación entre Rejón y el Duque Negro refleja la afinidad histórica entre Cortés y Borgia[30], hasta que empiezan a imponerse la arbitrariedad de Rejón y la irracionalidad del Duque Negro.

Es altamente significativo que a Colón, en cambio, se le trata con mucho respeto, empezando por el uso del título de honor "Almirante" (1982: 44, 183) y más tarde subrayando su valentía al hablar de las "atrevidas carabelas del primer viaje transatlántico" (p. 44). Al contrario que la locura violenta de los rejonistas, su ambición parece "imponente" (p. 183), y si al final "la isla que el Almirante había bautizado con el nombre floral de Margarita" (p. 213) se convierte también en un

[30] Pastor Bodmer resume: "Even if Cortés did not imitate Cesare Borgia he unconsciously followed his path [...]. The capacity of Machiavelli's prince for analyzing concrete reality (on which the rational philosophy of the Renaissance was based) is identical to that underlying the characterization of Cortés" (1992: 85).

purgatorio comparable a Salbago, no parece ser la culpa de él, mientras que Rejón sí que tiene culpa de la decadencia de Salbago. Con esta separación radical entre Colón como "descubridor" pacífico y de buena voluntad por una parte, y los conquistadores violentos que transforman su paraíso "floral" en una tierra inhóspita por otra, Armas Marcelo sigue la versión neo-colonial que domina en los libros de historia de los centros de enseñanza españoles hasta el día de hoy. Dicha versión recurre principalmente al viejo mecanismo de proyección con el cual Las Casas ya intentó justificar la Conquista, a pesar de lo mucho que el clérigo se sintió obligado a criticar el carácter violento, inhumano e irracional de la empresa.

Tres años después de la aparición de *Las naves quemadas* la misma dicotomía se refleja en la novela *El árbol del bien y del mal* de Armas Marcelo, en la cual se trata a Colón respetuosamente como "descubridor" de América en oposición al perverso colonizador Horacio Rejón (v. Armas Marcelo 1995 [1985]: 104 ss.). Otras obras narrativas que apoyan esta estructura son *1492: La conquista del paraíso* de Scott, en la cual Colón aparece como mensajero de la luz en medio del imperio de la oscuridad (v. Fendler/Wehrheim 2007: 3 ss.); *Cristóbal Colón: El descubrimiento* de Glen, que recurre a la noción de joven aventurero virtuoso; y *Cristóbal Colón* de Gala, que hubiera encajado bien en la reconstrucción del proceso de beatificación por Carpentier ("el arpa"). Últimamente todas estas obras absuelven al "descubridor" de los crímenes masivos que le siguen, incluyendo la esclavización de los indios explícitamente propuesta por él, pero –por supuesto– no mencionada en ninguna de las tres.

En cambio, ni Armas Marcelo ni los libros escolares que en general citan a Las Casas evitan el tema de las masacres, violaciones y asesinatos colectivos, tal vez porque son demasiado numerosos e inhumanos para encubrirlos, ya sea desde la perspectiva cristiana del siglo XVI o desde la contemporánea, fundada en los derechos humanos (en 2008 se celebraron 60 años de la "Declaración Universal" de las Naciones Unidas). Aún así, es curioso que los libros escolares sigan con diferentes estrategias para quitarles importancia, sea por medio de no entrar en el detalle y resumirlos como "abusos" (Cisneros Fraile 1995: 134), excluirlos de "las consecuencias del descubrimiento" (v. Pastor 2001: 136), acentuar la buena voluntad de "la administración española" (Cisneros Fraile 1995: 134) o, cómo no, hacer anuncios para la película de

Scott, cuyo póster cubre casi media página en *Ciencias Sociales* (De los Santos Ruiz 1994: 119).

En este contexto, la diferencia entre la posición colonial defendida por Las Casas, por una parte, y la proyección neo-colonial diseminada por la novela de Armas Marcelo y los libros escolares contemporáneos, por otra, consiste en el número de conquistadores "excepcionales" a los cuales se permite integrarse en la categoría de héroes nacionales a la que pertenece el "gran descubridor". Mientras que los textos de Las Casas suelen tolerar la alta nobleza conquistadora de la época al enfocar la crítica destructora en la masa anónima de hidalgos y simples soldados, los libros escolares recientes suelen seguir el discurso gubernamental al limitarse a glorificar a Cortés y a Pizarro al lado de Colón, y las novelas de Armas Marcelo se limitan incluso más porque estiman que no hay nadie más que esté a su altura.

En este sentido es muy lamentable que el autor no haya sido capaz de seguir el modelo de Carpentier y de romper con la dicotomía falsa de buenos descubridores y malos conquistadores. En su lugar, la proyección de Salbago como isla sin habitantes justifica la apropiación del territorio al hacer innecesaria la cuestión jurídica por los derechos de posesión y, consecuentemente, sostiene la imagen del antiguo discurso colonial que elude los conceptos de "invasión", "ocupación" y "anexión". Tampoco es coincidencia el hecho de que Salbago se encuentre "a medio camino entre el Nuevo Mundo y la vieja Península" (p. 173), ya que separa geográficamente el limbo de los rejonistas de los lugares principales de la Conquista y colonización españolas del siglo XVI.

Esta interpretación se confirma mediante la ensayística del autor: en el contexto del Quinto Centenario, es decir, casi una década después de la publicación de *Las naves quemadas*, Armas Marcelo sostiene en el periódico conservador *ABC* (del 27 de diciembre de 1991) que se debería seguir hablando del "descubrimiento" de América. El autor sigue defendiendo su utilización a pesar de la crítica general del término y del distanciamiento académico, expresado por el uso de dicha palabra entre comillas o el empleo de vocablos alternativos como "invención" o "conquista". Lo que es aún peor, Armas Marcelo reimprime su artículo, "Lo del descubrimiento", cinco años más tarde en la colección *Tal como somos* (1996: 51-54). En el escrito, no sólo el mensaje central es discutible ("Si algo fue lo de América hay que decir que fue un descubrimiento", ibíd.: 52), sino también su defensa del caudillismo latinoamericano como mera prolongación del caciquismo indígena: "El caciquismo estaba allí cuando Cristóbal Colón lo 'descubrió'. Pero lo peor es que sigue, tan campante, mirándose en sus propias mentiras y culpando al otro mundo de los desajustes, desafueros y entuertos que lleva cometiendo cerca de cinco siglos" (ibíd.: 54). De esta forma confirma su posición neo-colonial al describir las consecuencias del "Descubrimiento" como "no todas óptimas, pero muy pocas pésimas" y, sobre todo, al catalogar a los conquistadores como liberadores, al contrario que en sus propias novelas de los años ochenta: "Tanto Hernán Cortés como Francisco Pizarro iban [...] liberando a las tribus y pueblos esclavizados por aztecas e incas" (ibíd.: 52). Todo esto sigue el esquema de la glorificación tradicional de la Conquista y nos recuerda a las celebraciones del "héroe" Cortés durante la "megalomanía" del Cuarto Centenario (v. Siebenmann 2007: 174). En resumen, la ensayística de Armas Marcelo ofrece aquí una interpretación fiel del discurso oficial tradicional y es más conservadora que sus novelas.

2.4. La animalización como tendencia carnavalesca

Introducida por las palabras "Rejón estaba endemoniado", la metamorfosis del cadáver de Juan Rejón que revela su carácter de insecto empieza inmediatamente después de su muerte: "En su cama había aparecido un insecto enorme, de especie desconocida pero lo más parecido a un escarabajo blanco y mullido, con ojos de hombre y alas poderosas" (p. 165). La inspiración de esta imagen por construcciones kafkianas es obvia, en especial por *La metamorfosis,* que probablemente llegó a la atención de Armas Marcelo a través de la obra de Borges. En el relato de Kafka el protagonista Gregorio Samsa se transforma en un tipo de escarabajo, un proceso que hay que interpretar como una representación grotesca de la protesta interior del viajante que no quiere viajar más, ya que su trabajo pertenece al mundo supresor que le hace infeliz. Es decir, su subconsciente rebelde se ha construido un cuerpo exterior, cuyo aspecto repugnante refleja la deshumanización de la sociedad en la cual le toca vivir (v. Binder 1983: 247 ss.).

Teniendo en cuenta que en la vejez Juan Rejón está condenado a observar la vida inhumana de Salbago sin poder hacer nada, se podría explicar su metamorfosis también como reacción a un ambiente alienante. Aunque a diferencia de Samsa el tirano Rejón sí que contribuyó significativamente al desarrollo de Salbago como espacio hostil, está también indefenso frente a los mecanismos destructivos que él mismo ayudó poner en marcha. Esto permite compararlo al padre autoritario y violento de Samsa, que reprime los deseos de su hijo tan brutalmente que éste al final se transforma en escarabajo.

Sin embargo, en ninguna de las dos obras se puede reducir el papel del victimario a una sola figura, y las cuestiones de culpa y responsabilidad no son fáciles de resolver, a pesar de que los problemas clave –la alienación y el aislamiento humanos– están bien definidos. Es cierto que Rejón no se transforma en un insecto hasta después de su muerte mientras que, en el caso de Samsa, esto ocurre durante el descanso, pero estas diferencias se las puede explicar por la disparidad en el grado de inhumanidad. La hostilidad a la vida en Salbago es tan fuerte que el subconsciente rebelde no puede expresarse antes de la muerte, lo cual implica que la metamorfosis es irreversible y la protesta interior ya no puede provocar ningún cambio para el conquistador o su entorno.

El carácter animal de Juan Rejón se indica ya por su mala reputación, de la cual quiere liberarse mediante la "gloria" y "fama" de su "descubrimiento": "Ya no más Rejón el violento, el torvo, el verdugo, el cruel" (p. 25). Sin embargo, el "holocausto de los perros verdes" (p. 63), la esclavización de los últimos perros, las órdenes para asesinar a los algabistas (p. 112) y a los mensajeros de Martel (p. 130) y, finalmente, el hecho de humillar a la vieja Zulima al degradarla a servidora (p. 81) siguen indicando una constante inhumana que pone en ridículo dicha imagen gloriosa de sí mismo. Lo mismo puede decirse de su representante Martel que demuestra su carácter animal durante la violación de Zulima:

> Excitado, él la huele una y otra vez, la mordisquea, la saborea, un animal en celo él que inicia el rito del placer, la refresca con la inagotable humedad de su lengua y se hunde en los huecos que Zulima le va poco a poco descubriendo hasta terminar de mancillar de baba placentera todo aquel cuerpo de princesa infiel (p. 115).

Martel destaca aquí por la aplicación escrupulosa de la violencia militar, tendencia que deconstruye la frontera tradicional entre lo humano y lo animal al enfocar los instintos destructivos del hombre. El ser humano se revela entonces como "pattern building animal" (Antor 1996: 59) en el peor sentido del concepto. En la fantasía de Martel, el número de sus enemigos crece rápidamente, y después de los algabistas y los perros verdes se encuentra en esta categoría casi toda la élite de los rejonistas, en especial Simón Luz, Bartolomé Larios, Juan de Frías, Deán Bermúdez, Hernando Rubio, y al final también Juan Rejón. En este contexto el tiempo mismo se transforma en un "animal maligno", y Martel se enfrenta a los habitantes de Salbago mediante una metamorfosis carnavalesca inspirada en la leyenda del hombre lobo: en los días de luna llena el comandante aparece como "personaje híbrido, cercano por igual al hombre y al perro":

> Un tercio de su ser se mantenía fiel a la especie humana (y ahí se retorcía el rencor, como una serpiente venenosa); otro tercio respondía perfectamente a las características de los desaparecidos perros verdes (un cierto fulgor repentino en los ojos, el sinople sobre su piel de guerrero, el ronquido sordo que entorpecía sus palabras); y, finalmente, un tercio que correspondía al lobo estepario castellano (la soledad y el hambre que se aposentaban en él) (p. 104).

Al contrario que en la mayoría de estas leyendas –muy conocidas en los tiempos de la Conquista, en particular la versión antigua de Deucalión y Pirra en la cual el rey de los arcadios Licaón se transforma en un lobo sediento de sangre– el hombre lobo Martel no es violento. No importa si aparece como "viejo herido de muerte" o "lobo borracho", se trata esencialmente de una criatura que busca "la paz en la soledad" (ibíd.), y su transformación anticipa el destino del gobernador de Salbago.

Cuanto más se asemejan a marionetas o autómatas, más inquietante llega a ser el carácter animal de los personajes. Un buen ejemplo es Martel, que se reconoce ya muy al principio de la novela como "marioneta de guiñol" de la Inquisición, sintiendo que la mayoría de sus acciones violentas está guiada por manos ajenas: "Marioneta había sido también su voluntad, usada a la hora de decidir las operaciones militares desde el momento en que el salvaje de Simón Luz empezara a aconsejar a Juan Rejón" (p. 103). Las metáforas sobre dicha autoridad ajena continúan cuando el narrador omnisciente califica al obispo Fernando de Arce como "autómata epiléptico" (p. 125), aunque su comportamiento hace referencia a las normas socioculturales, económicas y políticas que dominan y controlan el comportamiento de todos, incluyendo los grupos privilegiados, y los conducen a una vida hostil llena de penuria, violencia y vicios:

> Fernando de Arce [...] había empeñado gran parte de su fortuna personal [...] en la lucha contra el satánico moho que impedía la terminación de la Catedral, mientras Hernando Rubio liquidaba rebeldías a golpe de decreto de quema y Simón Luz administraba sinecuras y canonjías; mientras Rejón marcaba sus huellas leonesas en la piel [...] de la bella Zulima y Herminio Machado se dejaba las cejas y los ojos en la inútil e insensata perfección de planos y diseños de aquellos reales y sagrados sitios en los que festoneaban [...] las banderas, los pabellones y los estandartes de Aragón, Castilla, de León y Navarra (p. 125).

La identificación de los personajes como marionetas o autómatas recuerda a conceptos expresionistas, que ya se indican en la obra de Georg Büchner y que se desarrolla en la literatura de Georg Heym, Alfred Döblin y Ramón María del Valle Inclán. Tanto aquí como en *Las naves quemadas* se da preferencia a la expresión de deseos y miedos inconscientes, especialmente a los instintos sexuales y mortales tratados por Freud con referencia a los dioses griegos Eros y Tánatos. Sin embargo, esto lleva al problema expresionista de la "difficulty of individuation and of managing overmastering desire" (Coates 1991: 47), que culmina en reiteradas ocasiones en cuentos fantásticos sumamente crueles (v. Cooke 2002: 16).

Esta perspectiva continúa más tarde en la literatura y en el cine europeos, y es probable que las obras de Kafka, Herzog y Posse hayan influido particularmente a Armas Marcelo[31]. En el último caso, es posible que una de las obras fuera *Daimón*, ya que esta novela hay que interpretarla en su relación al esperpentismo de Valle Inclán (v. Galster 1992: 234), cuyo *Tirano Banderas* es un buen ejemplo de la elaboración de una realidad animal y grotesca en la literatura española del siglo XX.

[31] Es muy probable que Armas Marcelo conociera *La metamorfosis* de Kafka y *Aguirre, la cólera de Dios* de Herzog: el autor es familiar con la literatura alemena de este período, y la película aparece en su reseña de *Daimón* que escribió a finales de los años 1970 (v. Armas Marcelo 1986: 253, 259).

2.5. La conquista del conquistador

El carácter recurrente de la historia en *Las naves quemadas* señala la continuidad de ciclos violentos e interdependientes. En la sociedad colonial de los rejonistas se impone siempre la ley del más fuerte, parcialmente debido a la falta de institucionalización de la violencia, pero también por la obediencia ciega al "gran chingón" (para recurrir a un término de Octavio Paz) y por el desconocimiento de los derechos humanos. Sin embargo, no son sólo las víctimas de la élite poderosa las que sufren bajo esta ley, sino también ella misma, porque en última instancia se trata de una violencia autodestructiva. A esto se añade el poder destructor de mujeres como Zulima y Mademoiselle Pernod, porque ambas saben conquistar a los "grandes chingones" de Salbago, aunque sea solamente por un tiempo limitado.

Zulima empieza y termina en el papel tradicional de víctima y objeto de los conquistadores, apareciendo al principio "hurtada siempre a la mirada obscena y total de los hombres" (p. 91). Primero la secuestran y la violan y, más tarde, ya de anciana, Rejón la explota como servidora. Martel es el primero en violarla, sin embargo, esta violación –interpretada por el comandante como "derecho de conquista" (p. 115)– se sale del esquema estereotípico de interpretación. En verdad no se trata de la simple oposición tradicional entre el violador activo y su víctima pasiva, sino de una "violación sin violencia", ya que "sin saberlo del todo, [Zulima] juega a la ceremonia de ser mujer" (ibíd.). Desde un punto de vista ético, esta descripción es muy problemática porque podría interpretarse como justificación de tal acto. No obstante, es importante destacar su función simbólica en la novela, que consiste en romper con la clasificación de la mujer como víctima pasiva, indicar la imposibilidad de "poseer" una persona y acentuar lo enfermo de tales reclamaciones. Este argumento se elabora cuando aparece Zulima de bailarina venerada como diosa por los clientes del burdel:

> Se han enamorado hasta la locura y la desidia de la piel morena de Zulima y no han mostrado ningún inconveniente en abandonarse a su visión, de modo que convertidos en nictálopes sólo viven ya en la oscuridad y sólo cuando contemplan extasiados la figura incólume de la diosa, sin importarles la idea fatal de que, tras ser los elegidos del espectáculo, quedarán cegados para siempre y en su oscura soledad sólo brillará eternamente la imagen serpenteante de Zulima (p. 91).

De ella sale un "hipnotismo" que transforma a los conquistadores en "hombres esclavizados" (p. 92) y que aumenta la locura de Juan Rejón: "Lo esclavizó a su olor y al poder absoluto del tacto de su piel absorbente" (p. 93 ss.). Esto explica por qué ella recibe muy pronto "atribuciones de gobernadora" y por qué asciende de inmediato a gobernadora de Salbago después de casarse con él (p. 129). Al igual que Martel y sus soldados, que hacen el ridículo con su caza irracional de perros verdes, Rejón llega a ser el objeto de una "inmensa y colectiva carcajada anónima" por desposar a una "bailarina alárabe" (p. 129). Ya que aquí se cuestiona la ética colonial de igual forma que en *Los perros del paraíso*, los comentarios de Hölz sobre la novela de Posse serían válidos para ambas obras: es "la profanación sexual de lo oficial dentro del sistema de los valores coloniales" la que prepara la estrategia descolonial de la nueva narrativa (2000: 333, traducción del autor). *Las naves quemadas* implementa esta estrategia de deconstrucción de manera carnavalesca por la inversión de papeles, y en ciertas fases son claramente los perros verdes y Zulima los que dominan a los conquistadores, y no al revés. Además, cada reacción de los conquistadores machistas a esta "rebelión" termina debilitándolos: después de la masacre los espíritus de los perros verdes vuelven para darle a su asesino un "miedo a la muerte" y, esta vez, Juan Rejón es incapaz de vencerlos con la espada. También son diferentes ahora sus ladridos, que el narrador describe como "música azul, femenina, paradisíaca" (p. 67), por lo cual se establece una conexión entre la nueva fuerza sobrenatural y femenina de los perros y la fuerza igualmente sobrenatural de la joven Zulima. Al final Rejón degrada a su mujer, ahora más vieja y menos atractiva, a formar parte de su personal doméstico, pero esto acelera su propio aislamiento y soledad. El recuerdo nostálgico de la joven Zulima durante sus masturbaciones y su muerte a manos de los últimos perros de la isla indican el papel de víctima que todos los conquistadores van a compartir como consecuencia de su violencia machista.

Con Mademoiselle Pernod continúa la seducción femenina, pero a un nivel social más alto que el de Zulima. Como dueña de una cadena de burdeles, Pernod es económicamente independiente y elige a sus hombres:

> Ella, exclusivamente por su propia voluntad, escogía a sus ocasionales compañeros de placer, haciéndoles pagar el más alto precio. Sólo ella los

esclavizaba y atormentaba una vez que llegaban a probar el sagrado brebaje blanco de sus pechos (p. 233).

Para entrar en una relación sexual con esta "diosa mitológica" (p. 232), Álvaro Rejón tiene que controlar sus "deseos" y su "instinto" (p. 236). En lugar de usar la violencia, se acerca como hombre de negocios con la idea imaginaria de abrir un burdel con vacas marinas como prostitutas. Así empieza una "unión tumultuosa y pasional, disparatada y envidiada por cercanos y extraños" (p. 240), que contrasta incluso más que el matrimonio de Zulima y Juan con la imagen tradicional del sometimiento femenino al macho conquistador. Si más tarde Álvaro sabe distanciarse del hipnotismo de su mujer (p. 292) es sólo para convertirse en esclavo del oro, que también se describe con connotaciones femeninas: Rejón "sabía que la fiebre del oro es [...] un mal incurable y esclavizador que, como una mujer disparatada por la pasión, exige cada vez más" (p. 296). Esta feminización se acentúa en Pernod, que tiene tanta ansia de conseguir el oro que ella misma se transforma en el objeto de su deseo ("la dorada", ibíd.). Además aparecen con atributos mujeriles la gloria[32], la religión[33] y la mar[34], todas fuerzas superiores que seducen al hombre y lo conducen a odiseas sin fin.

De esta manera se observa el fracaso del conquistador al ser guiado por sus deseos y sus agresivas normas machistas. Dentro de la dinámica de la destrucción la violencia genera más violencia y la brutalidad egocéntrica, más soledad. Esto conlleva a un círculo vicioso que transforma al conquistador en el victimario-víctima que no es ni lo uno ni lo otro, sino una figura híbrida llena de fracciones y antagonismos que contribuyen significativamente a la transformación de la isla con todos sus habitantes en victimarios-víctimas. Las ambiciones de los conquistadores confirman la opinión de De Valdés sobre el potencial

[32] Para Martel la conquista de Salbago es una cuestión de "la gloria perseguida como una mujer virgen" (p. 101). Con semejante obsesión Juan Rejón busca esta gloria para salir de su mala reputación.

[33] Rejón critica al obispo Juan de Frías como "héroe con faldas" (p. 26 ss.) de manera semejante que el Colón de Carpentier en *El arpa y la sombra* clasifica como afeminado al sacerdote que se acerca para administrarle la extremaunción.

[34] V. también los comentarios del narrador sobre Álvaro Rejón y Pedro Resaca, hijo: "Ya supieron por sí mismos que el mar era un ser más puta que cualquiera de las mujeres con las que se empezaban a divertir en las tardes dentro de las tabernas" (p. 200).

autodestructivo del machismo latinoamericano: "The machismo [...] is a social ideology of conquered warriors condemned to a history of abuse, treachery and infamy from Cortés to the present" (1998: 10). Este pensamiento se elabora de la siguiente manera:

> The male is also the victim of machismo because the social system itself is structured so that a few will exploit the many. Under machismo the male, like the female, has been dispossessed of his identity as a social being. At an impersonal level, the machismo attitude, however, provides compensation for the male, for no matter how dominated he is [...], he has someone over whom he is master: his wom(a/e)n (ibíd.: 17).

Sin embargo, sigue siendo problemático que el narrador de *Las naves quemadas* culpe a lo femenino de la locura de los conquistadores al transformarlo en una "mujer fatal" gigante cuya fuerza seductiva mata a los españoles, de manera semejante a la que la música de las sirenas mataba a los marineros griegos en la famosa Odisea admirada por Armas Marcelo. Una característica de esta proyección es su falta de diferenciación: las sirenas no distinguen entre los hombres que matan, ni tampoco hay una diferencia fundamental entre ellas, que resulta en el antagonismo de géneros que Armas Marcelo adapta en la novela. Otro problema es la función legitimadora que tal construcción pueda tener del uso de la violencia masculina, porque en el contexto descrito es imposible echarle toda la culpa del ambiente inhumano de Salbago al conquistador. Aunque algunos actos violentos –como por ejemplo la eliminación de los perros verdes– se planean, otros se cometen de manera espontánea (v. la masacre de los mensajeros de Martel) y algunos incluso con el permiso parcial de la víctima (v. la violación de Zulima por Martel).

En definitiva, la cuestión de responsabilidad por la violencia en la Conquista y la colonización de América Latina desemboca en una construcción que podría resumirse como la del conquistador "culpable pero sin culpa". En este contexto hay que ver la fuerte asociación de lo femenino con lo emocional-destructivo, peligroso y potencialmente superior al hombre, como un producto de fantasías masculinas tradicionales que se refleja particularmente en la figura de la amazona[35] y que contribuye a la estabilización de los discursos patriarcales porque justifica la supresión de la irracionalidad femenina. Hay que resumir entonces que la perspectiva narrativa en cuestiones de culpa y de representación del nuevo territorio –femenino, destructivo y sin habitantes– forma parte del discurso neo-colonial, y además indica una ética muy dudosa que está íntimamente relacionada con la repetida crítica personal en contra de Armas Marcelo[36]. En nuestro corpus de textos no hay ninguna otra obra con semejante enfoque en la culpa de la mujer, aunque –en contraste con *La otra conquista* de Carrasco y *La noche de Hernán Cortés* de Leñero– *Yo, maldita india...* de López Mozo subraya la importancia de una Malinche ingenua en la supresión de las culturas indígenas de México.

3. "La herida del Otro": los límites de la transculturalidad en *Naufragios de Álvar Núñez* de José Sanchis Sinisterra

3.1. Estructura general

Naufragios de Álvar Núñez (1991), una obra para 16 actores dividida en dos actos, forma la última parte de la *Trilogía americana* del autor español José Sanchis Sinisterra, a las que también pertenecen *El retablo de Eldorado* (1984) y *Lope de Aguirre, traidor* (1986). Aunque las tres tengan un denominador común en su interés por "la conflictiva realidad que se produce cuando un pueblo somete a otro por la fuerza de las armas" (Serrano 1996: 28), se distinguen bastante en el enfoque temático y formal.

El tema de la pieza que se trata aquí es Álvar Núñez Cabeza de Vaca, un conquistador español fracasado que cae en la esclavitud de los

[35] V. la imagen de las amazonas en el *Daimón* de Posse. "Amazonas" y "oro" aparecen aquí como objetos igual de importantes para los conquistadores, aunque las guerreras son al mismo tiempo objeto de su deseo y de su miedo ("¡el dulce y peligroso país de las Amazonas!") (Posse 1989 [1978]: 20, 56). En el centro de las fantasías masculinas está la fuerza seductora de las cabecillas ("atléticas, sonrientes [...] sólo [...] vestidas con los triángulos de las tangas") y sus bailes eróticos (ibíd.: 62 ss.).

[36] V. los comentarios del periodista Luis Artega, que critica en particular los numerosos viajes de Armas Marcelo a Cuba, que le parecen viajes de Conquista. Esta valoración la basa en la buena relación del escritor con Norberto Fuentes, un ex-traficante de drogas, pero también en su admiración por Cabrera Infante (26.1.2000, 11.4.2001).

indios, vive más de ocho años entre ellos (1527-1536), se reintegra entonces en la sociedad colonial española y se hace famoso al publicar el informe *Naufragios* (1542). Las experiencias de Álvar Núñez son también el tema central de la película *Cabeza de Vaca* del director mexicano Nicolás Echevarría, que se analiza en el capítulo V.3. En cuanto a la forma, se nota la creciente dedicación al problema de reconstruir situaciones históricas, de tal manera que Floeck describe *Naufragios de Álvar Núñez* como "la más complicada y experimental", porque "descompone de manera radical la estructura del modelo dramático mimético-realista tradicional", en particular en un sentido espacio-temporal (2003: 229). A pesar de su carácter innovador se trata de una obra bastante ignorada por la literatura secundaria, especialmente si se compara con otras obras suyas como *Ñaque o de piojos y actores*, *El cerco de Leningrado*, *El lector por horas*, *Los figurantes*, *Flechas del ángel del olvido* y sobre todo *¡Ay Carmela!*, obra que también se adaptó al cine. Entre otras cosas esto se debe probablemente al hecho de que, al contrario que las otras partes de la trilogía, *Naufragios de Álvar Núñez* todavía no ha sido estrenada, así que esperamos que este estudio contribuya a dirigir la atención académica y profesional a la necesidad del estreno.

El subtítulo de la obra, "la herida del Otro", hace referencia a la discriminación de los marginados, que en esta pieza están representados en particular por la india Shila y el negro Esteban en los tiempos de la Conquista, pero también hay referencias a los inmigrantes magrebíes y las prostitutas callejeras a través del mismo Esteban y de Mariana, la mujer de Álvar Núñez. Es típico del "teatro fronterizo" fundado y guiado por Sanchis Sinisterra que, no sólo se concentre en "la exploración de los límites" del teatro moderno, sino que aspire "a la marginalidad" (Sanchis Sinisterra 1980: 88). Esta tendencia se manifiesta ya antes en el papel central de los artistas de varietés en *¡Ay Carmela!* y en la promoción de los comparsas a protagonistas en *Los figurantes*. Sin embargo, *Naufragios de Álvar Núñez* sobresale de entre la absoluta mayoría de sus obras, incluyendo éstas, por la cantidad de medios estilísticos que rompen con las dimensiones espacio-temporales de estos marginados. El autor mismo subraya:

> Sabía que para adentrarme en la aventura de Álvar Núñez, con su desmesura espacial y temporal, debía ir más allá… poderme mover sin trabas en

> un universo ficcional plástico, fluido, permeable. Y con tal fin me asomé al ámbito fascinante de la física cuántica (Sanchis Sinisterra 1992).

La última frase, citada con frecuencia en la literatura secundaria para el análisis de otros trabajos del autor pero no en relación al que se trata aquí, indica ya que los elementos importantes de su presentación de la Conquista en esta obra hay que buscarlos en los detalles, frecuentemente ignorados, como son los sueños personales y las protestas de los marginados. Otra paralela a la física cuántica consiste en el estado altamente dinámico, fluido y heterogéneo de las relaciones que se presentan. Al declarar que no hay "nada más ajeno" a su noción de "cultura fronteriza" que "cualquier concepto de pureza [...y] esencia" (Sanchis Sinisterra 1980: 88), el autor se distancia no sólo de muchas interpretaciones de la llamada física clásica, sino también –y en particular– de los conceptos tradicionales monoculturales del discurso colonial.

La fluidez y permeabilidad de *Naufragios de Álvar Núñez* corresponden a la importancia que el autor da a los lectores al crear la obra, con lo cual reafirma las teorías narrativas contemporáneas que definen la recepción como un proceso bien activo. Según el papel que interpreta el receptor se puede subdividir cada uno de los dos actos de la pieza en tres secciones que el autor mismo denomina "despegue", "cooperación" y "mutación" (Sanchis Sinisterra 1995: 69), y que Serrano resume quizá mejor como "reconocimiento", "participación" y "distancia" (1996: 37 ss.), aunque siempre hay que considerar que las fronteras entre ellas serán fluidas.

De esta manera, desde el comienzo del primer acto, el lector se ve forzado a "reconocer" lo ficticio de la realidad presentada, porque todas las voces que se oyen son producto de los sueños de Núñez, al cual se introduce durmiendo en su cama junto a su mujer española Mariana. Es significativo que la primera voz que aparece es la de su ex amante india, Shila, una mujer inventada por el escritor la cual se queja de que ha caído en el olvido del autor de *Naufragios*. La "participación" del lector se ve entonces estimulada con la primera entrada en el escenario del propietario de una de estas voces, y no debe sorprendernos que se trate del servidor Esteban que, como esclavo negro de origen árabe, sufre la misma discriminación y marginación que Shila en el discurso historiográfico. Teniendo en cuenta que el discurso del colonizador blanco español forma la base del conocimiento histórico de la mayoría de los miembros del público, que en una puesta de escena en España estaría constituido sobre todo por blancos españoles, le corresponde al negro árabe interpretar el papel del mensajero que exterioriza la crítica que alcanza dimensiones metahistóricas: al mezclar elementos del Viejo y el Nuevo Mundo y sobre todo de diferentes siglos se borran los límites del espacio y del tiempo, lo cual se ve reflejado en los muebles, la ropa, las palabras y la música[37]. De esta forma la comprensión de la pieza exige un esfuerzo considerable por parte del receptor porque

> tiene que ir rellenando los huecos de la representación, fabricando hipótesis, estableciendo identificaciones, empujando la acción imaginariamente hacia donde él querría que se dirigiera, reteniéndola para que no se dirija hacia donde parece que inevitablemente se va a dirigir (Sanchis Sinisterra 1995: 69).

Para ser más exactos, el lector debe conectar las construcciones de centro/periferia y los mecanismos de inclusión/exclusión de su entorno contemporáneo con las descripciones del informe histórico de 1542, el cual se introduce en la obra de forma fragmentaria aunque sufre modificaciones a través de las voces de Núñez, Castillo, Dorantes y Narváez. Al mismo tiempo hay aspectos metateatrales que estimulan a este receptor a participar en la construcción de la historia, por ejemplo el comentario de Esteban sobre las ropas que llevan ("parece ropa de teatro", p. 106) y la separación explícita de la sala del teatro en selva (las butacas del público), playa (el escenario) y mar (el fondo del escenario, p. 110). Mediante la división de la escena los personajes anticipan el proceso de "distanciamiento" del espectador, cuyo punto culminante se alcanza con la historia del triángulo amoroso entre Claudia, Pérez y Figueroa (p. 123 ss.), reflejo deformante de la relación entre Núñez, Shila y Mariana.

[37] Mientras que la cama y la percha con la ropa española parecen del siglo XVI, la sala de estar y el pijama de Núñez parecen modernos; la gente fuma, bebe whisky y llama por teléfono. El Nuevo Mundo entra por Shila, cuya ropa la caracteriza como mujer india, y también por un hombre desnudo que cruza repetidamente el escenario, fenómeno que recuerda lo peculiar de la experiencia del Núñez histórico: "Fueron casi seis años el tiempo que yo estuve en esta tierra solo entre ellos y desnudo, como todos andaban" (Núñez 1989: 134). La pieza teatral recurre a la música de Bach y Pergolesi, pero también a la música ambiental de un aeropuerto para marcar los diferentes contextos.

Al invertir la relación de géneros (de hombre a mujer protagonista) en la historia del fracaso general, las conversaciones de Claudia con los dos hombres (el primero, su amante, y el segundo, su marido), preparan la escena para la interacción clave entre Núñez y Shila al final del primer acto y el final abierto entre Núñez y Mariana.

En el segundo acto la fase del "reconocimiento" se concentra en la expedición fallida de Narváez, resumida por medio de numerosas alusiones directas e indirectas al informe histórico. Sin embargo, la pieza teatral fragmenta radicalmente el monólogo de *Naufragios* al cortarlo y distribuirlo entre los diferentes miembros de la expedición, los cuales se apropian de la historia autobiográfica al adaptarla a sus visiones individuales. En cada escena al lector no se le ofrece nada más que algunos de estos fragmentos, unidos solamente por el fracaso generalizado que cuesta la vida a casi todos los miembros, hasta que al final los personajes salen del escenario formando una larga fila de muertos (p. 156 ss.). Como en el primer acto, la "participación" de los espectadores la estimulan diferentes aspectos metahistóricos y metateatrales[38], pero en especial destacan cuatro escenas que rompen explícitamente con el desarrollo de la historia del siglo XVI: el encuentro entre Esteban presentado como inmigrante magrebí y Mariana como prostituta callejera, el "diálogo" que subraya la incomunicación entre Núñez y Shila, el intento de comunicación entre Claudia y Mariana y el encuentro de Esteban y Shila, con el cual termina la obra. Mientras que todo esto rompe con la ilusión narrativa, el "distanciamiento" del espectador culmina después de la salida de Shila, con la mirada "indescriptible" de Mariana y Núñez, que deja una "intranquilizadora sensación" (Serrano 1996: 43).

3.2. De los "naufragios" del cronista al fracaso general

Las dudas sobre la posibilidad de reconstruir la historia objetivamente ya las expresa de manera muy clara la primera voz que se escucha: "Acuérdate de mí" es lo que le pide Shila –la amante indígena del Núñez de Sanchis Sinisterra– a éste, refiriéndose a varios episodios

[38] V. la entrada de Figueroa con un traje elegante y moderno (p. 155) y las quejas de Pérez sobre su "papelito" en la obra de teatro y su ausencia en *Naufragios* (p. 151 ss.).

(1991: 93, 95, 97, 100, 104), con lo cual ella critica que no la mencione en absoluto en su informe oficial. Sin embargo, el espectador tiene que esperar bastante para verla fugazmente por primera vez (Sanchis Sinisterra 1991: 115), e incluso más para contemplar su primer diálogo con Núñez (p. 131). Ya que todo el comienzo es un producto de los sueños del protagonista, el escenario sirve desde el principio como espacio de proyección para su memoria y la de los otros marginados. De esta manera, sus compañeros de viaje Castillo, Dorantes y Esteban "conquistan" su espacio en el escenario, igual que Shila: primero con sus voces y luego en persona.

Como la Malinche de *Yo, maldita india...* de López Mozo, los españoles Castillo y Dorantes también esperan que Núñez corrija la descripción histórica que hace de ellos en *Naufragios* y, siendo Esteban uno de los más marginados –ni "de aquí ni de allá" (Sanchis Sinisterra 1991: 108)– le toca a él ser el portavoz de las víctimas de la historia.: "No están conformes con lo que cuentas... o con cómo lo cuentas. Dicen que no se reconocen en tus palabras, que callas muchas cosas, y que te ocultas..." (p. 107 ss.). Cuando ellos mismos entran en escena, critican al protagonista más en detalle, especialmente por presentarlos como "comparsas suyos" (p. 112), por glorificarse a sí mismo ("te pintas como un segundo Jesucristo", p. 162) y, en general, por seleccionar sólo las experiencias históricas en su favor ("faltan años", p. 160). También se esfuerzan en averiguar las razones detrás de tal manipulación histórica, pero su esfuerzo, en el cual participa incluso Esteban (p. 155), no revela ningún motivo particular aparte de la ambición personal descrita por Castillo: "Todos preferiríamos ser algo más de lo que somos" (p. 121). Núñez, por su parte, sostiene que no quería esconder nada, y al mismo tiempo queda claro que los otros tres supervivientes tampoco pueden ponerse de acuerdo en una única versión histórica, lo cual es parcialmente el resultado de haber perdido su sentido del transcurso del tiempo, cuya reconstrucción obsesiona y sobrecarga a Castillo a la vez (p. 154 ss.). Por otra parte, también se descubre que ellos ni siquiera han leído el informe histórico en persona, sino que han escuchado comentarios de otros que no aparecen en el escenario, es decir, toda su crítica se basa "en oídas" (p. 161).

De esta forma, Sanchis Sinisterra dirige la atención del público a una variedad de "filtros" que seleccionan, cortan, añaden y modifican las diferentes experiencias históricas, un efecto que Carpentier logra en *El arpa y la sombra* con su intensivo juego intertextual durante el cual se presentan numerosas perspectivas de Colón. Si hasta ahora el problema principal parecía ser la subjetividad de Núñez, a estas alturas está claro que todos comparten esta tendencia subjetiva: Castillo y Dorantes, los lectores anónimos que les informan, un gran número de otros marginados, empezando por Shila, Mariana, Esteban, Pérez, Figueroa y Claudia, que añaden fragmentos de sus propias experiencias y, finalmente, el lector, que tiene que fabricarse su propia versión a base de todos estos puntos de vista[39].

Sin embargo, a pesar de toda la subjetividad involucrada, Sanchis Sinisterra no se rinde ante la historia, y permite varios denominadores comunes en las múltiples versiones proyectadas. Por ejemplo, ningún personaje duda que el protagonista tenía una relación amorosa con Shila y, de hecho, es bien posible que existieran relaciones sexuales interétnicas, porque el autor de *Naufragios* menciona la frecuente compañía femenina de los españoles y el respeto que recibían por su magia de curanderos (Núñez 1999: 175 ss.), un coetáneo parece subrayar la popularidad del protagonista con el otro género (Núñez 1989: 59) y, finalmente, es poco creíble que en los ocho años de odisea yendo de una tribu a otra ninguno de los cuatro hombres se haya interesado por las mujeres indígenas, como el informe sugiere. En oposición a Echevarría, cuya película mantiene la idea de la abstinencia sexual de Núñez, Sanchis Sinisterra juega con esta verosimilitud por medio de su invención de Shila, la amante que el protagonista deja embarazada y abandona, con lo cual la hija de ambos –producto de las dos razas– también se queda fuera de la historia.

Aunque haya acumulado algunos bienes y tenga una casa grande, destacan de esta manera múltiples "naufragios" o fracasos personales en la vida de Núñez: no sólo se malogra su carrera de conquistador, sino también de historiador, amante, marido, padre y compañero de arma, y por lo menos en el primer aspecto es bien comparable al Bernal Díaz de *Yo, maldita india...* y "el secretario" de *La noche de Hernán Cortés*. Narváez (el líder de la expedición) sufre el mismo destino, y con él la absoluta mayoría de su tripulación, igual que Castillo, Dorantes, Esteban, Shila y otros marginados cuyos papeles centrales nos

[39] Si algún día la pieza se pone en escena, se añadirán a estos filtros –como en todas las obras teatrales– los actores mismos, porque ellos darán su interpretación personal a los personajes, la cual cambiará de una puesta en escena a otra. York (2006: 24) interpreta estos filtros en *El lector por horas*, sólo que ella los denomina "lentes de respuesta".

recuerdan a los "protagonistas marginados" del Nuevo Cine Alemán analizados por Elsaesser (1994: 283 ss.). El problema es que no consiguen modificar el informe y saben que el texto ya escrito decide si entran en la historia y cómo entran.

No es casualidad que la crítica del analfabeto Esteban vaya en contra de este sistema historiográfico, cuyo carácter estático desplaza sucesivamente la memoria cultural, más dinámica y fluida pero también más aterradora: "Por miedo a la memoria, ¿verdad? Escribirlo, digo. [...] Uno lo escribe y así ya no tiene por qué recordarlo. Lo escribe como quiere, y a olvidar..." (Sanchis Sinisterra 1991: 122). El fracaso personal lo comparten todos estos marginados con los personajes del Nuevo Cine Alemán y del teatro hispánico contemporáneo, empezando por *Yo maldita india...*, *La noche de Hernán Cortés* y *¡¡¡Tierraaa aaa laaa vistaaa!!!*, y frecuentemente aparece como consecuencia de su incapacidad de comprender al prójimo y de solidarizarse con él. La comunicación sin éxito entre Esteban y Shila confirma esta hipótesis de manera ejemplar en la última escena de la obra: "No sé de qué me hablas. Esas palabras... 'final'... 'historia' no están en mi lengua" (p. 176), lo que coincide con su primera advertencia lingüística dirigida a Núñez y al público: "Esta no es mi lengua. Puedes desconfiar de todo lo que diga porque yo, en verdad, nunca lo diría así" (p. 132).

En resumen, los marginados son considerados como Otros no sólo por aquellos que dominan la historia oficial, sino también entre ellos, y además se presentan como tales al público. Esto ayuda a crear la distancia necesaria para derogar los mecanismos hegemónicos de asimilación y paternalismo de los receptores, pero al mismo tiempo "condena" a los personajes a la soledad y la incomunicación. De esta manera, la alienación se revela como acompañante del fracaso generalizado: de la misma forma que Núñez no es capaz de liberarse de los recuerdos de Shila, Claudia tampoco es capaz de olvidar a Figueroa. El hombre en el triángulo falla al igual que la mujer, lo cual deja a ambos existencialmente frustrados, fraccionados y solos, ya sea literalmente (Claudia ya no tiene hombre) o psicológicamente (Núñez y Mariana comparten la misma cama pero poco más).

Como en el Nuevo Cine Alemán "los naufragios" de los protagonistas marginados están relacionados con su impotencia, sea sexual (v. Pérez), social (Núñez) o económica (Figueroa va en busca del oro que no existe hasta que lo matan los indios). Además, están acompañados de un miedo existencial que se nota cuando Núñez intenta tranquilizar a su alter ego en el espejo: "No te preocupes: son sólo voces... y nadie más que tú las oye. Nadie más. Cesarán con el tiempo, ya verás" (p. 100). Con esto falla también su intento de reprimir sus recuerdos a través del informe, que había escrito "por miedo a la memoria", como mencionamos más arriba, pero al mismo tiempo se hace obvio que los otros personajes tampoco pueden suprimir su temor: Mariana no puede estar sola en su casa (p. 105, 113, 131), Shila está traumatizada por haber perdido a su hija y lleva sus restos en una bolsa de plástico consigo (p. 133), a Claudia le entra el pánico al ver que se está haciendo mayor y probablemente no podrá tener hijos con su marido (p. 124 ss.) y, finalmente, todos los miembros de la expedición de Narváez tienen miedo a morir (p. 146, 156). Aunque en el informe histórico también se habla del miedo, es interesante notar que la pieza teatral lo asocia sobre todo con los españoles, mientras que *Naufragios* lo relaciona sobre todo con los indios.

La obra de Sanchis Sinisterra se presenta de esta manera no sólo como versión alternativa a los discursos coloniales e indigenistas, sino también como reflejo distorsionado de la sociedad contemporánea con la cual está siempre conectada, aunque no sea tan explícitamente como en *El carnaval de la muerte alegre* (Reyes 1996).

En cuanto a los personajes, se podría resumir que lo que los separa es también lo que los une: el fracaso, la incomunicación, la incomprensión, la soledad, el miedo y la alienación cruzan las fronteras culturales y de género, mientras que la dinámica y la fluidez de las relaciones sociales (entre Núñez y Shila/Mariana, y Claudia y Figueroa/Pérez), sociopolíticas y económicas (Narváez, Figueroa y la búsqueda del oro) son consecuencias directas de la interdependencia de todos estos aspectos[40].

Para escenificar esta idea, el autor vuelve a las técnicas de alienación del teatro de Brecht, que conoce bien de sus estudios en París durante los años sesenta, pero también se deja inspirar por Kafka y Beckett (v. Floeck 2003: 161 ss.; García Sánchez 2007: 35). Las semejanzas a las películas del Nuevo Cine Alemán se explican en particular por la influencia de Brecht, el cual deja su huella no sólo en los teatros

[40] El miedo de poder terminar sin hijos lleva a Claudia finalmente a la soledad, mientras que la falta de comunicación provoca el miedo que Mariana siente en su propia casa.

críticos de ideología "socialista" a partir de los años sesenta –entre ellos el "antiteatro" de Fassbinder y el Teatro Fronterizo de Sanchis Sinisterra–, sino también en los movimientos nuevos del cine. Además es muy probable que el autor de *Lope de Aguirre, traidor* (1986) estuviera familiarizado con al menos una obra clave del Nuevo Cine Alemán: *Aguirre, la ira de Dios* (1972) de Herzog, que sigue siendo una de las películas más originales sobre el conquistador rebelde. De Beckett emula el impulso a la minimalización de la acción dramática y a la concentración narrativa, con el resultado de que llega a un análisis "del grado cero de la teatralidad" que reserva para el actor un rol fundamental (Espinosa Domínguez 1992: 1190), porque la atención del espectador se concentra ahora en el personaje no en la acción. En este contexto es probable también que haya recurrido al teatro barroco, que en obras como *El gran teatro del mundo* (Calderón 1655) da a los personajes considerablemente más libertad que el teatro clásico. Aunque –como todos sus contemporáneos– Calderón todavía parte de la convicción de que existe una última verdad divina, permite a sus personajes rebelarse en contra de la ficción "secular", y es precisamente esta rebelión la que Sanchis Sinisterra desarrolla en su metateatro. Se podría incluso interpretar las quejas de Esteban (sobre la ropa que lleva) y Pérez (sobre su papel irrelevante en la pieza) como reflejos de una constante barroca que culmina en la extrema fragmentación de la narración y en la disolución espacio-temporal de *Naufragios de Álvar Núñez*. Además *El gran teatro del mundo* ya destaca por el pesimismo que caracteriza toda la *Trilogía americana* de Sanchis Sinisterra, sobre todo en cuanto al desarrollo de los temas centrales de ambos autores: la vida como sueño, el mundo como ilusión teatral y la búsqueda de identidad que culmina en la angustia permanente.

3.3. Los Otros: potencial y límites del acercamiento cultural

El personaje central de entre los marginados es Shila: a ella le corresponden las primeras palabras en la pieza, y también las últimas, e interpreta un papel clave en la memoria reprimida de Álvar Núñez. La exigencia que expone al principio ("acuérdate de mí", Sanchis Sinisterra 1991: 135) está justificada por lo mucho que sufre al intentar ayudar al protagonista, su larga relación con él, la hija que tienen en común y, finalmente, su "representatividad": "Sólo quedo yo, de los míos", es la frase central con la cual acaba el primer acto (p. 134) y que quiere recordar al lector el exterminio de multitud de tribus llevado a cabo por los conquistadores. Al mismo tiempo, Shila aparece como personificación del "pueblo traicionado" (Serrano 1996: 35), hasta cierto punto semejante a la Malinche en *Yo, maldita india...*, aunque López Mozo ofrece una imagen más diferenciada que deja lugar a opiniones indígenas más escépticas frente al invasor. Sanchis Sinisterra logra un efecto relativizante al confrontar la versión de Shila con la de los otros marginados, ya que esto pone en duda su objetividad. De forma que no está claro si el protagonista deseaba volver a vivir entre españoles, como indican Shila y el informe histórico (Sanchis Sinisterra 1991: 95), si sentía vergüenza al dejarla atrás con su hija, como dice Esteban (p. 175), o si tuvieron que atarlo para poder llevarlo consigo, como afirman Castillo y Dorantes.

En este contexto, es significativo que Castillo, Dorantes y el protagonista olviden la separación cultural tradicional, lo cual se refleja en la pregunta "¿Quiénes son... los nuestros?" (p. 171). Es decir, a pesar de la evidente incertidumbre histórica, parece bastante seguro que durante su estancia entre los indios el conquistador español haya desarrollado una mentalidad transcultural, aunque intente suprimirla en su informe tras el regreso al lado de los vencedores. Cuando Esteban recuerda a Núñez su "miedo a la memoria" (p. 122), se refiere también al fracaso del encuentro "intercultural" (Floeck 2003: 228) o, mejor dicho, "transcultural", según las definiciones en este estudio. Teniendo en cuenta que incluso Serrano menciona ya algunas de las causas principales de tal fracaso en su excelente edición crítica de la *Trilogía americana* (1996: 34), es sorprendente que Rodríguez Richart siga dudándolo al reseñar la obra de Floeck: "¿No son las actuales naciones sudamericanas producto del mestizaje y del encuentro intercultural y sus tensiones entre dos mundos diferentes? ¿Puede eso conceptuarse, más allá de casos personales concretos y subjetivos, como un fracaso?" (2006: 3). La respuesta a ambas preguntas es sin duda afirmativa, y la diferencia de opinión podría ser el resultado de confundir los distintos conceptos culturales.

Según este estudio, habría que definir la conquista y colonización de América Latina como procesos predominantemente monoculturales, en los cuales el poder militar español superior (y luego portugués, etc.) se atribuye la superioridad sociocultural y política a sí mismo, manifestándolo en la asimilación, exclusión o eliminación de la población nativa. Es muy probable que a nivel personal haya habido muchos acercamientos interculturales y transculturales pero, al no concordar con las expectativas de las autoridades seculares y religiosas, podían ocasionar fácilmente la discriminación masiva o la expulsión de la sociedad, en especial en el caso de la Inquisición, que en 1550/1551 todavía se negaba a aceptar el carácter humano de los indios.

El carnaval de la muerte alegre trata este problema mediante la relación entre Balboa y Anayansi, la cual tiene que esconderse después de la llegada de Pedrarias, la nueva autoridad española para la cual los indios son "salvajes" y "bestias" (Serrano 1996: 131, 136), por lo que las relaciones interétnicas significan "traición" a los "dogmas y principios" (p. 129). Aparte de las relaciones de pareja –que son muy frecuentes cuando se habla del tema, sobre todo por las expectativas románticas y sexuales del público– aparecen también relaciones religiosas. Sin embargo, buscar elementos comunes aquí parece incluso menos aceptable, aunque haya muchas semejanzas, tal y como subrayan las películas *Cabeza de Vaca* y *La otra conquista*, que terminan ambas con el fracaso del protagonista transcultural.

Sanchis Sinisterra quiere llevar la atención del público a las mezclas culturales que los vencedores tendían a suprimir en sus crónicas, y que por tanto han caído en el olvido de la gran mayoría de los lectores. En este contexto, el mestizaje latinoamericano defendido por Rodríguez Richart es probablemente un ejemplo más de la tendencia española de "asimilación o eliminación" (en oposición a la tendencia de "exclusión o eliminación" de los colonizadores ingleses en Norteamérica o Australia). Pero es la inhumanidad e ineficacia de esta política de asimilación masiva –no el éxito de los encuentros interculturales o transculturales– la que se trata mayoritariamente en la novela, el cine y el teatro hispánico contemporáneo.

Es importante notar que en *Naufragios de Álvar Núñez* el desarrollo de la relación transcultural es el resultado de un largo proceso instigado por parte de Shila. Ella da de comer al náufrago y lo calienta en las noches frías, a pesar de la hostilidad de los otros indios (Sanchis Sinisterra 1991: 93 ss.) y las dificultades de comunicarse con el español. El problema sociolingüístico ya lo indica Shila al final del primer acto (p. 132), pero el lector tiene que esperar hasta la segunda parte del segundo acto para presenciar un "diálogo" más largo que confirma la incapacidad de comunicación, un tema importante en el teatro hispánico y la discusión académica actual acerca de las crónicas[41]. La agresividad destructiva egocéntrica del protagonista contrasta aquí con la empatía de Shila, que ya desde el principio busca lo universal y humano en él: su sonrisa y la atracción que él siente por el cuerpo y el pelo de la joven. Además, en comparación con él, ella se esfuerza por comprenderlo y de esa manera comienza a entender algunas palabras. A pesar del unilateralismo este acercamiento parece funcionar, ya que al disminuirse la inseguridad y la falta de orientación del protagonista se despiertan su instinto sexual ("Me gusta tu pelo... Ya casi te encuentro hermosa...", p. 165) y últimamente su interés en formar parte del otro colectivo, que se revela cuando decide pintarse el cuerpo.

Hay que destacar que durante todo este tiempo Shila interpreta un papel activo pero no agresivo, es decir, se distancia tanto de las indias pasivas como de las agresivas que dominan *Cabeza de Vaca* de Echevarría, y por tanto logra romper con los modelos coloniales que son la base de estos estereotipos. Al mismo tiempo el autor toma precauciones para alejar a Shila de tales convencionalismos: cuando aparece por primera vez "viste ropas actuales, aunque con algún elemento que revela su origen" (p. 115), y después lleva "varios fardos de inmigrante" (p. 131) que no permiten considerarla como foránea al estilo de los personajes de Théodore de Bry.

El cadáver de su hija, cuyos huesos la madre siempre lleva consigo en una bolsa de plástico de un supermercado moderno, simboliza cómo se ha sacrificado el futuro común al espíritu capitalista que guió la Conquista. Esto lo confirma el protagonista con su retorno a la monoculturalidad, que proporciona claras ventajas económicas y materiales para él cuando pasa de ser uno de "los que hay que colonizar" a uno de los futuros colonizadores. Incluso así, Núñez no llega a conocer la vida matrimonial satisfactoria, y aún menos sabe liberarse de

[41] V. cómo López Mozo señala las diferencias entre los idiomas en la Conquista de México en su obra *Yo, maldita india...* Las libertades que allí se toman Águilar y Malinche muestran el problema de trabajar con intérpretes (por ejemplo, cuando Águilar traduce "hay más oro" con "abunda el oro", López Mozo 2000 [1990]: 107), pero además nunca se sabe bien si el problema es la traducción "original" o la interpretación del narrador Bernal Díaz, el cual después de muchas copas le dice a Malinche que el vino es "la sangre que bebe Quetzalcóatl" (p. 116). Por otra parte, Rincón (1990: 221) y De Toro (2007: 21) acentúan la falta de comunicación en la conquista de Yucatán al indicar que la frase "Ma c'ubab than", es decir, "No comprendemos vuestras palabras", la entienden los españoles como "Yucatán", y piensan que es el nombre de la provincia.

los fantasmas de aquellos a los que intentó olvidar. La bolsa contrasta con los grandes monumentos del colonialismo (como las numerosas estatuas de Cortés) por su pequeñez y movilidad, pero tiene un objetivo semejante en lo referente a la memoria cultural: en este caso quiere recordar al lector que había acercamientos transculturales voluntarios y libres en el sentido de Delanoy (2006: 236), que tienen el potencial de iniciar el diálogo cultural fuera de las imágenes jerárquicas tradicionales[42]; potencial –según *Naufragios de Álvar Núñez*– que ha sido desperdiciado y se ha perdido irrecuperablemente.

El segundo personaje marginado central es Esteban, que en el segundo acto se describe a sí mismo con las palabras "No hay nadie más otro que yo..." (p. 149), clasificándose así como "foráneo" en el sentido de Hahn (1992). Su discriminación tiene que ver con su raza y su religión, aspectos que él mismo subraya al presentarse a los demás mencionando el diminutivo de su nombre (usado en el informe histórico), su raza, y su origen marroquí: "Estebanico el Negro, natural de Azamor" (p. 96). Ni la película de Echevarría ni la obra teatral de Sanchis Sinisterra mencionan que se trata del esclavo de Dorantes, pero su estado subordinado en compañía de los españoles queda claro, y la película además recurre a los estereotipos del esclavo: pasivo, tímido, obediente y más fuerte en el aspecto emocional que en el cognitivo. En cambio, la pieza teatral se distancia de estos clichés al darle a Esteban (normalmente sin usar el diminutivo) un papel crítico y activo. Aunque aparezca por primera vez como mensajero de Castillo y de Dorantes, es obvio que no piensa limitarse a este papel cuando reprocha al protagonista haberle ignorado. Cuando se queja y dice "Me has negado tres veces, como al otro..." (p. 104), hace referencia a la triple negación del apóstol San Pedro en los evangelios, pero la comparación con las escenas bíblicas se restringe a alusiones generales, las cuales describen a Esteban como víctima inocente del poder, y al protagonista como hombre sin escrúpulos. Al igual que la película, la pieza teatral tiende a criticar el papel de la iglesia católica, lo que se refleja en el ciego afán de las misiones y la debilidad del Padre Suárez

[42] Este estudio sostiene que la eliminación de las jerarquías sociales no puede utilizarse como base para el diálogo entre las culturas, al contrario de lo que opina Delanoy (2006: 241), porque esto sería una utopía considerando el creciente desequilibrio económico, tecnológico y militar, pero sí se podrían reducir y descomponer los esquemas jerárquicos tradicionales que consolidan el neo-colonialismo.

(p. 126, 154). Aunque la iglesia no aparece explícitamente como parte de un sistema explotador como en *Cabeza de Vaca*, la obra de Sanchis Sinisterra tampoco se somete al discurso bíblico de la redención, sino que más bien lo subordina a su concepto de un tercer espacio en el cual se borran las fronteras religiosas.

Con genial facilidad vemos la metamorfosis de Esteban: del acompañante de los conquistadores del siglo XVI al inmigrante magrebí contemporáneo. Después de una escena histórica en la que se acentúa la debilidad del resto de la expedición de Narváez, lo vemos con el abrigo de su primera aparición, pero ahora se sienta a la manera árabe, busca una emisora de música magrebí en la radio y disfruta de su tiempo libre escuchando música y fumando. El hecho de que también beba whisky hace más difícil para el espectador categorizarlo de manera estereotípica como árabe religioso. Como si estos atributos de su "segunda entrada" no fueran lo bastante claros, Mariana –que ahora aparece con ropa de prostituta callejera– usa el típico nombre árabe "Mohamed" para llamar su atención (p. 147), porque al principio no lo reconoce como el marginado de antes, ni él a ella. Aparte de este afán de estereotipar, que recuerda al tratamiento de Alí en la película *La angustia corroe el alma* (Fassbinder 1974), destaca también el aspecto irracional de la jerarquía sociocultural entre los marginados, que Mariana resume con su larga lista de "defectos" del magrebí:

> Toda la gente como tú me da un poco de asco, y no es por el olor, el olor no me importa, y tampoco la piel, ni ese sudor tan ácido que os sale a chorros enseguida [...] es por los ojos, esa manera de mirar, ese recelo, esa cosa de perro, ese brillo de liebre rabiosa y desagradecida (p. 148).

Esta opinión utiliza la norma blanca española como modelo ideal y, por tanto, trata todo tipo de desviaciones como defectos, pero lo más llamativo es que se confirma y consolida a través de Mariana que, al ser puta callejera, se encuentra también en la parte inferior de dicha jerarquía. En lugar de solidarizarse con el otro marginado, vuelve a la norma predominante que los suprime a los dos e incluso cuestiona el derecho de Esteban a compartir el mismo espacio que ella ("¿Qué estás haciendo aquí, aparte de ensuciarme?", ibíd.). Basta que Esteban revele su identidad para que Mariana cambie su actitud, pero esto no implica un cambio de perspectiva hacia los magrebíes que viven en España –sino sólo hacia él– y mucho menos la lleva a reflexionar acerca de su propia posición en la sociedad española.

Sin embargo, Sanchis Sinisterra insiste en que el lector profundice más en detalle la cuestión de género, porque es obvio que en su obra la mujer no tiene que ser prostituta ni india para quedar excluida o para autoexcluirse de la historia oficial. La falta de interés que ella muestra por la situación de los otros marginados, el miedo a la soledad, la seducción por el materialismo y la instrumentalización y supresión de los hombres al estilo feminista radical de los años setenta son todos factores que favorecen esta (auto)exclusión. Lo primero no solamente se muestra en la interacción entre Mariana y "Mohamed", sino también en el encuentro de ella con Claudia y en el diálogo malogrado entre Shila y Esteban con el cual termina la obra.

Aunque haya elementos comunes importantes, los cuales mantienen mínimamente la esperanza de poder comunicarse mejor en un futuro indeterminado, se trata más bien de monólogos entrecruzados que de diálogos, y podría decirse que generalmente domina la incomprensión en lo referente a los temas esenciales como el concepto de la historia y la noción postmoderna del final de la historia, ambos ignorados por Shila (p. 176). El miedo a la soledad es un tema representado sobre todo por Mariana que, como mujer del protagonista, acentúa la falta de comunicación y al mismo tiempo la ignorancia de este problema entre las parejas. En su lucha interna entre la rebelión y la subordinación gana al final la subordinación, por lo que sigue compartiendo casa y cama con el protagonista. Esto lleva directamente a la cuestión del materialismo, porque el tamaño de su casa y su jardín es un tema que se repite en las conversaciones. Es obvio que para ella las dimensiones de la propiedad son cuestionables ("¿No crees que la casa es demasiado grande para nosotros?", p. 105), mientras que ni su marido ("Para mí demasiado pequeña", ibíd.) ni Claudia ("Cuanto más grandes, mejor", p. 167) ponen límites a la acumulación de bienes, confirmando así su espíritu capitalista y contrastando radicalmente con el ascetismo religioso que antes vivió (v. Hall *et al.* 1996: 165). Hasta cierto punto se trata del reflejo distorsionado contemporáneo del extremo materialismo que guía a los conquistadores en casi todas las obras teatrales, cinemáticas y novelescas, incluso en situaciones en las cuales ya no hay nada que ganar. Buenos ejemplos son el éxito popular de las promesas utópicas de Narváez después del naufragio, las declaraciones de Aguirre al final de la película *Aguirre, la cólera de dios*, y las historias fantásticas que cuenta Enciso delante de Pedrarias en *El carnaval de la muerte alegre* (Reyes 1996: 106).

Frente a esta búsqueda desesperada del "valer más" la crítica de Mariana parece débil, porque ella misma no va más allá de las preguntas y continúa su vida acomodada al lado de su marido. Esto se explica parcialmente por la falta de alternativas convincentes (después de su instrumentalización radical de los hombres Claudia acaba en una frustración existencial comparable), pero no justifica la subordinación.

Aparte de los personajes ya tratados, quedan las cuatro "mujeres anónimas" que, debido a su asociación con la naturaleza y el mundo indígena, reconstruyen el triángulo femenino tradicional del Nuevo Mundo. Sin embargo, no se trata de una nueva edición de *Europe encounters América* de Jan van der Straet, en la cual una india pasiva espera al hombre europeo para que la saque de su barbarie (de fondo se ven escenas de canibalismo), sino más bien del papel tan activo que las mujeres interpretan: en una escena tiran agua a los soldados de Narváez, lo que dificulta sus movimientos y anticipa su derrota inminente (p. 125); en otras lanzan flechas en contra de la tropa (p. 127 ss.), salvan a Shila de los conquistadores "fieramente armados" que se llevan a Núñez (p. 172), y finalmente revierten a la "cotidiana imagen de la marginalidad urbana" (p. 173). Se entiende que sus acciones no pueden parar ni la colonización ni la marginación contemporáneas, pero indican la continuidad de la resistencia de los marginados. En el contexto de la diversidad racial, étnica y de género de los mismos, las mujeres anónimas confirman el carácter transcultural de la resistencia. A estos ejemplos de rupturas con la hegemonía masculina blanca tradicional se añade la mirada de Mariana y Álvar Núñez al final de la pieza, que podría indicar una reflexión venidera. La pieza no deja ninguna duda de que la disolución de las rígidas fronteras tradicionales entre géneros, razas y etnias sería provechosa para todos, hombres y mujeres, protagonistas de la historia y marginados, "vencedores" y "vencidos", considerando el fracaso general[43]. Es obvio que muchos ya no podrán

[43] Cuando Serrano termina su interpretación de *Naufragios de Álvar Núñez* con las palabras "Álvar volvió al mundo de los vencedores, pero la herida del vencido queda abierta" (1996: 45), olvida que la pieza deconstruye esta dicotomía de vencedores y vencidos al concentrarse en el fracaso personal del protagonista. En este sentido resulta que lo que al principio parecía exclusivamente la herida del Otro es también la herida del Yo, porque la frontera entre los dos está disuelta, y aunque siga el desequilibrio en la distribución de bienes materiales (casa, jardín), éste no compensa los problemas existenciales de soledad, incomunicación y miedo que todos comparten.

beneficiarse de un posible cambio, pero la pieza urge al lector a que analice su propia memoria para recordar los muchos ejemplos de la marginación contemporánea, y lo invita a que ayude a reducir la discriminación neo-colonial, claramente visible en "ese 'tercer mundo' que crece en las entrañas del primero" (nota del guión, p. 173).

3.4. Los límites de la pieza postmoderna

Naufragios de Álvar Núñez es en muchos sentidos un modelo a seguir para aquellas obras postmodernas que quieren tratar cuestiones acerca de la formación de identidad y alteridad en la memoria e historia culturales. Sin embargo, en comparación con otras obras narrativas, también se observan ciertas deficiencias que están relacionadas con el enfoque utilizado en el informe histórico de Álvar Núñez en el cual se basa la pieza teatral de Sanchis Sinisterra. Aunque fragmenta los monólogos de la narrativa del siglo XVI y se toma muchas libertades al añadir aspectos que muy probablemente hayan sido oprimidos en el texto histórico (por ejemplo, cuando introduce a personajes como Shila), sigue concentrándose demasiado en el destino de los conquistadores españoles para poder desarrollar una perspectiva convincente del mundo indígena. Aparte de las breves apariciones de las mujeres anónimas, el mundo indígena lo representa Shila, que confirma sobre todo la imagen del "salvaje noble" al estilo de *Atala* de Chateaubriand. Después de todo es sólo una chica que parece ser algo ingenua y que se compadece del náufrago español, del cual se enamora enseguida, esta impresión está conectada con el hecho de que no se sabe qué es lo que la atrae de Álvar Núñez y por qué se fía tan rápidamente de él. Ella misma indica que otros indios no comparten su hospitalidad y amor frente a lo foráneo: "Yo pasé muy mala vida [...] por el mal tratamiento que de los indios recibía" (Sanchis Sinisterra 1991: 93).

Sin embargo, la posición de éstos –que en la perspectiva de Shila ya se han convertido en Otros– no aparece en ninguna parte, en contraste con el gran espacio que se le dedica a los diversos puntos de vista de los conquistadores españoles. El problema con este desequilibrio es que no permite identificar los conceptos culturales indígenas: podría ser que los mismos indios que desaprueban el comportamiento transcultural de Shila parten de un concepto de superioridad cultural y religiosa muy semejante a las nociones monoculturales observadas en los personajes españoles, como lo propone la película *Jericó* (Lamata 1990) en el caso de su comunidad indígena. Allí se ve que algunos habitantes de la tribu en la cual fray Antonio ha fundado su propia familia no tienen problemas en venderlo como esclavo a cambio de un joven gato montés, tendencia que se confirma cuando lo expulsan con su mujer y su hijo poco después de ser herido gravemente su "protector". Sin embargo, *Naufragios de Álvar Núñez* no permite al lector que se plantee este dilema de "aceptar" (como parte del Yo) o "tolerar" (temporalmente) a lo foráneo, ni entra en la heterogeneidad indígena, un tema central en *Yo, maldita india...* que revela una gran variedad de perspectivas mediante la presentación de Malinche, Moctezuma, Cuauhtemoc, el "cacique gordo" y muchos otros más.

Sin duda es difícil encontrar el punto medio, y el estereotipismo no correlaciona necesariamente con el número de personajes (la obra de López Mozo tiende a restablecer el estereotipo del conquistador codicioso a través de un gran número de españoles presentados), pero hay que evitar que una perspectiva en sí relativamente coherente y simplista (aquí la de compasión y amor sin límites de Shila) domine la caracterización de una etnia. Aunque la entrada en escena de Esteban como magrebí es más corta y no hay otros personajes magrebíes, no se plantea el mismo problema, ya que no se está analizando su comportamiento sino el de Mariana (la chica española), que se niega a reconocer que lo que los separa es mínimo en comparación con lo que comparten: el fracaso.

A éste corresponde "la teatralidad fracasada" inspirada por Beckett, que Sanchis Sinisterra resume con las siguientes palabras:

> Los componentes de la teatralidad [...] parecen ignorarse, eludirse, negarse, contradecirse, invalidarse, confundirse... La acción dramática no quiere progresar y, cuando lo hace, no se rige por el principio de causalidad, no respeta las coordenadas espacio-temporales [...]. Los personajes, desprovistos de antecedentes, escasos de motivaciones, dotados de objetivos vagos y confusos, parecen dudar de sí mismos tanto como de los demás [...]. Los diálogos [...] cumplen con reticencia su función comunicativa (1992).

Frente a las celebraciones del Quinto Centenario, el autor propone aquí un teatro de duda, desilusionado, autorreferencial y deconstruccionista. Sus personajes van en búsqueda de su identidad pero no en actos dramáticos y heroicos al estilo del teatro clásico, sino en la reflexión y el lamento privados, cotidianos y subjetivos. Nuevo en todo esto no es tanto la importancia que se da a las perspectivas de los personajes marginados, ni su destino personal, ni el fiasco de una sociedad basada en la instrumentalización del Otro, todos ellos aspectos que ya aparecen en *Los bandidos* de Friedrich Schiller; tampoco es la ruptura con las tres unidades de acción, espacio y tiempo requeridas en la *Poética* de Aristóteles, presente ya en el teatro de Shakespeare. Se trata en cambio de la originalidad de la fragmentación radical de los personajes y sus perspectivas, la disolución de la acción dramática, y la extrema activación del lector. La fragmentación literaria la explica Sanchis Sinisterra como reflejo directo de la sociedad contemporánea:

> Esa forma dramática [...] obedece a una percepción fragmentaria y caótica de la realidad. Se han hundido los grandes relatos, los grandes sistemas de pensamiento, las conceptualizaciones que nos daban una visión del mundo [...] y, lógicamente, el arte expresa esa fragmentariedad con la que los seres humanos nos enteramos de la realidad (Ríos Carratalá 2005: 13).

Por consiguiente, se nota un estilo comparable en muchas de sus obras, entre las cuales destaca la fragmentación de la figura de Aguirre mediante su presentación en nueve monólogos diferentes en *Lope de Aguirre, traidor*, y la de la memoria en *Flechas del ángel del olvido*. Según el autor, todo esto lleva a un teatro "donde se vayan formando islas de reflexión y [...] de participación [...] en el que el espectador tenga que crear [... y] completar" (*El País* 1998: 7).

Sin duda, es esta misma orientación la que ha dificultado hasta ahora la diseminación de la absoluta mayoría de sus obras por medio de los teatros comerciales, aunque *¡Ay, Carmela!* confirma que el carácter experimental de sus piezas, no es necesariamente incompatible con el éxito del público. De hecho, *¡Ay, Carmela!* y *Naufragios de Álvar Núñez* comparten el tema esencial que es el de "la segunda muerte de los muertos: el olvido"[44]. En general parece que el éxito depende más del marketing y de las relaciones públicas que de la pieza misma, y en este sentido Sanchis Sinisterra podría beneficiarse de una mejor pre-

[44] En el primer caso se trata de Carmela, que ya está muerta, y en el segundo, de Shila, cuya tribu e hija están muertas y que no quiere que su memoria se borre. V. los comentarios de Sanchis Sinisterra sobre *¡Ay, Carmela!* en Ríos Carratalá (2005: 10).

sencia en internet[45] y una colaboración más estrecha con las universidades (por ejemplo con departamentos de literatura hispánica dentro y fuera de España), al igual que de la diseminación en paralelo de su obra a través de otros medios (el cine, en el caso de *¡Ay, Carmela!*).

Es comprensible que después de la poca atención que atrajo *El retablo de Eldorado* (1985) y el gran fracaso comercial de *Crímenes y locuras del traidor Lope de Aguirre* (1986)[46], el autor originalmente no mostrara mucho interés en poner *Naufragios de Álvar Núñez* en escena, la pieza más compleja de la *Trilogía americana*. Sin embargo, considerando el prestigio actual del autor, la atención pública que recibe la desmitificación del discurso capitalista en estos tiempos de crisis global, y la sobresaturación del público español con temas del fascismo, ahora podría ser el momento adecuado para el estreno de *Naufragios de Álvar Núñez*.

[45] Su entrada en la versión inglesa de Wikipedia no merece siquiera mención, en la española tampoco es convincente, y parece que todavía ni siquiera tiene una página web personal (o al menos es difícil de localizar).

[46] Mientras que la primera parte de la trilogía se estrenó bajo la dirección de Sanchis Sinisterra, el estreno de la primera versión de la segunda parte dirigido por Joan Ollé llevó a un déficit tan grande que el autor declara su obra "en la frontera de la inexistencia" (Sanchis Sinisterra 1988: 24). En 1992 lo intenta otra vez con la versión definitiva, que aparece con el título final *Lope de Aguirre, traidor* en su estreno en el Teatro de la Plaza de Madrid, bajo la dirección de José Luis Gómez.

Capítulo IV
Textos hiperrealistas

1. ¿La Conquista y la resistencia interminables? El cuerpo de la memoria femenina en *La mujer habitada* de Gioconda Belli

1.1. Estructura general

Aunque *La mujer habitada* no aparece en la lista de Menton, podemos tener la certeza de que esta obra cumple con todos los criterios para ser mencionada en ella. El carácter repetitivo de la historia[1] se muestra ya en la vida paralela de las parejas protagonistas Itzá-Yarince y Lavinia-Felipe, que indican la continuidad de la resistencia en contra de regímenes inhumanos. Mediante la omnipresencia de la india Itzá se acentúa la importancia del tiempo cíclico, que marca el principio y el final de la novela. Por otra parte, las limitadas intervenciones de Itzá, la debilidad del tiempo lineal, representado por la vida de la arquitecta Lavinia, y el hecho de que la reactivación de la resistencia dependa de una serie de coincidencias fortuitas sostienen la noción que mantiene la "imposibilidad de conocer la verdad histórica" (Menton 1993: 42). La influencia directa de la memoria indígena en las luchas revolucionarias contemporáneas indica una "deformación histórica" de carácter imaginario (ibíd). La abstracción del Gran General, el general Vela y los conquistadores españoles anónimos es un ejemplo extremo de la

[1] V. Menton (1993: 42 ss.).

"ficcionalización de figuras históricas" (ibíd.) dentro de la cual el Gran General interpreta el papel de "allegorical figure of a Latin American dictator" (Tepper 1996: 31). De la misma manera, Vela no representa sólo el poder militar de la familia Somoza sino más bien el papel estereotípico del ejército en la historia latinoamericana del siglo XX.

En resumen, no hay duda de que la situación histórica se basa en el activismo sandinista de la autora en contra del último gobierno somocista, de forma que permite la categorización de la obra como novela testimonial histórica[2]. Sin embargo, hay que considerar de igual forma los aspectos transnacionales y transhistóricos de conquista y revolución en América Latina.

Entre las características formales de *La mujer habitada* sobresale una clara separación de los puntos de vista narrativos. Mientras que el narrador omnisciente cuenta la vida contemporánea de Lavinia en la localidad de Faguas, "a ficticious neo-colonialist city" (Tepper 1996: 31) muy similar a la capital nicaragüense, Managua, la india Itzá narra en primera persona su vida mágica en el siglo XVI, la cual es bastante diferente a la de Lavinia. Entre estas diferencias destaca el contraste entre la América Latina moderna y la antigua, la primera representada por la gran ciudad con tráfico abundante, casas nuevas y relojes, y la segunda marcada por un ambiente rural y religioso, sito en medio de la selva.

También hay diferencias fundamentales entre las protagonistas: Lavinia es una arquitecta nicaragüense diplomada en Europa, de costumbres liberales burguesas y de piel blanca, mientras que Itzá es una india de origen nobiliario que lucha con arco y flecha en contra de los conquistadores. A primera vista este contraste refleja la dicotomía colonial, en la cual el progreso de la cultura europea se opone al subdesarrollo de la indígena, pero los matices son diferentes. Los aspectos brutales de la supuesta modernidad del mundo de Lavinia no convencen al lector de la imaginada superioridad contemporánea, sino que

[2] La incorporación de Belli en el Frente Sandinista de Liberación Nacional se refleja en la participación de Lavinia en el "Movimiento". Es fácil de reconocer su trabajo como informante de los sandinistas, su entrenamiento como guerrillera, su participación en acciones armadas y su relación amorosa con un guerrillero. Grigsby Vado confirma la transformación de Belli de una mujer joven, generalmente apolítica y "nacida en un ambiente de privilegio en Nicaragua" a la "activista de la Resistencia" que trabaja de cerca con los sandinistas, en su gran mayoría gente poco privilegiada (2001: ss.).

le ayudan a distanciarse de forma crítica de su propia civilización. Al mismo tiempo, el mundo indígena tampoco ofrece un modelo de identidad enteramente armónico, pero con el mágico avance del espíritu de Itzá en el cuerpo de Lavinia se establece un proceso de hibridación que borra las fronteras culturales y que facilita la lucha sociopolítica y cultural contemporánea con un enfoque en la lucha de género, ya sea en contra del poder político patriarcal o del machismo dentro del movimiento revolucionario. El denominador común de las dos mujeres es el "universo subordinado de la mujer" (Belli 1994: 128) y la lucha "contra el patriarcado y contra el sistema de dominación sexual" (Piñero Auguet 2003: 3). Los cambios temporales de la Conquista a la lucha sandinista y viceversa aparecen en este contexto como un ciclo histórico de agresión y resistencia.

1.2. La memorización de la Conquista

En un poema de Belli, *América en el idioma de la memoria*, un narrador en primera persona resume el problema de la memoria como consecuencia de la destrucción por los conquistadores de escrituras e imágenes precolombinas:

> Ardieron los amates pintados cuidadosamente por los escribas. / Ardieron las historias que nos hacían ser lo que éramos. / ¡Cómo aullaban los viejos en las plazas, / Viendo arder los nombres de sus padres en el fuego! / ¡Ah! ¡Noche larga, noche triste de las cenizas! / ¡Noche en que nos quedamos sin manos, / sin lengua, desmemoriados! (Belli 1997: 119).

Sin embargo, el poder español no consigue la supresión íntegra de la historia indígena que intenta llevar a cabo para conseguir la estabilización política. Esto ya se indica en una estrofa anterior: "Guardamos en lo más hondo de nuestras tinajas la sabiduría de nuestra memoria avasallada" (ibíd.: 117), y el motivo se menciona poco después: "La Tierra nos salvó [...]. Se apropiaron de todo pero la tierra nos seguía cantando, las Cataratas del Iguazú, el Titicaca, el Orinoco, la Pampa, Atitlán, Momotombo, Tikal, Copán" (ibíd.: 119). De esta forma se conserva la herencia indígena, como ya lo indicó Belli en *Escrito ante una tumba india*, que termina con las estrofas siguientes:

> Indio salvaje, / me haces señas a través de los siglos, / a través de todos los descubrimientos, / vuelves a vivir en mis ansias de monte, / de desnudez... / de milpas... (Belli 1992 [1986]: 80).

En *La mujer habitada* la otra memoria desemboca en la representación metafórica del cuerpo femenino y se reencarna y continúa su lucha por medio de la madre tierra. Generalizando la tesis de Moyano que hace referencia a los poemas, se podría resumir que en la obra de Belli "el movimiento revolucionario se ha personificado en un cuerpo de mujer" (1993: 325)[3]. No es casualidad que Itzá interprete un papel importante en la resistencia indígena durante la Conquista, y que Lavinia alcance una función esencial en "el movimiento" en contra del régimen militar del Gran General.

La idea de la supervivencia del espíritu rebelde de Itzá en la madre tierra, desde la cual se transmite a Lavinia, se basa en la noción indígena de que la tierra crea y protege la vida[4], una impresión que se confirma cuando el paisaje alrededor de la ciudad se transforma en un cuerpo femenino: "Faguas era la sensualidad. Cuerpo abierto, ancho, sinuoso, pechos desordenados de mujer hechos de tierra, desparramados sobre el paisaje. Amenazadores. Hermosos" (Belli 1999 [1988]: 15). De igual forma se caracteriza a los guerrilleros como árboles[5], una asociación que sostiene la idea de la estrecha conexión entre el ser humano y la naturaleza acentuada por Itzá ("La tierra es como yo"; p. 44) y que se basa en el concepto de la "Pachamama", bien conservado en la cultura aymara[6]. Además, el ciclo de nacimiento, muerte y resurrección reflejado de manera simbólica por la vida de Itzá y Lavinia acentúa la capacidad reproductora que une a la mujer con la naturaleza. Tepper lo resume así:

[3] V. también Albada-Jelgersma (1997: 452).

[4] V. Classen (1993: 30): "One's material being has a spiritual presence of its own that remains with the body after death". Ya que las abstracciones tienden a dar a la obra de la autora nicaragüense una dimensión latinoamericana, este estudio se limita a destacar características transculturales de la cosmología indígena.

[5] El narrador le otorga a Sebastián "apariencia de árbol" (p. 88); Sebastián, Felipe y Flor comparten un "aire de árboles serenos" (p. 101).

[6] La "Pachamama" o "Tayka" es la madre tierra que concede y quita la vida (v. Esch-Jakob 2007: 54), una idea que Belli hace suya en *La mujer habitada*.

> Itzá recognizes nature's regenerative qualities and celebrates nature's femininity. This helps her reaffirm women's place in the natural order of the world. [...] The cross-referencing of women and nature fuse with one another to show their interconnectedness; like the earth that nurtures the seeds of life, Itzá nurtures Lavinia's new consciousness (1996: 26).

La descripción positiva de la naturaleza no implica el deseo de retornar a la América rural precolombina, pero es obvio que entre la naturaleza, la mujer y la resistencia se desarrolla una "relación privilegiada" que sostiene una legitimación mutua ya que, metafóricamente, la lucha feminista, indígena y sandinista se integran "en el orden natural y en el cosmos" (Rolland-Mills 2000: 294, 292). Esto explica que se sustituya la Santísima Trinidad –Padre, Hijo y Espíritu Santo– del discurso cristiano por una nueva Trinidad que rechaza no sólo la idea de la supremacía masculina diseminada por la Biblia, sino también las construcciones de poder que se justifican en ella.

Por tanto, la lucha de Itzá y Lavinia no se dirige sólo en contra del poder sociopolítico o económico de su época, sino también se opone a las estructuras cristianas que ayudaron a desarrollar este poder y siguen apoyándolo. Por eso Itzá permanece fiel a sus dioses de la naturaleza, a pesar de que le parecen demasiado crueles, y Lavinia se niega a cumplir con las normas cristianas burguesas que dictan una vida matrimonial y la fundación de una familia. La nueva Trinidad de naturaleza, mujer y resistencia exige la disolución del discurso patriarcal colonial, en el cual se representa lo femenino "with the implication of debility" (March 1990: 247). Asimismo se opone a la asociación de las mujeres y la naturaleza con fuerzas irracionales y destructivas[7] que hay que domesticar para garantizar "man's control and supremacy" (Tepper 1996: 27). Dicha construcción está conectada con la categorización del Nuevo Mundo como "instinctual world of nature" y del Viejo como "rational sphere of the [European] intellect" (March 1990: 247).

La mujer habitada reconstruye estas conexiones coloniales para deconstruirlas más tarde en el contexto de las fuerzas racionales y regeneradoras de la mujer y de la naturaleza, opuestas a la brutalidad de

[7] V. Borsò: "El hombre, que se define por la razón, desea estructurar y controlar el mundo en lugar de ser objeto y víctima de la naturaleza. El cuerpo de la mujer se asocia con la naturaleza (no domesticada, salvaje) y funciona como el objeto en el cual el Yo proyecta su miedo de enfrentarse al Otro superado" (2002: 330).

la irracionalidad masculina. Esto incluye un cambio fundamental en la apreciación de la resistencia, que ya no aparece ni como acción sacrílega en contra de una jerarquía social de supuesto origen divino (versión colonial combatida ya por el Aguirre de Herzog en 1972 y de Sanchis Sinisterra en 1986), ni como terrorismo en contra de un gobierno supuestamente ratificado por el pueblo (tendencia neo-colonial). En su lugar, se manifiesta más bien como necesidad humana y como deber de los pueblos latinoamericanos de defender su país en contra de elementos "foráneos", muy en el sentido del Aguirre de Posse que en *Daimón* (1978) lucha como "americano" en contra de conquistadores y dictadores. Todas estas posiciones son ideológicas, y hay que acentuar que la descripción de dictaduras latinoamericanas como parte de dichos elementos en la novela de Belli es tan cuestionable como la retórica (neo-)colonial rechazada por la autora[8].

Sin embargo, su redefinición de la resistencia nacional merece más atención, especialmente en el contexto del imperialismo reciente en el cual el gobierno de Bush etiquetó como "terroristas" a los iraquíes luchando en contra de las tropas americanas de ocupación, con lo cual recurrió al mismo término que Reagan ya había usado para categorizar a los sandinistas en Nicaragua. Otras nociones refutadas en *La mujer habitada* son la del "descubrimiento" en el discurso colonial ("Los españoles decían haber descubierto un nuevo mundo. Pero nuestro mundo no era nuevo para nosotros", Belli 1999: 102)[9], y la de la "revolución" en el discurso somocista: "El Gran General [...] hablaba de 'revolución' en el campo. Trataba de despojar de significado a la palabra, apropiársela, descontaminarla" (p. 118). Itzá representa dentro de esta crítica fundamental la memoria colectiva al recordarle al lector la violencia extrema de la Conquista, que contradice el concepto de civilización racional propia del discurso colonial europeo: "Los españoles decían que debían 'civilizarnos', hacernos abandonar la 'barbarie'. Pero ellos, con barbarie nos dominaron, nos despoblaron" (p. 118).

[8] Las continuidades neo-coloniales mencionadas por la autora no pueden negarse, pero su elaboración rudimentaria y la falta de diferenciación es reprochable; en particular, el hecho de que no se refleja de manera explícita el cambio paradigmático y económico del colonialismo al neo-colonialismo. V. Rings/Ife (2008: 3 ss.).

[9] Bitterli propone tal perspectiva ya en su estudio etnohistórico de manera provocadora: "A América no la descubrieron ni Colón ni los vikingos. Los indios llegaron antes que los europeos" (1980: 17, traducción del autor).

También se cuestiona de manera más universal la idea del ser humano como individuo racional (según el concepto de la Ilustración) cuando Itzá entra en el cuerpo de Lavinia y experimenta allí el caos del aparente "orden" mental: "Sus pensamientos eran una familia de loros volando en círculos, haciendo ruidos, montándose los unos sobre los otros en tremenda algarabía" (p. 59). Después de la muerte de Felipe se muestra otra vez este "desorden de imágenes" en la mente de Lavinia: "Felipe riéndose, Felipe en la cama, Felipe en la oficina, Felipe en la última mañana que lo vio, Felipe diciéndole que él no había querido que participara, Felipe cuando lo conoció, Felipe en su cama, ensangrentado, inmóvil" (p. 343). Aquí se indica nada menos que el caos fragmentario neobarroco estudiado por Jarauta, aunque la novela hiperrealista evita reflejarlo en su estructura narrativa, un aspecto que contribuye a la popularidad de *La mujer habitada*[10].

1.3. Posibilidades individuales, locales y aleatorias

Con la síntesis de Itzá y Lavinia se prolonga en el tiempo una resistencia de carácter marxista, feminista e indigenista que se opone a la continuidad de los poderes coloniales. Sin embargo, las diferencias entre estas perspectivas, la imposibilidad de consolidarlas en una única versión y las dudas de las protagonistas acerca de su compatibilidad confirman que Belli no quiere proponer un modelo alternativo universal. En lugar de esto, los conceptos desarrollados por Itzá y Lavinia se quedan limitados a su propio horizonte individual, local y aleatorio. Es por esto que hay que tachar de erróneas las interpretaciones de Rolland-Mills (2000: 211) y Von Schütz (2003: 110) que consideran a Lavinia como la reconstrucción de la "autenticidad" femenina o mágico-realista.

Esta primera novela de Belli se sitúa más bien en el contexto de los poemas escritos con anterioridad que ya habían anticipado su conciencia autocrítica postrevolucionaria de libertades no logradas y quizás inalcanzables (v. Albada-Jelgersma 1997: 453). Las protagonistas no están en absoluto convencidas de que su lucha pueda romper con las estructuras machistas que han dominado la vida sociocultural y po-

[10] García Canclini (1995: 307), Jarauta (1992: 71).

lítica latinoamericana desde hace siglos. Itzá critica de manera ejemplar su escasa integración en la planificación de la estrategia de lucha en contra de los conquistadores: "Yo podía combatir, ser tan diestra como cualquiera con el arco y la flecha [...]. Pero ellos no parecían apreciar estas cosas. Me dejaban de lado cuando había que pensar en el futuro o tomar decisiones de vida o muerte" (Belli 1999: 87). Subraya además la doble carga de las guerreras: "Me asignaron oficio en las batallas, aunque después también debía cocinar y curar a los heridos" (p. 142). Este problema de género se repite en la relación entre Lavinia y Felipe, porque Felipe desea una mujer "que lo espere y le caliente la cama, feliz de que su hombre luche por causas justas, apoyándolo en silencio" (p. 115). En estas situaciones la falta de complementariedad de las perspectivas marxistas y feministas supuestamente fusionadas en el sandinismo de Lavinia conducen a un conflicto personal que se intensifica por medio de incongruencias en su propio comportamiento profesional, expuestas por Hermenau:

> Por una parte 'ella no tuvo remordimientos de conciencia por usar todas las armas milenarias de la feminidad. Aprovechar la impresión que causaban en los hombres las superficies pulidas, no era su responsabilidad, sino su herencia'. Por otra, se queja de que no la nombran supervisora de un proyecto de arquitectura porque no tiene bastante autoridad ante los hombres (1997: 2, traducción del autor).

El narrador omnisciente observa también cierta inseguridad y nerviosidad en Lavinia que la conducen a reacciones casi infantiles, como por ejemplo cuando Felipe no aparece para una cita:

> A las seis la consumía la impaciencia. [...] El mal humor amenazó con invadirla. [...] Recorrió la casa, paseándose como liebre cautiva, sin saber qué hacer. [...] Le dolía la cabeza y se sentía profundamente triste, traicionada, furiosa consigo misma, con su facilidad para construir castillos de arena, su romanticismo (Belli 1999: 57 ss.)[11].

[11] La inseguridad se refleja también en su posición frente al tema de la lucha armada: "Últimamente Lavinia no se entendía. No entendía por qué le producía mal humor que Felipe no le hablara del Movimiento. Ella no quería estar en el Movimiento, se repetía. Y sin embargo, hablar, preguntar sobre eso, se le había convertido en una atracción irracional" (p. 107).

Al mismo tiempo su imagen de los hombres muestra características del feminismo radical de los años setenta, cuyos lemas repite sin reflexión crítica alguna[12], hasta que más tarde empieza a cuestionar los modelos extremos de independencia femenina: "¿Sería que realmente la amaga o era que la noción de independencia, de mujer sola con trabajo y cuarto propio, eran opciones incompletas, rebeliones a medias, formas sin contenido?" (p. 101). De esta forma empieza un acercamiento a modelos sociales más complejos y, sobre todo, más autocríticos. Lavinia empieza así a entender que desde su posición privilegiada burguesa no puede hablar por mujeres como Lucrecia o Flor. De hecho, al final la novela responde de manera negativa a la famosa pregunta de Spivak ("Can the subaltern speak?"), porque personajes como Lucrecia no pueden hablar por sí mismos, y ni Lavinia ni el narrador omnisciente son convincentes cuando intentan comprender su perspectiva y defender sus derechos. Sin embargo, la descomposición del discurso radical no implica la desestabilización de las demandas feministas de una convivencia más justa de hombres y mujeres, sino más bien al revés: la dimensión autocrítica postfeminista sostiene la credibilidad y el impacto de esta demanda.

Itzá está convencida de que hay que luchar por la libertad, pero de vez en cuando le entran dudas sobre su propio papel, debido a que en su entorno se suele negar la posibilidad de combinar la lucha armada con la feminidad:

> Llegué a pensar que estaba hecha de una sustancia extraña; que no provenía del maíz. O quizás, me decía, mi madre sufriría un hechizo cuando me llevaba en su vientre. Quizás yo era un hombre con cuerpo de mujer. Quizás era mitad hombre, mitad mujer (p. 143).

En este contexto importa mucho la confirmación procedente de Yarince, que se ríe de las dudas de su novia: "Sos mujer, sos una mujer valiente" (p. 143). Sin embargo, esto no soluciona el problema de alienación, ni para Itzá ni mucho menos para Lavinia, que muestra una inseguridad comparable en la cual Itzá no quiere intervenir: "No sé si debo insistir. No sé si puedo. [...] Sé que habito su sangre [...], pero

[12] Los hombres que quieren casarse aparecen como "animalitos de sacos y corbatas [...] buscando quién les diera hijos robustos" (Belli 1999: 18), y "casarse" se define como "limitarse, someterse" (p. 23).

siento que no me está dado cambiar su sustancia, ni usurparle la vida" (p. 110). Los conflictos interiores son tan fuertes que la hibridez de la conexión transcultural Itzá-Lavinia se muestra en indicios de esquizofrenia, pero últimamente Lavinia mantiene el control y al final de la novela domina la unión en la lucha común de las dos mujeres. Desde la perspectiva de Lavinia parece injusto que al principio la excluyan de la planificación y de la acción armada en contra del general Vila, pero precisamente aquí hay que tener en cuenta su reiterada inseguridad y la importancia de la misión. La integración de mujeres como Flor, más conscientes de sí mismas y más profesionales en el trabajo, es otro indicio de que no se puede atribuir la marginación de Lavinia simplemente al machismo dentro del "movimiento".

La confusión e inseguridad de las dos protagonistas se refleja también en la estructura fragmentada de la novela. El montaje paralelo divide sus acciones en fragmentos de diferente tamaño pero siempre limitados a aspectos muy específicos. A esto se añaden los numerosos "flashbacks" que aparecen dentro de dichos fragmentos. De esta forma se rompe con la ilusión de coherencia que caracteriza al discurso (neo-)colonial, pero también al marxista, feminista radical e indigenista a los cuales recurren las protagonistas.

La mujer habitada renuncia de esta forma a la noción de identidad universal, incluyendo la del realismo mágico. Es decir, la novela se muestra principalmente como obra deconstructiva de una autora que sí define la revolución sandinista como progreso en la historia del país, pero que al escribir su primera novela ya expresó dudas sobre la emancipación de la mujer en la Nicaragua post-somocista y, en general, sobre la posibilidad de combinar la ideología sandinista con el feminismo. La deconstrucción culmina simbólicamente con la muerte del Yo hegemónico de las protagonistas, que es la condición previa para poder acceder a sus nuevas vidas. Itzá resume esta correlación por medio de la siguiente alegoría: "La muerte y la vida son sólo las dos caras de la luna; una clara, otra oscura. La vida brota de la muerte como la pequeña planta del grano de maíz, que se descompone en el seno de la tierra y nace para alimentarnos" (Belli 1999: 347).

Estas imágenes también se oponen al concepto del "mestizaje armónico" propuesto como modelo cultural universal por diferentes discursos políticos, entre ellos el del Partido Revolucionario Institucional mexicano que mantuvo muy buenas relaciones con los sandinistas (v. la huida de Espinosa a Managua en 2000). Niegan también tanto la existencia de una verdad histórica única como la posibilidad de representar a los "subalternos", ideas que todavía se encuentran en muchas novelas del "boom". Con su enfoque en las posibilidades individuales, locales y aleatorias, *La mujer habitada* anticipa un cambio paradigmático metaficcional en la novela testimonial que la literatura secundaria suele datar de finales de los años noventa[13].

1.4. El lenguaje de los cuerpos

La afirmación del amor físico –en oposición al platónico– se convierte en un arma subversivo central de la resistencia. No es casualidad que Itzá reconozca de inmediato las perspectivas de su época en la relación erótica entre Lavinia y Felipe: "Así amaba nuestra gente antes que el dios extraño de los españoles prohibiera los placeres del amor" (p. 40). Se refiere a un concepto sexual libre de miedo y de vergüenza, que no está limitado por los conceptos religiosos de familia o procreación, sino basado en nociones del placer mutuo. La novela se concentra entonces en los tabúes de las sociedades occidentales, porque su eliminación es fundamental para conseguir relaciones más abiertas y comprensivas entre los géneros:

> Misteriosa se me hacía la hendidura entre mis piernas, se parecía a algunas frutas; los labios carnosos y el centro, una delicada semilla rosada. Por allí penetraba Yarince y cuando estaba en mí, componíamos un solo dibujo, un solo cuerpo: juntos éramos completos (p. 86).

El cuerpo se muestra aquí "central to understanding the woman as a whole" (Jaeger 1997: 18) porque se trata de una parte esencial de la identidad femenina, e Itzá reacciona al falocentrismo masculino con la acentuación de su sexo. De manera semejante, la narradora del poema *Y Dios me hizo mujer* había puesto su cuerpo en el centro de las descripciones, subrayando sus "curvas y pliegues y suaves hondona-

[13] V. Mackenbach (2004: 149), aunque él no toma en cuenta la dimensión metaficcional de *La mujer habitada*. En su lugar, sigue la interpretación tradicional y asume la existencia de una jerarquía discursiva, en la cual el mundo mágico de Itzá se subordina al mundo europeo y feminista de Lavinia (p. 178). Para el concepto de la literatura testimonial v. García (2001).

das" (Belli 1992: 37)[14]. Todo esto recuerda al lector la marginación de la feminidad en el discurso patriarcal, pero sobre todo le hace ver la necesidad de la unión física guiada por los instintos, que se manifiesta en la relación entre Lavinia y Felipe. Empieza con su baile, en el cual se manifiesta "ese algo de animales olfateándose", "las emanaciones del instinto, la atracción eléctrica, inconfundible" (p. 38). Continúa con la descripción de los actos de amor, en los cuales los dos aparecen como "desatados jinetes de un apocalipsis de final feliz" (p. 275).

Este discurso erótico, que marca toda la novela, sitúa a Lavinia fuera del discurso sexual católico, pero además la animalización del acto sexual tiene varias funciones: acentúa el papel del instinto para el ser humano, subraya la cercanía entre los amores de Itzá y de Lavinia, y disuelve la dicotomía tradicional entre hombres (supuestamente seres superiores) y animales (supuestamente inferiores). No hay que olvidar que la última construcción ha contribuido a legitimar todo tipo de crueldades, no sólo en contra de animales como las panteras y jaguares, considerados sagrados por poblaciones indígenas, sino también en contra de hombres categorizados y cazados como animales, el grupo de indios alrededor de Itzá es un buen ejemplo.

Sin embargo, el erotismo de las relaciones descritas no es solamente un instrumento de deconstrucción sino también de construcción, debido a que comunica al lector la posibilidad de alcanzar la igualdad entre los géneros, sea mediante la unión en la cama ("sus cuerpos se entendían mucho mejor que ellos mismos", p. 275), o sea de forma alegórica con referencia a relaciones de poder:

> La cama era su Conferencia de Naciones, el salón donde saldaban las disputas, la confluencia de sus separaciones. [...] En ese ámbito habían conquistado la igualdad y la justicia, la vulnerabilidad y la confianza; tenían el mismo poder el uno frente al otro (p. 275).

El potencial subversivo del amor instintivo se confirma a través de la incompatibilidad de la perspectiva del placer –dirigida a "lo prohibido y lo carnal"– con las imágenes machistas de la "Mater Dolorosa". *La mujer habitada* desestabiliza "la idea tradicional que identifica a la mujer como un individuo esencialmente maternal, sentimental y pa-

[14] El poema se publica por primera vez en *Sobre la grama* (1972).

sivo" (Rolland-Mills 2000: 210), sin perderse en una de las deformaciones estereotípicas alternativas de prostituta o "femme fatale". Todo esto no significa que las protagonistas rechacen rotundamente la idea de la procreación. Itzá desea un "niño guerrero, rebelde, inclaudicable, que nos prolongara" (Belli 1999: 136), y Lavinia también nota su instinto: "Su vientre se creció en el deseo de tener un hijo" (p. 134). Sin embargo, no les interesa procrear por procrear, y mucho menos para mantener la sociedad actual. Se trata más bien de crear nuevas vidas para una sociedad nueva, pero es precisamente este principio el que implica que guerreras como Itzá y Lavinia no tienen que tener niños necesariamente, ya que en ciertas circunstancias hay que contribuir a la lucha armada y además hay otras posibilidades de alcanzar una sociedad más humana, como por ejemplo en el caso de Lavinia por medio de la construcción de casas que se adaptan mejor al paisaje latinoamericano[15]. A menudo el deseo de tener hijos puede resultar incluso contraproductivo, porque hay que evitar que se usen estos hijos para prolongar el orden dominante o que sean un obstáculo para la lucha política[16].

Al igual que *El arpa y la sombra* y *Las naves quemadas*, *La mujer habitada* conecta sus perspectivas culturales y de género. Esencial es aquí la idea de tener el derecho al amor corporal sin miedo ni vergüenza, con la cual Itzá alude a la moral católica que define las normas socioculturales del imperio español del Siglo de Oro. Esta construcción está conectada con las imágenes del amor neo-platónico que se conservan como ideal supremo en la corte española de la misma época y que se expresa claramente en la poesía petrarquista analizada por Borsò:

[15] Como arquitecta Lavinia desea la creación de algo nuevo para sostener el desarrollo del país: "Lo que se necesitaba en Faguas era vida, se dijo, por eso ella soñaba con construir edificios, dejar huella, darle calor, armonía al concreto" (p. 15). Hablando de su filosofía de la vida comenta: "Creo que el mero hecho de existir implica cierta responsabilidad con el futuro [...]. Deberíamos de ser capaces de transformar el mundo que nos rodea, de manera que todos podamos vivir al menos dignamente" (p. 148).

[16] Al final de la obra Itzá reconoce lo primero en su entorno inmediato: "No queríamos hijos para las encomiendas, hijos para las construcciones, para los barcos; hijos para morir despedazados por los perros si eran valientes y guerreros" (p. 136). La incompatibilidad de la lucha en la resistencia con el deseo de tener hijos la muestra Lavinia: "La mañana y la noche eran territorios inciertos; la desaparición, la muerte, una posibilidad cotidiana. En esa situación, no quedaba más alternativa que renunciar al deseo de prolongarse" (p. 134).

> Para el Yo petrarquista el cuerpo de la mujer significa la confrontación con la muerte, con lo temporal. El poeta laureado tiene que rechazar lo corporal si quiere lograr el objetivo verdaderamente deseado, que es la inmortalidad. [...] La mirada proyecta el orden axiológico del bueno y del malo y viste el cuerpo con los sistemas de valores, por medio de los cuales el sujeto afirma su soberanía. Es decir se "escanea" el cuerpo en el sistema, se lo descompone en partes (2002: 329 ss., traducción del autor).

Belli inicia la deconstrucción de esta dicotomía al afirmar la fuerza creativa de la naturaleza, celebrar el placer erótico como objetivo legítimo final, y negar que la historia de la civilización empiece con la vestimenta[17]. En lugar de decidirse por el amor espiritual o el corporal, que según los poemas de Petrarca equivaldría a la selección de lo bueno o lo malo, de la vida o de la muerte, *La mujer habitada* propone "la lógica del goce", una mentalidad desarrollada en la colección de poemas *De la costilla de Eva* publicada un año antes de la novela. Yepes resume esta lógica de la siguiente forma:

> Si en la mentalidad burguesa la íntima y tierna subjetividad femenina debería compensar la pública y bélica razón masculina, en la poesía de Belli Adán y Eva se descubren, se quitan las máscaras que los oponen. En pie de igualdad se estudian en el espejo del mundo (de)construido por ellos mismos. La lógica del goce es atravesar esos dobles que constituyen la simbología binaria (1998: 209).

Con esta lógica viene la necesidad de distanciarse del "imperio de la palabra", es decir, un sistema sociopolítico basado en una extensa documentación escrita (de leyes, privilegios, credo) e introducido en América Latina por la Conquista, al cual los ateneístas ya criticaron por la inhumanidad de su "orden público" (v. Yáñez 1944: 14). En los poemas de Belli y en *La mujer habitada* se sustituye este discurso por la "celebration of female physicality" (Jaeger 1997: 19), que reemplaza las construcciones católico-coloniales y también la mitificación de las revoluciones y de las culturas indígenas. Al mismo tiempo, la literatura se convierte en medio de desideologización, en especial en el caso de la literatura testimonial erótica de mujeres como Belli y Ana Istarú, que rompen con las perspectivas masculinas de la narrativa

[17] Glantz (2005: 67) hace un resumen de la posición católica conservadora.

tradicional[18] y, en particular, rechazan la noción de cuerpo femenino como "contenedor" a definir y "llenar" por el espíritu del hombre que hace la historia[19]. En lugar de esto la novela propone la (re)unificación complementaria iniciada por los dos cuerpos (re)nacidos de la "Pachamama". Como objetivo literario domina la idea de "ganarle terreno al cinismo y a la ironía que niega al verbo su carnalidad" (Belli 2002: 2), tal vez con la esperanza de que de esta forma se pueda acabar algún día con el eterno ciclo destructivo de la conquista y la resistencia en contra de ella.

La mujer habitada mide lo destructivo de este ciclo en el sufrimiento y el número de víctimas o "sacrificios" humanos en las culturas indígenas y españolas, con lo cual prolonga el acercamiento comparativo del poema *América en el idioma de la memoria*:

> Éramos inocentes y hablábamos a la Tierra con respeto, / como huéspedes, no como Señores. / Sacrificábamos la Vida al Sol, / ellos, en cambio, se la ofrecían al oro, / que no hace más que imitarlo. / La Tierra era nuestra cómplice. / La honrábamos, la celebrábamos. / Ellos no amaban la Tierra, / la despojaban como si les perteneciera, / igual que nos despojaron a nosotros, / como si también les perteneciéramos (Belli 1997: 118).

El contraste entre los sacrificios humanos de los indios y las víctimas de la Conquista se presenta aquí de manera provocativa. Por una parte está la población autóctona que respeta la naturaleza y entra en un tipo de fusión con ella; por otra, aparecen los invasores foráneos que explotan al país y a sus habitantes de manera irracional e inhumana. Hasta cierto punto se trata de una simple inversión de la supuesta noción de razón superior colonial y el instinto inferior indígena, la cual se encuentra muchas veces en la narrativa del siglo veinte, particularmente en la representación de los rejonistas en *Las naves quemadas* y de Bartolomé San Juan en *Pedro Páramo*[20].

[18] Paul-Ureña (2007: 429) resume que "históricamente el hombre ha escrito sobre el cuerpo femenino, pero nunca se ha visto correcto que la mujer escriba sobre el cuerpo masculino y sobre su propio cuerpo".

[19] Sobre este concepto tradicional del espacio y las más recientes ideas en el contexto de la teoría del "emplacement", v. Görling (2004: 50).

[20] Como "padre autoritario, deshumanizado por la codicia y violador del código religioso y moral que sustenta la legitimidad de su poder" (Filer 1981: 66) Bartolomé San Juan quizá sea la más pura personificación del estereotipo clásico del conquistador

Sin embargo, el poema de Belli se distingue por tratar en detalle los sacrificios indígenas que en el discurso colonial aparecen como ejemplos extraordinarios de su barbarie y que, tal vez por esto, se tienden a marginar en la narrativa no colonial y, sobre todo, en el discurso indigenista. En lugar de seguir esta estrategia, el poema recurre a los sacrificios para criticar de forma más profunda el discurso colonial al formular implícitamente una pregunta clave: si se hubiera que cuestionar la racionalidad de los sacrificios humanos en las culturas indígenas, que es algo que Itzá sí llega a hacer cuando sacrifican a su mejor amiga, ¿no se debería hacer lo mismo con los numerosos "sacrificios" (sean indios o españoles, hombres o mujeres) resultantes de la búsqueda española del oro? Esta pregunta aparece poco tiempo después en *La mujer habitada,* cuando por un lado se discute el número considerablemente más alto de "sacrificios de 'indios'" provocados por la codicia obsesiva española, mientras que por el otro se ofrecen explicaciones acerca de los "sacrificios de hombres y mujeres sabios" llevados a cabo por los indios (p. 56, 72)[21]. En este cambio de perspectivas los conquistadores aparecen como lo foráneo incomprensible, mientras que se acerca el punto de vista indígena al lector occidental por medio de ejemplos concretos.

Probablemente el ejemplo más trágico y grotesco es la matanza y el despellejo de los propios padres y abuelos, cuya piel les sirve a los guerreros indios para la producción de nuevos escudos (p. 72). Sin duda se trata de un acto extremamente violento cuya ética es muy cuestionable, pero que se puede entender en el contexto de la inhumanidad de la Conquista: teniendo en cuenta que los indios –incluyendo mujeres, niños y ancianos– no pueden esperar merced ninguna de los conquistadores, sino sólo la muerte o la esclavitud, los sacrificios previos a la última batalla contra un ejército muy superior hay que considerarlos como la mayor ofrenda que se puede hacer a los dioses de la

en la obra de Juan Rulfo. Su nombre recuerda al nombre del puerto español del cual Cortés parte para la Conquista del Nuevo Mundo, y su objetivo principal es –en sus propias palabras– "dinero" (Rulfo 1986: 80). Pedro Páramo es un conquistador más bien moderno que sabe combinar la violencia y arbitrariedad del arquetipo del conquistador con las características de un hacendado colonial y un latifundista neo-liberal contemporáneo. V. Rings (1996: 255 ss.).

[21] V. también la comparación numérica: "En pocos años hicieron más sacrificios humanos de los que jamás hiciéramos nosotros en la historia de nuestras festividades" (p. 102).

naturaleza. En la esperanza de que estos dioses los ayuden a defender su libertad, cometen una última serie de acciones desesperadas. Con referencia a la esclavitud, más temida que la muerte, la narradora concluye: "Nuestros ancianos merecían mejor suerte" (ibíd.). Es legítimo considerar estos sacrificios como actos de barbarie, pero solamente en el contexto de la barbarie de la Conquista, que vuelve la mirada recriminatoria al Yo occidental.

La posibilidad de comprender los aspectos clave de la otra cultura se muestra ya en *El arpa y la sombra* cuando el indio Diego critica el materialismo de los "descubridores". El tema reaparece de manera incluso más explícita en *La pérdida del paraíso* de José Luis Muñoz. En la segunda parte de esta trilogía, *El fuerte Navidad*, el indio Camani cuestiona la obsesión materialista y sexual de los conquistadores: "¿Por qué os ciega tanto nuestro oro? Primero fueron las mujeres. ¿No tenéis ni lo uno ni lo otro en vuestra tierra?" (Muñoz 2002b: II, 130). El cronista Marín responde haciendo referencia a las normas poco racionales de la España colonial:

> –Tenemos hermosísimas mujeres, aunque muchas de ellas son inalcanzables, hay que cumplir tal cantidad de complicados ritos para acceder a ellas que si te lo contara te parecería ridículo.
> –No lo entiendo. ¿No se dan ellas en cuanto aman a un hombre?
> –Ni tan fácil, ni tan rápido. Mientras más desean a un hombre, más esquivas se muestran con él, más difícil se lo ponen (Muñoz 2002b: II, 130).

La obsesión materialista la explica el cronista aludiendo a la absurda jerarquía social en España: "Entre nosotros [...] hay quien nada en la abundancia y otros que nada tienen que llevarse al estómago, que hay quien tiene campos y castillos y otros que sólo tienen una simple cueva en donde morir" (p. 131). El problema de satisfacer estos deseos básicos en España, la escasez de burdeles en el Nuevo Mundo y la fuerza superior de los conquistadores llevan a situaciones violentas, en las cuales cada uno satisface sus instintos sin escrúpulo ninguno pero, eso sí, siguiendo la jerarquía social[22]. La base de este comportamiento es la obsesión con los derechos de posesión que a Camani le

[22] Según esta jerarquía el comandante Juan de la Plaza tiene derecho a una india como prostituta personal, mientras que la tripulación tiene que compartir las indias que sobran.

son tan ajenos en esta forma y, al mismo tiempo, a Marín le parecen tan absurdos que tampoco los puede explicar. Es decir, las preguntas de Camani se quedan sin respuesta, pero facilitan la comprensión del mundo indígena por parte del lector:

> ¿Cómo pueden ser dueños de tierra? El hombre pasa, pero la tierra queda. Sólo los dioses son los dueños de la tierra, de las selvas, del mar. ¿Cómo un hombre puede ser dueño de todo eso? No lo entiendo. Si siempre ha existido, si el hombre nace y muere y la selva sigue, y los ríos, y las montañas (p. 131).

En *La pérdida del paraíso* se trata también en forma de diálogo la relación entre el cuerpo femenino, el país y la naturaleza que Belli había tratado en el poema *América en el idioma de la memoria* y en *La mujer habitada*. Una vez más lo absurdo del Yo lleva a la disolución de las fronteras de la dicotomía ficticia entre la razón europea y el instinto indígena, una tendencia que se acentúa mediante el fracaso del médico español, porque en *Guanahaní* Marín se recupera de su enfermedad gracias a las hierbas, el tabaco y sus relaciones sexuales con las indias[23]. El contexto está caracterizado por una parodia de la medicina española y una descripción detallada de los crímenes de los conquistadores (entre otros, violaciones y matanzas). Cuando los marineros están en sus excursiones lejos de la autoridad del almirante Colón, el cronista observa que se dejan guiar por instintos perversos:

> Un niño, o un adolescente no más, yacía de espaldas, desnudo, con síntomas de haber sido sodomizado antes de estrangulado; y una hermosa mujer, con los pechos mordidos por una turba de chacales, perdía sobre la tierra el néctar que sus violadores habían inyectado en su vientre (p. 165).

Sin embargo, Muñoz no propone retornar a la leyenda negra. Esto queda claro cuando el narrador cuenta los actos violentos de tamaña brutalidad cometidos por los indígenas, al principio por los caníbales

[23] Después de que el médico español ya se hubiera dado por vencido y Marín se recuperara de manera maravillosa gracias a los indios, el protagonista-cronista resume: "He gozado de dos hermosas mujeres. He holgado con ellas muchas veces en estas dos noches pasadas. Sin forzarlas, más bien fueron ellas las que lo hicieron, y ¡por Dios!, que ha sido buena medicina, tan buena como el tabaco" (2002a: I, 191 ss.).

pero más tarde también por los Taínos, una tribu que parece muy pacífica en la primera parte de la trilogía. Los caníbales, descritos como "devoradores devorados" (Muñoz 2002b: II, 289), tienen mucho en común con la pervertida tripulación española, lo cual indica la conexión entre la imagen estereotípica del Otro y la parte marginada del Yo. Sin embargo, los Taínos introducen la violencia como constante humana, que rompe hasta cierto punto con la leyenda negra, porque "ni la violencia ni la brutalidad [son] patrimonio de nadie, aunque [adopta], según las latitudes, formas más sofisticadas" (p. 289). Ahora bien, si tales tendencias destructivas se encuentran no sólo en el "imperio de la palabra", sino en todas las culturas, hay que volver a cuestionar el principio corporal divulgado por *La mujer habitada*. Todo esto confirma el mensaje central de la novela de Belli según el cual no puede haber un modelo universal, ni en el concepto petrarquista espiritual, ni en el corporal.

1.5. Vencedores sin victoria

En *La mujer habitada* pierden también todos los vencedores, desde los conquistadores hasta los ejecutivos de la dictadura militar. Se reconstruye de esta forma la imagen del conquistador conquistado elaborado en *El arpa y la sombra* y en *Las naves quemadas*, pero la novela de Belli añade a esta perspectiva la descripción detallada de la lucha diaria de la resistencia.

En la época de Lavinia el poder está en manos de una dictadura guiada por valores capitalistas norteamericanos y el dominio español es un hecho del pasado, pero las estructuras de explotación y la resistencia firme a ésta unen los dos períodos históricos. Al final de la novela la resistencia sandinista logra una victoria importante al matar al general Vila, la mano derecha del Gran General y representante del militar latinoamericano. Sin embargo, tal derrota elimina apenas una parte de la élite social y no significa ningún cambio fundamental en las estructuras del poder. Esto ya lo indica el poema *América en el idioma de la memoria* al referirse a los ciclos de la Conquista:

> El oro les cobraba su precio. Se mataban entre sí. / Se hundían sus barcos. Sus hijos los desconocían. / En los vientres de nuestras mujeres se fueron

extinguiendo. / Sus genes hirvieron en el cacao / y no se reconocieron en sus descendientes (Belli 1997: 120).

En este sentido hay que dudar de "la victoria" de los conquistadores y del éxito de las dictaduras militares, pero también del valor de la acción sandinista, ya que con la muerte de Vila no se acaba el régimen del Gran General. Se podría resumir que al final no gana nadie, ni la cultura encabezada por los españoles o por los dictadores, ni el movimiento indigenista o marxista. El destino político del feminismo latinoamericano es semejante, ya que aparece como espejo simbólico de los problemas culturales, aunque haya que distinguir entre el feminismo radical de la joven protagonista y el postfeminismo de la autora. La novela se distancia de la primera perspectiva, que se basa en el antagonismo de hombres y mujeres y, en su lugar, propone la necesidad de una lucha común, defendida por Belli. Es por eso que la autora pone en escena a parejas de guerrilleros que representan de manera equitativa a los dos sexos en su lucha por la colectividad.

Yarince, Sebastián y Felipe son las figuras masculinas centrales de la resistencia que luchan al lado de Itzá, Lavinia y Flor para liberarse de las normas inhumanas pseudo-racionales de sus épocas. Es cierto que se podrían describir estas normas como "masculinas", pero lo que importa últimamente no es tanto su procedencia sino su impacto, es decir, la supresión del pueblo por nuevas élites sociales que no distinguen entre hombres y mujeres, ya sean indios (una cuestión de raza) o sandinistas (es decir, rebeldes políticos). Con particular atención en este impacto la novela evita el hembrismo representado por la joven Lavinia y muestra que este enfoque no ofrece una respuesta aceptable al machismo, porque se trata esencialmente de una "female variation of oppression", que por su rígida estructura binaria no puede hacer otra cosa que respaldar "the most violent features of machismo's exploitation of women"[24]. Belli contrasta tal concepto con la unión de hombres y mujeres en igualdad de condiciones, visible ya en muchos poemas de su colección *De la costilla de Eva* (v. Yepes 1998: 209) y más tarde en *La mujer habitada*.

Mientras que Itzá y Yarince luchan en contra del colonialismo, Lavinia, Flor, Sebastián y Felipe intentan liberarse del régimen explota-

[24] V. De Valdés (1998: 21) con respecto al machismo en México.

dor y seudopatriarcal del Gran General, pero las protagonistas deben además luchar en contra de percepciones anticuadas de género existentes en sus propios entornos, sea en la familia o en la resistencia. Ya de joven Itzá se muestra rebelde porque su madre intenta educarla según tradiciones patriarcales: "Nunca entendió [mi madre] que no podía simplemente quedarme en la casa. Jamás le perdonó a Citlalcoatl que me enseñara a usar el arco y la flecha" (Belli 1999: 22). Este conflicto se intensifica cuando Itzá expresa su deseo de luchar junto a los hombres de la tribu en contra de los conquistadores. La madre responde con su visión simplista tradicional: "La batalla no es lugar para mujeres. Sabiamente ha sido dispuesto el mundo. Tu ombligo está enterrado debajo de las cenizas del fogón. Éste es tu lugar" (p. 124).

Esta imagen de la mujer como esposa y madre al servicio de la sociedad patriarcal se personifica más tarde en Sara, una ama de casa burguesa, amiga y antítesis de Lavinia, y se basa en una estricta separación binaria de los espacios, que reserva el entorno público al hombre y el particular a la mujer, división que culmina en la sociedad burguesa del siglo XIX. La internalización de estos conceptos de género conduce en la novela a la alienación de Itzá de su madre, y favorece una rutina muy cerrada y monótona de vida y trabajo, que ha sido bien investigada por la crítica social postmoderna.

En oposición al discurso indigenista, para el cual la descomposición social empieza después de la Conquista, *La mujer habitada* hace referencia a la continuidad discriminatoria del género femenino desde la sociedad precolombina[25]. Según los conceptos de género y la división económica tratada por Lucrecia, a la división social se añaden como obstáculos para el mejoramiento de la sociedad la falta enorme de reflexión individual y rebelión emocional en la absoluta mayoría de la población. Su pasividad se convierte en un arma clave de las autoridades cuando durante la Conquista muchas tribus se niegan a apoyar la resistencia indígena. El resultado es la derrota de los guerreros que, después de muchas batallas, no son más que un "ejército de fantasmas", aunque tengan todavía "la determinación furiosa" de Itzá (p. 241). En este contexto la protagonista recurre a una tradición fami-

[25] En el caso de Lavinia se repite el conflicto entre madre e hija (v. Belli 1999: 331), y por Lucrecia la novela indica el problema de mujeres pobres sin ayuda masculina que se ven obligadas a abortar (p. 169 ss.).

liar de resistencia en contra de todo tipo de explotación: "Quizás fue alguno de ellos el que pobló mi sangre de ecos; quizás alguno de ellos vivió en mí; hizo que dejara mi casa; me llevó a los montes a combatir con Yarince" (p. 119). Más apoyo viene de los hombres a su alrededor, en particular de Yarince.

La novela propone así "la ósmosis entre el proceso personal y el colectivo" como "tercera opción excluida de la dicotomía entre lo público y lo privado" (Yepes 1998: 208), pero ésta tampoco resuelve el problema de la separación de géneros a nivel general. Al contrario, para las mujeres pertenecientes a las tribus cada vez más pasivas la guerrera es una marginada, frecuentemente descrita de manera mística como "'texoxe', bruja" que no puede servir de modelo femenino (p. 143). Ni siquiera en el grupo de la resistencia se comprende y acepta a la guerrera, y es precisamente esta falta de capacidad intelectual y emocional general para comprender y enfrentarse a los principios del "divide y triunfarás" de los conquistadores que facilita la supresión de los últimos guerreros indios en Nicaragua. No es de sorprender, entonces, que Itzá tenga poco éxito con su rebelión personal: en la lucha con los españoles mueren todos los rebeldes, mientras que la separación de géneros sigue debilitando el potencial de resistencia pasiva. Además hay conflictos de identidad dentro de los cuales se oponen la Itzá casera y religiosa a la Itzá rebelde tratada hasta ahora. La primera posición se muestra en sus comentarios sobre la vida profesional de Lavinia:

> No sé cuánta ventaja puede haber en esto. Nuestras madres, al menos, sólo tenían como trabajo el oficio de la casa y con eso era suficiente. Diría que quizás era mejor puesto que tenían hijos en los que prolongarse y un esposo que les hacía olvidar la estrechez del mundo abrazándolas por la noche. En cambio ella no tiene estas alegrías (p. 31).

Igualmente conservadora es su convicción religiosa, que se mantiene durante los siglos a pesar de que algunos rituales le parecen absurdos[26]. También encontramos una fuerte nostalgia que tiende a idealizar la vida precolombina:

[26] Itzá se rebela en contra de los sacrificios humanos cuando matan a su mejor amiga Mimixcoa para satisfacer al dios de la lluvia Tláloc: "No podía resignar a entregársela a Tláloc, quien en este momento, la estaría contemplando con sus ojos de jade" (p. 315). Esto es, sin embargo, un caso más bien único y se trata de una sublevación

> Nunca más retornaron las quietas alegrías de los "calmeac", donde nuestros maestros nos enseñaban las artes del baile y del tejido; jamás volví a engalanarme para las ceremonias sagradas con las que recibíamos el regreso del sol, después de los últimos días del año (p. 222).

Lavinia sufre aún más problemas de identidad que Itzá. Al principio se presenta rebelde al asimilar el discurso radical-feminista de los años setenta: "Su cara [...] no podía estar más a tono con la música rock, la moda hippie, las minifaldas, la continuada rebeldía de la década anterior, la modernidad descuidada de los setenta" (Belli 1999: 12). Su vida de soltera definida por el discurso erótico y feminista radical corrobora esta idea: "Se podía vivir juntos. No necesitaban papeles para legalizar el amor" (p. 23). Por otra parte, no quiere rechazar el modelo de la maternidad, y en su inseguridad, miedo y nerviosidad se reflejan muchos aspectos estereotípicos de la mujer (p. 110, 79, 88, 304, 57). Es decir, dentro de la mujer supuestamente emancipada se prolonga la dicotomía tradicional de una masculinidad activa y fuerte opuesta a una feminidad más bien pasiva y débil[27]. Es obvio que Lavinia hereda el espíritu político rebelde de Itzá, pero al mismo tiempo las dos protagonistas muestran diferencias considerables en cuanto a su percepción de la religiosidad, el género y el tiempo. Marcadas por contextos socioculturales muy diferentes, sus ideas sobre la identidad y la emancipación femeninas permanecen ambiguas. No debe sorprendernos por tanto que Itzá nunca alcance una síntesis armónica cuando habita el cuerpo de Lavinia.

A pesar de las derrotas sufridas por la resistencia, los conflictos de identidad de las protagonistas y sus diferencias fundamentales, el tiempo cíclico acentuado por Itzá da cierta esperanza de que habrá cambios en un futuro no demasiado lejano. Por una parte nos recuerda la limitación temporal que tienen todas las jerarquías que –según la imaginación del cosmos indígena– deben terminar en un "world rever-

emocional momentánea sin consecuencias. Nunca asume una posición firme en contra de estos rituales y mucho menos muestra dudas acerca de la existencia de los dioses de la naturaleza, a pesar de que la anhelada intervención divina no llegó nunca: "De nada valieron tantos rojos corazones" (p. 56).

[27] Incluso en el discurso erótico, que suele acentuar la igualdad de los géneros, hay una escena en la cual Lavinia no puede "resistir la fascinación de aquel aire de autoridad" de Felipe (p. 39).

sal", es decir "pachacuti" en la lengua de los incas (Classen 1993: 33). A la Conquista se la clasificó como un "pachacuti", y según el calendario maya el próximo vendrá en 2012[28]. Por otra parte, parece que la muerte de las protagonistas, a primera vista el revés más grave para la resistencia, es la base para cambios futuros, ya que en el ambiente extremamente hostil del poder colonial y de la dictadura es ésta la que facilita el nacimiento de la nueva vida. Ello es posible por medio de rememorar a los guerreros-mártires, los que morían para mejorar la vida de todos y cuya muerte no puede haber sido en vano[29], y a nivel metafórico se indica que la reencarnación lleva a una identidad más fuerte. Esto es obvio en el caso de Itzá que –después de su metamorfosis en el cuerpo de Lavinia– llega a una vida más intensa y sobre todo libre de las dudas de la joven Itzá guerrera. Por otra parte, Itzá y Lavinia saben que cada guerrero muerto significa una pérdida significativa para los pequeños grupos de la resistencia (pp. 241, 335), por lo cual no se puede hablar del fortalecimiento cíclico de los guerreros.

Sin embargo, tanto en la versión literal como en la metafórica, se confirma que la esperanza de una vida nueva se opone a la prolongación del comportamiento apático, que es lo que los narradores conectan con los niños de las indias que se han rendido a la fuerza colonial, y con los de Sara. En este sentido la novela de Belli es intervencionista, propone la "postura crítica frente a los procesos de significación e identificación" (Yepes 1998: 206), y revela una nueva imagen de la mujer que Scherzer observa en el cine europeo contemporáneo: "Women [...] are independent from masculine power [...]. They are active, energetic, assertive and either strong or gaining strength. They are fighters and stand up to men"[30].

[28] Para la categorización de la Conquista como "world reversal" v. Classen (1993: 33 ss., 120 ss.).

[29] El narrador omnisciente resume: "La muerte de tantos compañeros [...] los comprometía a hacer realidad los sueños por los cuales ellos habían entregado su vida" (Belli 1999: 355, v. también 343). En este sentido metafórico, el Felipe fallecido renace en el grupo que queda: "¡Compañero Felipe Iturbe! / –¡Presente! –dijeron todos" (355).

[30] Scherzer (2001: 230) se refiere a imágenes en las películas de la "New New Wave" francesa que se pueden observar también a nivel del cine europeo contemporáneo (v. Rings/Morgan-Tamosunas 2003). Hace falta una comparación fílmica más detallada ya que *La mujer habitada* hace muchas referencias al cine, en particular a películas ro-

Un buen ejemplo del cine colonial contemporáneo sería la protagonista María en la película *Ave María* de Rossoff, un papel transcultural bien interpretado por la actriz mexicana Tere López Tarín. El hecho de que *La mujer habitada* transfiera esta imagen a una figura precolombina hay que considerarlo como parte de un proyecto más amplio para revisar la historia apoyado por obras narrativas posteriores como *Naufragios de Álvar Núñez* de Sanchis Sinisterra (v. el papel de Shila) y, también hasta cierto punto, *Hijos del viento* de Juárez (v. Tizcuitl), que quieren sacar a la india del papel pasivo y mudo conservado y desarrollado durante siglos, principalmente por autores masculinos. Cabe esperar que de este proyecto salgan victoriosos los dos géneros.

2. Los límites de la competencia intercultural y transcultural: la cultura conquistada en *El origen perdido* de Matilde Asensi

2.1. Estructura general

Por medio de la narrativa lineal tradicional de la novela de aventuras (v. Bardavío 1977: 27) Asensi presenta a Arnau, el protagonista y narrador en primera persona de *El origen perdido*, en una misión clandestina en la cual él y sus dos empleados y amigos Lola y Mark paralizan el sistema informático de la competencia. El éxito muestra su superioridad en cuestiones tecnológicas y capta el interés del lector, que está instigado a considerarlos como héroes de la época postmoderna. Sin embargo, la aventura que le sigue y que domina el resto de la novela muestra ya los límites de esta élite. Arnau quiere ahora ayudar a su hermano Daniel que enfermó de agnosia al analizar la escritura de los aymara del antiguo Perú. Daniel estaba trabajando como asistente de investigación de la catedrática Marta Torrent cuando cayó en su "estado vegetativo" (p. 28 ss.), que significa "la irrupción del destino en la vida cotidiana" para el narrador, su familia y sus amigos (v. Tadié 1982: 5, traducción del autor). El problema es que las explicaciones ofrecidas por los médicos no bastan ni para comprender las causas

mánticas de después de la Segunda Guerra Mundial (*Lo que el viento se llevó* y *Sissi* en Belli 1999: 195), pero también a la influencia de la televisión contemporánea (p. 200).

de la agnosia ni mucho menos para curarla[31]. Es por eso que Arnau comienza a estudiar el proyecto de investigación de su hermano para analizar a fondo lo que ha pasado. En su intento de "descodificar" el quipu de los aymara, que parece ser la clave para comprender la condición de Daniel, al director adinerado de una empresa de informática se le abren nuevos horizontes: descubre la complejidad de una escritura indígena frecuentemente etiquetada como "primitiva", y paso a paso desarrolla también una imagen de los aymaras como gente marginada y suprimida: suprimida por los incas, por los conquistadores españoles y, en la actualidad, por los representantes del capitalismo global.

Su conocimiento de la cultura aymara se enriquece con un viaje a Bolivia, con el cual entra en contacto con el "código de la selva" que le enseña a respetar la naturaleza no cultivada y a los indios que dominan este código (p. 456 ss.)[32]. La diferenciación entre culturas humanas por sus códigos facilita el acercamiento intercultural y transcultural en el sentido de que el conocimiento de algunos códigos contemporáneos occidentales (ejemplificados por programas de internet y de traducción en línea) ayuda al protagonista a comprender aspectos clave de la cultura aymara, mientras que la lengua aymara le facilita una mejor comprensión de los límites de sus propios lenguajes informáticos, su español y su relación con la naturaleza.

Debido a su estructura lineal y su carácter documental, *El origen perdido* aparece a primera vista como una novela de aventuras en plena tradición narrativa del siglo XIX. Por otra parte, hay un juego intertextual muy significativo que rompe con esta tradición: Asensi confirma el conocimiento de novelas populares como *El conde de Montecristo* de Alejandro Dumas y muchas obras de Julio Verne, Roberto Luis Stevenson y de otros autores que guiaron su interés por el género (v. Ferrándiz Lozano 2004). Además *El origen perdido* hace referencia a *El mundo perdido* y la muy conocida serie de *Sherlock Holmes* de Arthur Conan Doyle (v. Asensi 2003: 412), el *Don Quijote* de Cervantes (p. 334) y la *Odisea* de Homero (p. 158 ss.).

[31] En analogía a la teoría de Todorov "lo fantástico" en *El origen perdido* no se disuelve por medio de la razón postindustrial del equipo de Arnau, es decir, se queda incomprensible en el contexto de la realidad vivida (v. Todorov 1970: 15 ss.).

[32] Este concepto ya se indica anteriormente: "La religión aymara se basa en la naturaleza: la fecundidad, el ganado, el viento, las tormentas... Vivir en armonía con la naturaleza significa estar en armonía con los dioses" (p. 86).

Se mencionan en la obra además películas de ficción como *Los diez mandamientos* de Cecil B. DeMille (p. 431), *Los pájaros* de Alfred Hitchcock (p. 451) y *2001: Una odisea del espacio* de Arthur C. Clarke (novela y guión para la película) y Stanley Kubrick (director de la película, p. 70). Aparecen también *Mary Poppins*, *Harry Potter* (p. 89, 132), *El señor de los anillos* (p. 155), *La guerra de las galaxias* (p. 319) e *Indiana Jones* (p. 371), aunque no está claro si en estos casos se trata de la versión literaria o de la fílmica.

De esta forma, la obra de Asensi incluye algunas obras clásicas bien seleccionadas junto a una gran cantidad de narrativas populares cuya reconstrucción advierte al lector de la necesidad de aceptar dimensiones mágicas en la aventura principal de Arnau. *El origen perdido* no sólo reactualiza este tipo de imágenes populares sino que, en el contexto de su crítica de la historiografía eurocéntrica, las revela como formas importantes de memoria colectiva en la cual el recuerdo forma parte de lo sagrado (v. Nora 1995: 308).

La lengua de los sacerdotes aymara, de fuerte interés para Arnau, es la clave a una memoria colectiva que Nora presenta en oposición a la historiografía. Si la historiografía encuentra "su misión verdadera en la destrucción y la marginación de la memoria" (Nora 1995: 308), la novela de Asensi se opone con la invención libre de protagonistas que no están conectados con ningún hecho socio-histórico específico, ni mucho menos con la autobiografía de la autora.

Es por eso que se establecen formas híbridas interesantes en la reconstrucción de la historia aymara, cuando el protagonista y su gente se dejan inspirar por las imágenes de la narrativa popular[33], al mismo tiempo que leen y discuten una selección de las crónicas de la Conquista de manera científica. Ejemplos de las últimas son el *Arte de la lengua aymara* y el *Vocabulario de la lengua aymara* de Ludovico Bertonio (Asensi 2003: 84), las *Informaciones* que Pedro Sarmiento de Gamboa escribió para Francisco de Toledo (p. 128-132, 183) y, además, las obras de Guamán Poma de Ayala, Garcilaso de la Vega, Pedro de Cieza de León y Juan de Betanzos (p. 76, 120, 127, 180, 206).

La investigación detallada de las culturas indígenas en estas crónicas lleva el lector a cuestionar de forma crítica las simples construcciones acerca de la superioridad europea que dominan los discursos

[33] V. la referencia al término "Supercalifragilistico-espialidoso" de *Mary Poppins*.

oficiales coloniales y neo-coloniales, y que también se muestran a nivel lingüístico. Al tratar el aymara como lengua ejemplar cuya complejidad rompe con esta imagen simplista, Asensi se dejó inspirar por *La búsqueda de la lengua perfecta* de Umberto Eco que subraya:

> Estudios más recientes han demostrado que el aymara, más que en la lógica bivalente (verdadero/falso) en la que se basa el pensamiento occidental, se basa en una lógica trivalente y, por lo tanto, es capaz de expresar sutilezas modales que nuestras lenguas sólo consiguen a base de engorrosas perífrasis. [...] Hay quien propone ahora el estudio del aymara para resolver problemas de traducción por ordenador (1994: 155).

Este pensamiento se elabora en *El origen perdido* cuando el genio de la informática Arnau recurre a lenguajes de programación muy sofisticados para descodificar el aymara, y ni siquiera esto basta para entender el componente mágico que podría curar la enfermedad de su hermano. Es interesante notar que en este contexto lingüístico y cultural indígena la historia de los conquistadores aparece de manera semejantemente marginal, fragmentada e instrumentalizada, tal y como se muestra la de los indios en la mayor parte de las crónicas coloniales, empezando con el *Libro de a bordo* de Colón y las *Cartas de Relación* de Cortés.

Aunque no sea obvio a primera vista, la crítica discursiva de esta obra cumple con los criterios que Menton elabora para la nueva novela histórica latinoamericana. En *El origen perdido* la "imposibilidad de conocer la verdad histórica" (1993: 42) se basa en la puesta en escena de una magia que une el pasado, el presente y el futuro, determina el comportamiento humano y protege la cultura oprimida. Esta magia no se comprende por medio de un simple análisis racional occidental; más bien, es necesaria la cooperación de los indios para obtener la información deseada, aunque ni siquiera entonces se revela la naturaleza o eficacia de la magia misma, lo que mantiene su potencial para producir "los sucesos más inesperados y más asombrosos" (Menton 1993: 42).

La autocrítica está directamente relacionada con la narración en primera persona, cuya subjetividad se hace evidente en los muchos errores que comete Arnau, aunque las notas a pie de página y la intertextualidad indican también la necesidad de una perspectiva polifacética (v. Menton 1993: 43). Esto lo confirma la excentricidad de todos los protagonistas, con la cual Asensi se aleja de las convenciones de género establecidas por Walter Scott. Precisamente por esta razón la obra de Asensi ofrece –incluso más que las novelas realistas de Scott o Galdós– un excelente "forum for critical debate, airing issues of contemporary concern" (Labanyi 2000: 4 acerca de Galdós). Como best seller *El origen perdido* contribuye directamente a "[the] public sphere of critical debate" (ibíd.), que para Habermas es un aspecto central de la sociedad moderna burguesa, una esfera más fuerte aún en un período caracterizado por el consumo masivo de nuevos medios de comunicación de masas, particularmente internet.

2.2. Imágenes del Yo y del Otro de un viajante quijotesco

El origen perdido empieza con el retrato de una familia que recuerda a primera vista al comienzo tradicional de una novela de aventuras decimonónica (v. Tadié 1982: 11). Al mirar más detenidamente es obvio que la familia de Arnau no corresponde al ideal cristiano-burgués de una sociedad armoniosa, sino que más bien representa la caricatura de una "familia patchwork" formada por diferentes individuos extremos, cada uno viviendo por cuenta ajena y con actitudes muy diferentes hacia la vida. La madre de Arnau vive con su nuevo marido Clifford en una casa, mientras que Arnau y su abuela tienen pisos en los cuales viven solos. Únicamente Daniel, el hijo del primer matrimonio de Clifford, se acerca con su pequeña familia (mujer e hijo) al ideal conservador de su madre, la cual lo trata mejor que a Arnau y lo ayuda económicamente (p. 137). Ya desde el principio Arnau prefiere una vida independiente de todos, que hace referencia a otro elemento tradicional de la novela de aventuras, ya que el "héroe que deja su marca la novela" es siempre hasta cierto punto individualista (Tadié 1982: 14, 17; traducción del autor).

Sin embargo, su rechazo de las normas familiares tradicionales[34], su obsesión por el trabajo –en la cual se disuelven las fronteras entre la vida profesional y la privada– y el espacio minuciosamente automati-

[34] Arnau no se interesa por tener niños ni por la herencia de sus padres (p. 137 ss.).

zado de su ático en Barcelona lo convierten en una caricatura paradójica de tendencias postmodernas.

Una de sus contradicciones internas es su relación con la naturaleza que, por una parte, se hace patente por medio de su jardín, que es enorme y bien visible a través de sus anchas puertas de cristal y que se encuentra en un estado perfecto gracias a un jardinero profesional (p. 66). Por otra parte, ha instalado un "sistema de control de temperatura y renovación del aire" que asegura un alto grado de protección del clima de dicho jardín, ya que el hombre de la ciudad sufre de una "incapacidad adquirida para enfrentarse a la naturaleza a pecho descubierto" (p. 67), y una simple ventana abierta puede provocarle un catarro u otras enfermedades. El elemento central de su entorno tecnológico es un sistema de reconocimiento de voz que enciende y apaga las luces, abre y cierra las puertas y contesta a llamadas telefónicas. Este sistema se convierte incluso en pareja de comunicación, un hecho que Arnau reconoce al final de la novela y que también lamenta: "Le daba al sistema sin nombre que controlaba mi casa una personalidad propia que jamás se me hubiera ocurrido que pudiera llegar a tener. Y que, de hecho, no tenía, me dije enfadado" (p. 532). En particular esta escena recuerda a la comunicación entre los hombres y el ordenador de a bordo "9000" en la novela *2001: Una odisea del espacio*, una obra de Clarke que Asensi cita muy al principio de su novela[35].

Arnau –el dueño de una empresa informática– también lleva otra doble vida diferente que está llena de aventuras nocturnas en túneles abandonados del metro, debajo del centro de la ciudad, y que contrasta con la monótona vida profesional en el edificio de la empresa. Al introducir a su grupo como un "destacamento militar perfectamente sincronizado", el narrador presenta sus actividades ilegales nocturnas como una guerra que tiene lugar en el inframundo (p. 13)[36]. Resume así

[35] La expresión "cualquier tecnología suficientemente avanzada es indistinguible de la magia" (Asensi 2003: 5) indica el interés común de Clarke y Asensi en el empleo de las nuevas tecnologías para buscar respuestas a las preguntas existenciales sobre la identidad humana y la evolución del hombre contemporáneo. En ambos casos se presta particular atención a los límites de la tecnología que, al igual que la magia, no garantiza respuestas a estas preguntas, puede llegar a ser un obstáculo para mejorar las condiciones del ser humano o incluso puede convertirse en su medio de destrucción.

[36] El centro de sus "operaciones clandestinas" es un vagón antiguo del metro que se encuentra en un túnel completamente olvidado debajo de la ciudad, y en el cual han montado todo lo necesario para sus acciones (p. 16 ss.).

la vida rebelde de los tres piratas informáticos, que está directamente relacionada con la ética de "free speakers" en la definición de Falk (2004: 338 ss.).

Sin embargo, también siguen con su vida profesional –Lola y Mark como empleados de Arnau– y esto los convierte en personas que recurren al mismo tiempo a la mentalidad de "free speakers" y de "free traders", es decir, en navegantes del espacio que se encuentra entre dos culturas dentro de internet.

Dentro de su propia perspectiva narrativa Arnau es el líder por excelencia: él tiene el mando en las acciones nocturnas, es el jefe de la empresa y muestra repetidamente una superioridad intelectual frente a competidores como TraxSG (p. 11) pero también ante otros miembros más conservadores de la familia. Aún así, nos recuerda mucho a los héroes de los libros de caballerías ridiculizados en *Don Quijote*, especialmente en lo que se refiere a su falta de interés en sí mismo y su ingenuidad con las cuales ayuda a su hermano enfermo que apenas conoce. Esta impresión se confirma mediante un autorretrato que proyecta fantasías rebeldes de su juventud:

> Siempre me había atraído poderosamente la idea de convertirme en un partisano zapatista y no podía negarse que, en la forma, era un auténtico hacker, así que cambiar todos los libros de la historia y que los niños estudiaran en los colegios a los gigantes, el mapa de Piri Reis y todo lo que pusiera en solfa la verdad establecida, me parecía una gran idea (p. 205).

De la misma manera se denomina a sí mismo repetidamente como un "intrépido Ulises" que intenta llevar su barco a Ítaca, y entonces de nuevo como un "osado hacker luchando para abrir algo que estaba lawt'ata, 'cerrado con llave'" (p. 158 ss.). El egocentrismo asociado con estos autorretratos se refleja también en el alias "Root" que se da a sí mismo y que recuerda al "directorio principal de cualquier ordenador, el directorio raíz" o el "usuario principal" (p. 318).

Aunque a simple vista parece un hombre muy macho y valiente que corre aventuras inciertas para salvar a su pobre hermano y que lucha en contra de "falsas" imágenes coloniales, últimamente se trata más bien de un antihéroe que carece de las virtudes de Ulises. La inocencia de Daniel es para Arnau un hecho indiscutible, ya que se supone que él conoce a su hermano mejor que nadie y, en particular, mejor que su jefa, la catedrática Marta, que lo acusa de robo. Por eso se apresura tanto para salvar a su hermano, y lo hace siguiendo la hipótesis de Spengler: "el hombre hace historia, la mujer sólo es parte de ella" (1993: 962, traducción del autor). Esto significa que mucho depende sólo de él, y cuando lo ayudan sus mejores amigos y su familia las contribuciones del componente femenino no suelen convencerlo mucho.

Un ejemplo es la mujer de su hermano, que le parece sobre todo "una cría con muchos problemas, el peor de los cuales estaba tumbado en la cama que ocupaba el centro de aquella habitación" (p. 56). A la madre la clasifica como persona ingenua, lejos del mundo y más bien infantil "[que] no tenía ni idea de lo que yo hacía realmente en mi empresa, y tampoco le interesaba demasiado saberlo" (p. 78)[37]. Incluso a Lola, la única mujer en el grupo de la expedición, la ve con recelo[38] y, en su imaginación, la catedrática –que supuestamente difama a su hermano al tenerlo por ladrón– se convierte en una figura diabólica del pasado precolombino:

> La catedrática estaba tensa como la cuerda de un violín y pensé que no tardaría en coger uno de aquellos cuchillos de las estanterías para extraerme el corazón y comérselo aún caliente. Creo que todas las desconfianzas y traiciones posibles pasaron por su cabeza a la velocidad del rayo. Aquella mujer llevaba, bien visibles, los estigmas de la infelicidad (p. 113).

La variedad de las imágenes femeninas exageradas o grotescas que nos muestra el narrador incluye un ama de casa pasiva, una chica ingenua e infantil y una mujer insidiosa y antojadiza, todas ellas con una cosa en común: su fuerte irracionalidad emocional. De esta forma se reconstruyen estereotipos de mujeres cuyas "funciones básicas" consisten en desviar al protagonista masculino de su camino de manera fatal o acompañarlo pasivamente. En ambos casos se trata de papeles frecuentes en la novela tradicional de aventuras, tal y como confirma Bardavío: "La mujer [...] trata de desviar al héroe de su recorrido,

[37] Esto es una consecuencia de su desprecio hacia los negocios de informática, que califica de "tonterías infantiles" (p. 78), pero también de sus ideales muy conservadores sobre la familia, en los cuales los nietos y las herencias son los temas centrales (p. 137 ss.).

[38] Cuando Proxi menciona el idioma secreto de *Mary Poppins* en el análisis del aymara, el narrador comenta: "¿Aquella era [...] la fabulosa y experta ingeniera a la que le pagaba una fortuna al año por encontrar fallos de seguridad en nuestros programas?" (p. 89).

trata de disuadirle, como en la *Odisea*, o, simplemente, le acompaña" (1977: 32). El primero se usa ya mucho en obras del Siglo de Oro como *El celoso extremeño* de Cervantes o *El prevenido engañado* de Zayas, en las cuales se atribuye la crisis del poder colonial español a la fuerza destructiva del Otro, imaginado como exótico y femenino[39]. El segundo ayuda a "sentimentalizar el discurso, su presencia supone grandes actos heroicos, pero, una vez rescatada, su presencia es pasiva" (Bardavío 1977: 32).

El origen perdido reconstruye tales estereotipos sólo con el objetivo de refutarlos. No es casualidad que la abuela aparezca ya muy al principio de la novela como una mujer inteligente y fuerte que rompe con estas imágenes. Gracias a su fuerza natural y su posibilidad de comunicarse fácilmente con toda la familia sabe mantener la unidad entre los muy diferentes caracteres[40]. Hacia la mitad de la novela se revela entonces un grave error del protagonista que desestabiliza la imagen de Arnau como hombre cognitivamente superior a la mujer: el hermano resulta ser en realidad un ladrón, es decir, Arnau aparece más bien como ingenuo e infantil delante de Marta, cuya imagen de Daniel era correcta. Además, la catedrática supera al narrador y su equipo en cuanto al conocimiento del poder mágico de los aymaras (p. 336), y al final de la novela incluso se muestra como posible pareja del narrador. Lola, alias Proxi, también se presenta ahora superior al "Root" imperfecto, porque ella sí cumple con su función protectora de un "servidor de acceso [...] que acelera el proceso y [...] sirve para defender al usuario" (p. 318 ss.). Después del cuarto capítulo está claro que el desenlace feliz de la aventura depende de mujeres como Lola y Marta, aunque también Ona ayuda con información esencial, y la mano fuerte de la abuela se necesita en más de una ocasión.

[39] Ballesteros menciona las paralelas en la presentación literaria de mujeres españolas e indios (2006: 120 ss.), entre las cuales destaca la fatalidad de las fuerzas seductivas que parecen un riesgo enorme para el honor, y la función patriarcal del "nuevo hombre imperial", imprescindible para la expansión y la defensa del imperio colonial español.

[40] A ella se la describe como "mujer fuerte y recia como un roble" (p. 93 ss.). Es cierto que el narrador critica sus habilidades comunicativas ("pronto, aquel lugar se parecería a la plaza de Vic un domingo por la mañana después de misa", p. 94), pero en el contexto de la gran deficiencia comunicativa de Arnau estos comentarios no son convincentes. Más bien la abuela aparece como mediadora esencial que sabe tranquilizar a su hija (la madre de Arnau) y también distraer a toda la familia cuando es necesario (p. 544).

Durante este proceso de deconstrucción de estereotipos femeninos, el tratamiento de los hombres cambia a concentrarse en sus debilidades. Mark, alias Jabba, es un ejemplo claro de este desarrollo, ya que el narrador subraya sus defectos corporales haciendo referencia al obeso personaje "Jabba the Hutt" en la trilogía *La guerra de las galaxias* (p. 319). Hasta cierto punto es una figura ambigua porque, por una parte, el lector puede reírse de su gordura, sus numerosas quejas y su comportamiento patoso; por otra, su pragmatismo ayuda a todo el equipo, y en esto nos recuerda más al Sancho Panza de *Don Quijote* (un punto de referencia clásico para la nueva novela histórica[41]) que al criminal arrogante de la trilogía de ciencia ficción. Sin embargo, en general crece el enfoque en sus debilidades a medida que se desarrolla la novela, igual que en el caso de Arnau, el cual empieza a asociarse a sí mismo con un sistema defectuoso:

> —¿Estás bien? —me preguntó Lola.
> Por costumbre, supongo, efectué automáticamente un chequeo rápido. No, no estaba bien, estaba mal, muy mal.
> —¡Pues claro que estoy bien! —aseguré, revolviéndome hacia ella (p. 323 ss.).

A esto se añade el conocimiento de sus propias limitaciones en la comprensión del ser humano. Si con respeto a su propio hermano él mismo reconoce que "sentía que no le conocía" (p. 325), no debe sorprendernos que estas limitaciones estén incluso más acentuadas en sus encuentros con personas desconocidas, a las cuales suele tratar con timidez, como afirma en el contexto de su acercamiento a Marta:

> Yo jamás había hecho antes un intento tan descarado por acercarme a otro ser humano. En semejantes ocasiones me sentía como si tuviera que abandonar mi tranquilo planeta para relacionarme con entes a los que no comprendía y por eso no lo hacía y no confraternizaba con nadie (p. 534).

Su individualismo, que al principio de la novela parecía indicar el poder del héroe contemporáneo, se revela ahora como expresión de un

[41] V. el Colón de Carpentier en *El arpa y la sombra*. Mosca Bustamante describe a Américo Cruz, el protagonista de su novela *La marca en la arena*, como "Quijote moderno" (v. la entrevista en Rings 2003: 220).

profundo auto-aislamiento que es resultado de deficiencias fundamentales en la comunicación interpersonal. De hecho, su coqueteo con Marta es bastante infantil y él mismo reconoce que con esto se parece mucho a su madre: "Hablaba sin respirar, sin hacer pausas; hablaba como mi madre" (p. 538). En ninguna parte reflexiona explícitamente sobre su nueva actitud positiva frente a una "comunidad afectiva de dos" (p. 61) que se manifiesta en este contexto y que se basa en su nuevo respeto hacia las mujeres.

La deconstrucción de los estereotipos femeninos es una consecuencia de las aventuras que aparecen en la novela, en las cuales Marta, Proxi y también Gertrude, la estadounidense que conocen en Bolivia, se presentan al nivel de Arnau o superior. Además el estudio de la cultura aymara contribuye a rebatirlos, ya que propagó mucho antes de la llegada de los españoles un ideal del matrimonio alternativo a las perspectivas incaicas y europeas. Al leer la *Nueva crónica y buen gobierno* de Poma de Ayala, el protagonista subraya este aspecto: "No establecían grandes diferencias sociales entre hombres y mujeres, aunque cada uno realizara tareas distintas" (p. 129). Es decir, se le revela aquí un concepto de géneros que parece romper con las ideas europeas de superioridad e inferioridad, y en este sentido sigue siendo un ejemplo modelo para las sociedades contemporáneas.

Arnau nota que sus viajes de exploración del Otro, sean por medio de internet o por su excursión a Bolivia, lo han sacado de una vida acomodada pero solitaria, ajena al mundo y además marcada por una falta extraordinaria de espíritu crítico:

> Hasta ese día mi vida había sido una buena vida [...] bastante solitaria. [...] No me permitía tener muchos ratos para pensar [...]. Tenía la sensación de haber estado existiendo dentro de una burbuja en la que no sabía ni cuándo ni cómo había entrado. Quizá nací ya dentro de ella [...]. En cualquier caso, me sentía mejor de lo que me había sentido en toda mi vida. Estaba fuera de la burbuja, contemplando el mundo real, arriesgándome a mucho más que a recibir un virus en mi ordenador [...]. De repente intuía que había otras cosas más allá de lo que era mi estrecho mundo virtual, donde sonaba mi música favorita, estaban mis libros y podía contemplar a placer las pinturas que más me gustaban (p. 405 ss.).

Podemos, por tanto, decir que Arnau reconoce que su doble vida de pirata informático y adinerado director de empresa ha sido muy limitada, y de ninguna forma modelo ideal para una sociedad mejor. El problema es que esta autocrítica llega muy tarde y no incluye enteramente ni su miedo existencial de involucrarse en una relación personal duradera, ni sus deficiencias en la comunicación interpersonal. Mantiene una buena relación con su abuela como punto de referencia femenino central, pero hay que preguntarse si esto puede ayudarlo a salir de su auto-aislamiento o si sigue siendo más bien un mecanismo para compensar la falta de otras relaciones interpersonales.

En este contexto el desarrollo del protagonista depende en parte de su posible relación con Marta, pero precisamente aquí la novela termina con un final abierto. Asimismo, todos los indicios del posible éxito de esta relación se ven ensombrecidos por la mención permanente de su heroísmo, que se impone otra vez al final de la novela cuando Arnau comenta su interés en Marta con las siguientes palabras: "El mundo estaba lleno de puertas cerradas y yo había nacido para abrirlas todas" (p. 541). Marta aparece aquí reducida a otro "desafío que valía la pena" (ibíd.), es decir, a un objeto cerrado esperando la "estrategia de hacker" superior de Arnau (p. 558). En esta perspectiva fantástica el narrador se confirma a sí mismo como el héroe que siempre quiso ser pero en el que nunca llegó a convertirse.

Por otra parte, la curación de Daniel, el restablecimiento de la familia de Ona y el progreso extraordinario de Marta en su análisis de la cultura aymara no hubieran sido posibles sin la financiación de Arnau, su iniciativa y la ayuda de sus empleados. Es decir, a este "caballero de la triste figura", idealista, activista y preparado a hacer sacrificios, se lo necesita para la solución de los problemas contemporáneos tanto como a las fuertes protagonistas femeninas Proxi y Marta. Domina aquí –como en *La mujer habitada*– un discurso postfeminista que exige la lucha común de los dos géneros para mejorar las condiciones de vida de todos, y no la lucha del uno contra el otro.

2.3. Acercamiento a una lengua marginada

Al llevar a cabo la primera investigación de los aymaras, el narrador ya concluye que su cultura tiene "una lengua prodigiosa que [...] era despreciada como signo de analfabetismo e incultura" (p. 235). En esta valoración Arnau y su grupo reafirman algunas de las crónicas, como por ejemplo el *Arte de la lengua aymara* (1603) y el *Vocabulario de la lengua aymara* (1612) de Ludovico Bertonio, e incluso teorías contemporáneas sobre la historia de la lengua, incluyendo *La ricerca della lingua perfetta nella cultura europea* (1993) de Umberto Eco (v. Asensi 2003: 84, 98).

Haciendo referencia a estas obras, Mark considera el aymara como "una lengua de una extraordinaria flexibilidad, dotada de una increíble vitalidad para crear neologismos, especialmente adecuada para expresar abstracciones" (p. 84 ss.). Poco tiempo después el narrador continúa con esta línea de argumentación al subrayar la "lógica de tres valores: verdadero, falso y neutro" como ventaja especial del aymara frente a las lenguas europeas, cuyo sistema se basa en la "vieja concepción aristotélica de toda la vida", es decir, la lógica binaria del "verdadero o falso" (p. 99). Invierte entonces los estereotipos y lamenta la falta de perfección del español y el inglés (p. 100), pero más importante aún es la crítica fundamental que hace acerca de las estructuras tradicionales del pensamiento europeo, que le parecen culminar de forma grotesca en la conquista de América. En particular, Arnau lamenta la mentalidad tan simplista del conquistador analfabeto Pizarro, el cual separó radicalmente la cultura cristiana española del supuesto paganismo indígena según la dicotomía del "verdadero o falso", un acercamiento que provocó la supresión brutal de la cultura indígena:

> Los quipus [...] también narraban hechos históricos, religiosos o literarios. El problema fue que Pizarro y los sucesivos virreyes de Perú se encargaron de destruir todos los quipus que encontraron, que fueron muchos, y de masacrar a los quipucamayocs, los únicos que sabían leer aquellos nudos (p. 59).

En este contexto, la autora quiere llamar la atención del lector sobre la destrucción masiva de la herencia indígena llevada a cabo por los conquistadores, su "falsificación de datos" y su "deformación de la historia" (p. 128) como problemas contemporáneos. Se trata en concreto de un obstáculo permanente de la investigación de las culturas suprimidas, ya que –como en la novela *Le sang du roucou* de Bruval– el lenguaje parece ser la clave de sus estructuras sociales y formas de pensamiento.

Otras dificultades para comprender mejor la cultura aymara en *El origen perdido* son las estrategias de protección cultural y lingüística desarrolladas y conservadas por los indígenas. Los indescifrables códigos secretos son un resultado de esto, y el hecho de que los yatiris que sobrevivieron el colonialismo inca y español siguieran escondiéndose es otro (p. 205 ss.). Este recogimiento se trata ya en el poema *América en el idioma de la memoria* de Belli:

> Nos cambiamos los nombres para sobrevivir, / pero el mundo lo nombramos / con códigos y códices que aún ahora les son indescifrables (1997: 117).

En los dos ejemplos literarios, uno español y el otro latinoamericano, se rebate la noción de una superioridad lingüística europea y, en su lugar, se subraya la necesidad de proteger las lenguas indígenas. Como parte de la cultura, el lenguaje es esencial en la reconstrucción y conservación de las identidades indígenas, las cuales hay que proteger de influencias destructivas foráneas[42]. Para Lola, la marginación persistente de las culturas indígenas es el resultado de la continuidad de las nociones de superioridad que se conservan en el discurso académico postindustrial: "La arqueología académica no puede aceptar que hubiera una cultura superior hace diez mil años, cuando se supone que el hombre vestía con pieles y vivía en cuevas para protegerse del frío de la última era glacial" (p. 212).

La antigua tesis sobre la superioridad lingüística de la lengua española recientemente apoyada por los estudios populares de Juan Ramón Lodares pertenece a las construcciones etnocéntricas criticadas aquí. Se trata de una tesis que está en oposición tanto a la aproximación académica, liberal e intercultural de la política europea de la lengua, como al carácter intercultural de las obras de lingüística contemporánea, entre las cuales destaca *La ricerca della lingua perfetta nella cultura europea* de Umberto Eco. En su elogio del castellano como "escritura moderna [...] más práctica, útil" en comparación con el latín, el leonés y otras lenguas de la península ibérica, *Gente de Cervantes* (2001) de Lodares intenta legitimar lingüísticamente lo que ha sido más bien una cuestión de fuerza política, económica y militar: el ascenso del castellano a idioma nacional. Con la misma argumentación subraya pocas páginas más adelante su supuesta superioridad frente a otras lenguas europeas,

[42] En *La mujer habitada* Itzá critica el castellano por ser la "lengua que nos despojó" (Belli 1999: 32).

en este caso con particular referencia al "inventario léxico que es la envidia de Europa"[43]. Se trata aquí de una simple reactivación de ideas nacionalistas que marcaban las publicaciones lingüísticas de la época fascista española.

Un ejemplo sobresaliente de esta conexión es la famosa *Historia de la lengua española* (1941, varias reimpresiones) de Rafael Lapesa, una obra clásica a la cual muchos lingüistas todavía hacen referencia como texto de autoridad, no sólo en sus trabajos de investigación sino también en las bibliografías para sus seminarios universitarios. El problema es que Lapesa publica esta obra pocos años después de la guerra civil española, en un período de alta censura franquista, por lo cual no debe sorprendernos la argumentación lingüístico-nacionalista en la explicación de la expansión del castellano: "Las circunstancias favorecieron [...] la constitución de un dialecto original e independiente. En efecto, el castellano fue en la época primitiva un islote excepcional" (p. 131). De manera semejante, el autor opina que "el castellano poseía un dinamismo que le hacía superar los grados en que se detenía la evolución de otros dialectos" (p. 132), y repetidamente intenta justificar el ya establecido idioma nacional por su "vitalidad" superior (p. 295, 297). Se trata de una estrategia teleológica en la cual "la victoria" del castellano como español contemporáneo se justifica retrospectiva-

[43] V. en particular los capítulos "El truco de la ortografía romance" y "La fundación de la Real Academia" (Lodares 2001: 53 ss., 118 ss.). Un año más tarde, Lodares intenta defender su teoría en *Lengua y patria*, con el matiz de que los estudios del castellano como "lengua común" parten menos de iniciativas fascistas que de ideas liberales, realzando el papel de Menéndez Pidal (2002: 38). Sin embargo, falta aquí la contextualización crítica que debería tratar el discurso nacionalista español del siglo XIX como base de ambas orientaciones ideológicas. Sin duda, Lodares se acerca desde un déficit de investigación al enfocar el trasfondo comercial en el desarrollo del castellano (Senabre 2004: 1), pero su tesis central de que "la comunidad lingüística fue hija de la comunidad económica y no de los maestros de escuela" (2002: 89) sigue siendo demasiado simplista. Un problema clave es su menosprecio por la conexión entre lengua oficial y discurso político, la cual muestra que el establecimiento del castellano como lengua común no se debe simplemente a decisiones de hombres de negocios, sino que es consecuencia de opresiones políticas y militares a nivel regional y nacional. Nebrija ya subraya este aspecto cuando describe el castellano como "compañera del imperio" (1992 [1492]: 99). Para más información sobre la instrumentalización del castellano con el fin de estabilizar el imperio español v. también Strosetzki (1986, tratando la política interior de la Inquisición) y Pinto Rodríguez (1993, concentrándose en la evangelización forzosa en América).

mente alegando de forma cuestionable su superioridad lingüística, con el fin de reducir la importancia de las fuerzas políticas y militares que realmente lo elevaron a su status actual: "La vitalidad de la lengua española se revela [...] en su creciente difusión" (p. 297).

Por tanto, la diseminación del español en el Nuevo Mundo aparece en la obra de Lapesa también como consecuencia directa de esta supuesta superioridad: "Como el latín en el Occidente de Europa, el español se sobrepuso en América a multitud de lenguas primitivas" (p. 343).

El resurgimiento actual de estas ideas y su gran popularidad se entiende muy bien en el contexto de la creciente globalización, en la cual el inglés avanza como "lingua franca" a costa del español y de otras muchas lenguas[44]. En otras palabras, Lodares se dirige directamente a los miedos colectivos, sean justificados o no, en especial a los de la absoluta mayoría de los hispanohablantes que no sabe hablar de manera fluida otra lengua aparte del español. Este colectivo podría así temer su perjuicio o incluso exclusión por no tener acceso a una cantidad importante de información y discusión internacional, empezando con internet un espacio creciente que sigue dominado por el inglés.

Sin embargo, la provocación de la gente no ayuda necesariamente en la búsqueda de soluciones globales y, además, distrae de la instrumentalización de la lingüística con objetivos nacionalistas o de fama personal. *La búsqueda de la lengua perfecta*, que hay que considerar subtexto de *El origen perdido*, acentúa más bien las desventajas de esta estrategia y favorece abiertamente el desarrollo de "una comunidad de personas que puedan captar el espíritu, el perfume, la atmósfera de un habla distinta" con el objetivo de comprender "el 'genio', el universo cultural que cada uno expresa cuando habla la lengua de sus antepasados y de su propia tradición" (Eco 1994: 157). Ninguna lengua puede proclamar aquí su superioridad porque "el espíritu, el soplo,

[44] Stewart lo resume así: "The weaknesses of Spanish lie in its inability to compete with the dominant languages, principally English, within international organizations and in the modest economic circumstances of many of the countries where it is spoken" (1999: 13, v. también 10 ss.). También subraya que el español no ocupa normalmente más que el cuarto lugar en la jerarquía de idiomas extranjeros aprendidos en escuelas europeas, es decir, después del inglés, francés y alemán (p. 12). Penny llega a conclusiones más positivas, pero tiene que admitir: "English is ahead of Spanish in the competition [...] to become the world's first global language" (2002: 320).

el perfume, las huellas del polilingüismo originario" se muestran en cada lengua (p. 158). Con su enfoque en las cualidades lingüísticas de una lengua indígena, que según Lapesa y Lodares hay que tachar de primitivo e inferior, la novela de Asensi confirma las ideas liberales resumidas por Eco. De vez en cuando el lector tiene la impresión de que al elogiar tanto las ventajas del aymara sus protagonistas no hacen otra cosa que invertir las construcciones de superioridad del nacionalismo y fascismo español.

Sin embargo, no hay que olvidar que Arnau y su equipo nunca muestran la intención de reemplazar su español o uno de sus lenguajes informáticos por el aymara. Es decir, no se favorece la expansión de una lengua a costa de otra, sino más bien se trata de lograr la coexistencia e interacción de las diferentes lenguas con la esperanza de que la una aprenda de la otra. Por lo que podemos decir que es precisamente esta actitud la que se encuentra en oposición fundamental a la política lingüística española nacionalista (sea durante la Conquista o el fascismo) y al darwinismo sociolingüístico de Lapesa y Lodares que se basa en el nacionalismo de sus respectivas épocas.

2.4. "Encubrimiento" y "descubrimiento"

Según la teoría de Assmann sobre la memoria cultural hay que distinguir por lo menos dos formas de identidad colectiva: una postindustrial occidental y una preindustrial indígena, ambas caracterizadas "por el lenguaje, el mundo imaginario, los valores y las normas" propios de su contexto cultural respectivo (1999: 132, traducción del autor). A medida que Arnau y su grupo se acercan a la vida aymara se intensifica su sentimiento de unidad, hasta conseguir una actitud consciente positiva hacia su propia cultura, que es el requisito básico de toda identidad cultural (p. 134). Es obvio que esta identidad es considerablemente más fuerte en el caso de los aymaras, que siempre tenían que huir de la violencia y la arbitrariedad de los diferentes conquistadores. La discusión académica sobre la historia y la memoria como conceptos antagónicos contemporáneos nos ayuda a acercarnos a estas dos formas de sociedad y, al mismo tiempo, identifica los conceptos centrales del encubrimiento colonial y descubrimiento postcolonial del pasado reflejado en *El origen perdido*.

Nora por ejemplo resume la historia como "reconstrucción siempre problemática e incompleta de algo que ya no está" y que –desde el principio de la Edad Moderna– está crecientemente en oposición a la memoria "afectiva y mágica" (1995: 307, traducción del autor). Mientras que la historia domina la reactivación del pasado en los países postindustriales, la memoria sigue siendo el método central de reconstrucción para "las sociedades supuestamente primitivas y arcaicas", emerge de un grupo cuya unidad sostiene, y "se nutre de recuerdos borrosos, mezclados, [...] especiales o simbólicos" (p. 306, 308, traducción del autor). Esta oposición sintetiza la contrariedad entre las imágenes de la historiografía colonial y la memoria colectiva aymara en la novela de Asensi, y reaparece también en *Naufragios de Álvar Núñez* de Sanchis Sinisterra y en *La nave de la memoria* de Mario Delgado Vásquez (director) y Ricardo Oré (guionista), en las cuales destacan los personajes de Shila y Juan Aguilar respectivamente. Es evidente que la glorificación heroica de los vencedores y la denigración general de la otra cultura vencida pertenecen a las características clave de la historia; aun así, ni siquiera la historiografía contemporánea puede revelar con exactitud el grado de esta deformación –consciente o inconsciente– debido a la escasez de fuentes fiables[45]. Mientras que el equipo de Arnau reconoce todo esto, Jabba critica la ingenuidad y popularidad de las perspectivas neo-coloniales:

> ¿Sabéis lo que me explicaba mi madre cuando yo era pequeño? [...]. Que nosotros no habíamos sido tan bestias con los indios de Sudamérica como los ingleses con los de Norteamérica; que lo único que habíamos hecho era tener hijos mestizos y que, por eso, en el norte, que los mataban, no quedaban más que unos pocos en las reservas mientras que en el sur vivían felizmente como buenos cristianos en sus propios países (p. 207 ss.).

Durante la búsqueda de la magia aymara, los protagonistas se ven forzados a comparar tales construcciones históricas procedentes de su entorno cultural con la memoria colectiva de la cultura conquistada. Sin embargo, ésta tampoco ofrece una versión objetiva del pasado,

[45] El narrador sólo puede acercarse a los aspectos deformados de manera muy parcial. Menciona los documentos de Miccinelli, que confirmaron el envenenamiento de Atahualpa por Pizarro con un retraso de varios siglos, durante los cuales dominaba por completo su auto-imagen como héroe cristiano (Asensi 2003: 143).

porque está compuesta de recuerdos fragmentarios transmitidos por cuentos, símbolos religiosos y rituales mágicos. La posición central de la magia de la lengua y su conservación por los yatiris muestran cómo la memoria depende del "recuerdo a lo sagrado" (v. Nora 1995: 308, traducción del autor), lo que incluye también la instrumentalización del pasado:

> Los yatiris tuvieron que tomar las riendas de la situación desde el principio [...]. Se imponía recuperar la autoridad para acabar con el caos y el terror, con la barbarie en la que había caído la humanidad. Inventaron ritos y nuevos conceptos, explicaciones sencillas para calmar a la gente (Asensi 2003: 494).

Con la noción de inseguridad de los recuerdos, *El origen perdido* acentúa un problema teórico y epistemológico que se encuentra en el centro de atención de los autores de la nueva novela histórica y que los lleva a abandonar el deseo de desarrollar contra-historias opuestas al discurso colonial. En lugar de seguir la misma pauta, la novela de Asensi subraya –como todas las obras de este género tratadas aquí– la existencia de perspectivas alternativas y la necesidad de buscar otras formas de estudiar la gran variedad de experiencias vividas y percibidas. Es decir, después de haber refutado la desacralización de la historia indígena en el discurso colonial mediante el retorno a la magia aymara, *El origen perdido* bloquea indiscriminadamente todo intento de reconstruir la versión supuestamente "objetiva" o "auténtica" del pasado, ya sea resultado de la historiografía (neo-)colonial o de la memoria indígena.

En este contexto, hay que observar las paralelas entre los recuerdos de los yatiris y los resultados de las búsquedas en internet del protagonista: por razones distintas la reconstrucción del pasado es en ambos casos altamente fragmentaria y no revela nada más que partes muy pequeñas y aisladas del mismo. En este sentido internet utiliza los mismos principios que la memoria ya que no reduce artificialmente el pasado a una perspectiva más o menos coherente, sino que deja espacio para una gran variedad de recuerdos subjetivos[46]. Un elemento

[46] Falk compara la interacción social y el trueque en las comunidades virtuales contemporáneas con las "economías del trueque" en las sociedades pre-modernas (2004: 335, traducción del autor).

clave en el entendimiento de la gran variedad de pasados es el estudio de la historia de las lenguas, ya que el ser humano –esencialmente un "pattern-building" y "story-telling animal"– depende sobre todo de la lengua como "man's chief instrument of pattern-building" (v. Antor 1996: 59).

Para superar los muy estrechos límites de la historia lingüística nacionalista sostenida por Lapesa y Lodares, la novela de Asensi propone varios viajes: virtuales y literales. Los primeros se basan en el análisis de historias coloniales, estudios lingüísticos y testimonios indígenas, obtenidos en parte de internet y en parte de libros comprados o procedentes de bibliotecas, que exponen al narrador y al lector a numerosas experiencias de alteridad. La perspectiva monocultural de los textos es el obstáculo esencial, y consecuencia directa de la destrucción de la absoluta mayoría de las fuentes indígenas que llevaron a cabo los conquistadores. Esto se traduce en un trabajo minucioso y frustrante para el investigador contemporáneo; un trabajo que tiene que concentrarse en los escasos textos indígenas todavía poco considerados, pero que además debe encontrar las inconsistencias, incoherencias y lagunas en el extenso corpus pro-colonial, para así poder inferir la perspectiva marginada y olvidada de los vencidos. En los viajes literales es igual de importante el diálogo interdisciplinario e intercultural del equipo de expedición que entra en la selva de Bolivia para negociar con los taromonas y yatiris. Los miembros de la expedición subrayan la importancia de incluir al Otro en este diálogo, y no mostrar miedo, sino más bien curiosidad, durante los encuentros culturales. Según la noción intercultural de Antor se podría resumir que ellos "willingly embrace the unfamiliar" (1996: 73)[47].

[47] La excepción aislada es Jabba que, como representante del lector más bien escéptico y miedoso, frecuentemente no se abre frente al Otro, sea éste de su propia cultura o de otra, aunque en estos casos sus compañeros de expedición siempre acaban corrigiéndole. V. la escena en la cual critica al intérprete indio: "Para mí, como si hablara en chino. / Le entiendes perfectamente –gruñó Lola–. Lo que pasa es que no te da la gana, que es distinto. Haz un esfuerzo" (Asensi 2003: 478).

2.5. Límites y posibilidades de las perspectivas culturales occidentales

En su acercamiento al Otro, Arnau, Proxi y Jabba recurren a sus conocimientos informáticos, entre los cuales destacan los códigos. La explicación del comportamiento indígena como consecuencia de una larga adaptación al "código de la selva" (p. 456) y la valoración de la "locura" de Daniel como resultado del poder del "código perfecto" de la magia aymara (p. 40) son ejemplos de este pensamiento en Arnau, que recurre a conceptos del conductismo. Mark sigue desarrollando esta noción hasta llegar al paralelismo entre hombre y ordenador: "somos máquinas programables como los ordenadores" (p. 395).

Ahora bien, el hecho de atribuir esta idea a "Jabba" ayuda al lector crítico a reconocerla como producto de una mente informática obsesionada por el mundo de los ordenadores, y además está claro que se trata de una simplificación radical de la perspectiva conductista. Sin embargo, es una construcción que ayuda a los protagonistas y posiblemente también al lector a ver a los indios de manera transcultural, es decir, como seres humanos que siguen mecanismos semejantes. En suma, el indio mantiene su posición de Otro, pero ya no es foráneo, sino que en sus comportamientos básicos de adaptación a su entorno se parece mucho al Yo, y la Otredad es sobre todo cuestión de diferencia ambiental. En resumen, la mentalidad conductista del equipo no deja mucho margen para conservar las categorizaciones tradicionales basadas en supuestas jerarquías esenciales y homogéneas (entre razas o culturas "puras" en particular).

En su lugar, el narrador propone la autonomía de sistemas lingüísticos y culturales, sus mecanismos de protección y su eficacia como nuevos valores, más dinámicos y variables, una proposición que suele causar un profundo respeto hacia las habilidades del Otro. Un claro ejemplo es la "locura" de Daniel, que Arnau admira al considerarla la expresión de un sistema autónomo, apenas decodificable y mucho menos reprogramable. Además tiene mucho respeto por la lengua aymara por su gran eficacia y alto grado de sofisticación frente a idiomas europeos como el inglés o el español. Hasta cierto punto se refleja aquí un comportamiento multicultural postindustrial que nos recuerda a la teoría extremamente popular de Hofstede, según la cual se define la cultura como "[a] collective programming of the mind" (2001: 1). Esta "programación" se manifiesta en valores, símbolos y rituales específicos, y aparece como consecuencia de un largo proceso de aprendizaje que en principio dura toda la vida pero que, según Hofstede, es particularmente intenso durante los primeros diez años por una razón muy sencilla: "to be equipped for life, humans need a period of intensive programming by their social environment" (p. 1, 4).

El origen perdido usa una terminología informática que se encuentra ya en las primeras obras del sociólogo holandés, y luego también en *Culture's Consequences*. El caracter postindustrial occidental de ambas obras se refleja en las fuentes clave de la investigación empírica de Hofstede[48] y en la elección de los protagonistas de Asensi: todos informáticos expertos españoles, y Arnau además como gran hombre de negocios. En su papel de aprendices, estos "urbanículas tecnológicamente desarrollados" (Asensi 2003: 452) son capaces de reconocer y aceptar las diferencias y semejanzas fundamentales de la otra cultura, pero tienen sus límites: a pesar de incorporar a expertos en el campo de investigación como Marta, Gertrude y Efraín la magia aymara queda fuera del alcance de su conocimiento. Ni siquiera con la cooperación de sobrevivientes de la cultura antigua, esta élite del discurso académico, tecnológico y económico occidental llega a comprender el secreto del Otro. Es capaz únicamente de reproducir la fórmula mágica que necesita para curar a Daniel.

Hay cambios en la relación intercultural que se explican por la muy conocida curva de aculturación resumida en la obra de Hofstede: después de la euforia original viene un choque cultural que lleva a cierta decepción y finalmente a una fase de aculturación (2001: 426). Así, al principio de la novela domina un entusiasmo casi infantil cuando se habla del contacto con "aquellos [que] no eran otra cosa que aymaras de pura cepa, descendientes de los antiguos dueños y señores de todas aquellas tierras, poseedores de una lengua prodigiosa" (p. 235). A continuación sufren un primer desengaño al ver cómo venden en el Mercado de Brujos su antigua herencia en forma de "souvenirs" baratos para los turistas: "Los bastones de Viracocha eran una triste

[48] Nacido y educado en Holanda, Hofstede trabajó en sus comienzos en IBM-Europe pero sobre todo en diferentes universidades holandesas. Entre 1967 y 1973 acumuló y evaluó más de 116.000 encuestas rellenadas por empleados de IBM a nivel mundial, y publicó sus resultados en la primera edición de *Culture's Consequences* (1980). En este estudio se utiliza la versión actualizada de 2001 (v, capítulo I, 41 ss.).

reproducción en madera de los báculos del Dios de la puerta del Sol" (p. 238).

Sin embargo, el gran choque cultural resulta del encuentro con los taromonas que los amenazan con lanzas y entonces queman su equipaje con todo el equipo técnico. Para los protagonistas esta destrucción es arbitraria e irracional y los lleva inmediatamente a la reactivación de las imágenes etnocéntricas tradicionales sobre la barbarie indígena[49]. A pesar de todo, poco después, cuando los indios muestran cómo se sobrevive en la naturaleza salvaje de la selva boliviana, la disposición negativa de Arnau da lugar a una actitud respetuosa que acentúa lo humano y común de los dos grupos:

> Del mismo modo allí donde nosotros, los urbanículas tecnológicamente desarrollados no veíamos nada más que hojas, troncos y agua, ellos sabían descifrar las señales del código que empleaba el 'Infierno verde' y sabían responder en consecuencia. Volví a fijarme en aquellos indios tatuados y de aspecto primitivo, y supe a ciencia cierta que éramos iguales, idénticos en todo, sólo que aplicábamos nuestras mismas capacidades al distinto entorno que nos había tocado en suerte (p. 452 ss.).

Arnau se convierte entonces en el mejor alumno de los taromonas, ya que como buen pirata informático quiere "aprender a romper las claves del código de la selva" (p. 456). Es decir, sin renunciar a su propia identidad participa de lleno en las prácticas y rituales indígenas al someterse al aprendizaje por el cual cada miembro de la tribu indígena tiene que pasar, generación tras generación. De esta manera, concluye con éxito la transformación de una mentalidad eurocentrista –separatista y homogénea– a una disposición transcultural, según la definición de Welsch (1999: 3). Lo que es más, este paso transcultural está conectado con la decisión de rechazar la dicotomía tradicional de civilización y barbarie para acercarse al Otro, lo cual refleja la tesis de Huggan sobre el creciente poder de la libertad individual frente al "pool of global cultures" (2006: 58 ss.). Durante el contacto con los

[49] El narrador describe la quemadura de sus mochilas como "salvaje ceremonial" y "barbarie" (p. 447), a los indios los percibe como "vándalos", y Gertrude –que intermedia con éxito entre el grupo y los indios– aparece como "domadora de fieras" (p. 445). Al mismo tiempo la selva, espacio vital de los toromonas, se convierte en un "infierno verde" y un "mundo salvaje y delirante" (p. 452).

yatiris, la disolución de las fronteras culturales tradicionales es aún más pronunciada, porque el respeto hacia el Otro aumenta al encontrarse con su ciudad, armoniosamente integrada en la naturaleza, y al descubrir su habilidad para comunicarse, reflejada en el talento para los idiomas del intérprete indígena y en la magia de su lengua arcaica (p. 471, 478, 480).

Al final el narrador constata que prefiere su mundo de ordenadores, es decir, el Yo conocido cambia poco. En afirmaciones como "estábamos en los confines del mundo, en unos rincones perdidos de la selva" (p. 518) se repiten incluso las imágenes tradicionales del centro y de la periferia cultural, igual que en alusiones a "sillas normales" y en el sentimiento de haber vuelto a la tierra desde otro planeta (p. 520, 519). Sin embargo, hay que subrayar que Arnau no considera estos comentarios nunca como parte de una perspectiva universal. Aunque al final todos los miembros del equipo vuelven a su vida postindustrial, no esperan la misma orientación de los indígenas, y mucho menos se convierten en misioneros de la "postmodernidad".

Por lo tanto sería desacertado categorizar sus decisiones individuales como etnocéntricas. Más bien se trata de posiciones muy legítimas, ya que el abrirse al mundo del Otro no exige necesariamente la asimilación, y mucho menos la renuncia a la propia perspectiva, es decir, actitudes que podrían clasificarse como "intellectual sell-out" (Antor 1996: 73). Más bien se tiene el derecho e incluso la obligación de desarrollar una posición propia, que puede llevar tanto a un cambio de mentalidad y comportamiento, como a la corroboración de disposiciones conocidas: "We are free to reconfirm our own explanatory patterns after an open and fair appraisal of those of our neighbours as long as we are willing to take the risk of having a close look at them" (p. 72 ss.). Es decir, no debe tratarse de un "change for change's sake" (ibíd.), sino hay que buscar los límites de la apertura cultural postmoderna y postcolonial que Asensi y otros autores y directores ven en la necesidad de proteger los derechos humanos básicos, aquí en particular los derechos a su lengua y cultura propias, es decir, a llevar su propia vida.

La hipótesis de Booth, "total openness is total entropy – and hence total apathy" es válida tanto para el lector como para la autora (1988: 64) e, incluso si al final se reafirma principalmente el propio comportamiento, los viajes mentales siguen siendo una experiencia de gran valor: "We have travelled and therefore our horizon has widened"

(Antor 1996: 72). Tal ampliación del horizonte personal la nota también el narrador: "Sentía que volvía a ser el mismo Arnau Querault de antes. Pero no, me dije. Seguramente, no del todo" (p. 523). Este "no del todo" se manifiesta en su distanciamiento de la casa automática con la cual hablaba antes (p. 532), en su deseo de tener una relación sentimental más íntima (p. 534) y, sobre todo, en el hecho de que muy al final abandone su vida profesional –que ahora le parece monótona– para ir a conocer otras culturas: "Podríamos viajar y visitar a los dogones, los hopi, los navajos... a todos esos pueblos que conservan viejas leyendas sobre el diluvio y la creación del mundo" (p. 538).

Sin embargo, seguimos encontrando elementos cuestionables, como la asimilación panhispánica del boliviano Efraín, la cosificación de los aymaras en las ciudades contemporáneas y la idealización romántica de la antigua cultura aymara. No es casualidad que al principio no se mencione el origen cultural de Efraín, mientras que su mujer Gertrude aparece inmediatamente y de manera despectiva como norteamericana[50]. En lugar de esto el narrador introduce a Efraín a través de su físico, sus contactos ("todos sus conocidos y amigos en los ministerios y en el ejército", p. 383) y algunas peculiaridades idiomáticas como las expresiones "che" y "comadrita" (p. 389, 391), y hay que esperar hasta los comentarios sobre su altura (p. 448) para saber que se trata de un boliviano y no de un español residente en Bolivia.

En resumen, para el narrador no parece haber diferencias culturales significativas entre españoles y bolivianos, pero esta idea de una única cultura armónica intercontinental, que confirma el espíritu panhispánico de las celebraciones del Quinto Centenario, choca con la fuerte crítica colonial expresada hasta entonces en la novela. Semejante contradicción se nota en la cosificación y feminización exóticas de los indios contemporáneos en las ciudades, a los que se los suele describir como amables pero también pasivos, ignorantes acerca de su propia historia cultural y, por ende, indefensos. Con gran curiosidad pero al mismo tiempo cierta superficialidad propia de los turistas los protagonistas pasan por el Mercado de los Brujos en La Paz, donde por medio de su cámara fotográfica toman posesión del Otro (p. 276 ss.). Al final

[50] "Hablaba con un fuerte acento norteamericano [...] pero sin apenas traza de la dulce musicalidad y de los giros bolivianos. Quizás ambas cadencias fueran incompatibles en su boca a pesar de la fluidez con la que articulaba el castellano" (p. 374 ss.).

de la escena, el narrador rechaza una de las observaciones positivas procedentes de su equipo y asume el comportamiento de los típicos turistas:

> —Es increíble —farfulló Jabba en voz baja—. ¡Siguen adorando a Oryana después de miles de años!
> —Sí, pero no saben quién es en realidad —repuse, haciéndole un gesto al vendedor con la mano para indicarle que me mostrara los muñecos de piernas cortas; uno de aquellos monstruos podía ser el regalo perfecto para Dani (p. 277).

Tal comportamiento ignorante y arrogante, que aquí se combina con un pequeño coloquio sobre la importancia de la copia de Ekeko en venta, sigue siendo una excepción, en cuya valoración hay que considerar también el carácter quijotesco del narrador. Por otra parte, la idea de los indios "corrompidos" por la gran ciudad debe recordarnos mucho a la tesis de la degeneración del indio contemporáneo, la cual fue repetida después de las guerras de la independencia y de la Revolución Mexicana con el fin de justificar la escasez de indios en los nuevos gobiernos. De manera semejante la novela utiliza dicha tesis para explicar y legitimar la falta de indios en el equipo de Arnau. Los exploradores y "descubridores", es decir, los que actúan, son aquí otra vez individuos que representan la cultura occidental, sean antropólogos como Marta, Gertrude y Efraín, o expertos de informática como Lola y Mark bajo el mando del experto adinerado Arnau. Todos ellos se distinguen de los aymaras contemporáneos por su gran ventaja tecnológica, sus amplios recursos económicos y la educación universitaria y, basándose en tales ventajas, no sólo proclaman su superioridad en la investigación de la historia indígena, sino que también se auto-atribuyen a sí mismos el derecho de excluir de dicha empresa a la absoluta mayoría de la población autóctona contemporánea por considerarla incapaz de ayudarlos a rehacer la historia[51]. Desde este punto de vista al indio de la ciudad solamente se le puede atribuir el

[51] El hecho de que al vender un bastón de Viracocha los indios en el Mercado de los Brujos contribuyen inconscientemente al trabajo del equipo no hace más que acentuar la imagen arrogante del narrador en este instante, que nos recuerda las suposiciones populares sobre la degeneración indígena en Latinoamérica, aplicadas a los aymara por Kolata: "The Aymara [...] are a colonized people. They have been subordinated to a

papel de sirviente más o menos útil pero siempre pasivo, lo cual los asocia con el estereotipo femenino[52].

Todo esto es de lamentar porque la "descripción densa" (v. Geertz 1983) de la vida en el Mercado de Brujos ofrece lo esencial para comprender mejor la situación socioeconómica de los aymaras contemporáneos. Son imágenes semejantes de la vida comercial diaria que conducen a Hardman a clasificarlos como "entrepreneurial and individualistic people" (1981: 3), aunque tales comentarios tampoco son completamente válidos debido al sistema de valoración postindustrial capitalista empleado por el autor. También Johnsson elabora esta misma idea:

> Through their quality for flexibility the Aymara have adapted to their environment and become pragmatic and utilitarian. These qualities are often combined with endurance, dignity and a sense of humor. Skillful use of language and courtesy are also highly esteemed talents (1986: 20).

Vemos que se repite aquí la explicación pragmático-utilitarista, aunque en este caso la amabilidad de los vendedores aymara aparece como una habilidad del buen vendedor, mientras que el narrador en la novela la clasifica como signo de su sumisión. Por otra parte, destaca en la descripción narrativa la actitud firme y segura de una de las vendedoras, lo cual indica un papel de género diferente al europeo. Cuando Arnau le pregunta por bastones de Viracocha esta mujer le dice:

> Eso son tonterías, señor [...], recuerdos para turistas y yo soy una auténtica kallawaya... una yatiri [...]. Puedo ofrecerle cualquier medicina que usted necesite [...]. Tengo las hierbas para sanar todos los males, hasta los de amor. Amuletos contra los espíritus malignos y ofrendas para la Pachamama (p. 275).

foreign power for centuries. From the time of that colonization, they were converted into serfs and submerged in the identity of a peasantry" (1996: 117).

[52] En otras novelas como *Puerta de Indias* los indios contemporáneos no aparecen siempre tan pasivos. En la obra de Pimentel un descendiente maya interpreta incluso el papel de un investigador con mucho talento. Sin embargo, en este caso su motivación se basa en un indigenismo radical que le resulta fatal a él mismo y a sus compañeros.

Hubiera sido posible mencionar aquí el hecho de que las vendedoras aymaras conocen hasta tres lenguas[53], y también hubiera sido interesante profundizar en el tema de su espíritu de negocios, ya que se puede considerar "[their] small business enterprises" como expresión de una voluntad fuerte de mantener su independencia (Johnsson 1986: 75). Todo esto hubiera servido para indicar una relativa igualdad entre los géneros que –al contrario que en las habituales invenciones populares– puede expresarse también, y de vez en cuando mejor, en las tradiciones de la vida rural aymara[54]. Al mismo tiempo, la escena del mercado muestra cómo las mujeres se identifican de manera particularmente fuerte con dichas tradiciones[55]. El análisis histórico y cultural del narrador subraya el caracter independiente de las mujeres al descubrir una jerarquía social mayoritariamente no sexista en las poblaciones mencionadas en la *Nueva crónica y buen gobierno* de Poma de Ayala (p. 129). Se trata aquí de un tema popular en la literatura de investigación sobre los mitos de los aymaras pero también en la de los incas:

> There is a strong indication [...] that femininity was not originally intended to be subordinate to masculinity. Viracocha creates the Moon, the classic Andean symbol of femininity, with more light than the Sun, the symbol of masculinity. The Sun darkens the Moon out of envy so as to be the brighter of the pair. Translated into human terms, this implies that the Incas, at least theoretically, considered women to be naturally more powerful than men but kept in an inferior position by male stratagems (Classen 1993: 29).

[53] Hardman destaca los buenos conocimientos del español y del quechua además de su lengua materna, el aymara (1981: 6).

[54] Johnsson hace referencia a Hardman cuando expone: "In rural [Aymara] households 'nobody is a housekeeper – housekeeping is not a role' [...], a rural woman is a producer or farmer equal to her husband or has a business career, always with her own status and dignity" (1986: 74).

[55] Johnsson escribe: "Men in urban areas no longer dress traditionally. [...] With few exceptions, however, women wear traditional clothes both at home and outside. [...] The women demonstrate their attachment to their traditional culture, as well as status and wealth, by retaining Aymara dress customs" (1986: 72). Sin embargo, hay que preguntarse hasta qué punto este comportamiento es voluntario, o si se trata más bien de la obligación de cumplir normas y costumbres tradicionales.

En comparación con la orientación patriarcal de la Biblia, cuyas imágenes contribuyen hasta hoy a legitimar el poder masculino, los aymaras y los incas ofrecen una perspectiva diferente:

> In Western tradition [...] the male principle has been treated as the major principle within which the female principle was subsumed. A daughter [...] was subsumed by her father, and a wife by her husband. Among the Incas, in contrast, male and female were considered to be too intrinsically different for one to be represented by the other, and thus constituted interdependent but separate orders (Classen 1993: 147).

En el caso de los aymaras, el culto a la "Pachamama" ha llevado incluso a la categorización de su sistema social como matriarcal (Esch-Jakob 2007: 57), aunque el liderazgo militar solía seguir en las manos de los hombres. Cabe destacar que a los aymaras también se los conoce por "direct conquest and administration of strategic regions, large-scale regional colonization or selective enclaving of populations in foreign territories" (Kolata 1996: 115, 119). Además los incas acentúan la dualidad de géneros al presentar la labor masculina en la agricultura como trabajo de "aculturación" de manera semejante a los europeos[56], que lo reflejan narrativamente en el *Robinson Crusoe* de Defoe y el género de la robinsonada en general. Finalmente, son obvias las paralelas culturales de género entre los motivos de raptos de mujeres, cuando se entiende "sex and marriage" como "conquest and civilization of 'savage' female bodies" (ibíd.: 57).

Es interesante observar que *El origen perdido* no menciona para nada el papel de los aymaras como conquistadores, ni mucho menos el ambiente elitista de Taipikala, que es tan fuerte que en el apogeo de la cultura aymara no se la hubiera podido considerar como ciudad del pueblo[57]. Al enfocar el sufrimiento de los yatiris la novela de Asensi ofrece más bien la versión romántica e idealizada de la cultura aymara. De igual forma, cuando consienten rápidamente entregarle la fórmu-

[56] V. Classen: "The way the Incas civilized so-called savage, female outsiders by incoporating them into the Inca order was similar to the way they civilized the so-called savage, female Earth through agriculture" (1993: 57).

[57] Kolata escribe: "The 'true raison d'être' of the city turned on servicing the aristocratic lineages and their entourages. The city was an extension of the elite households, as well as a public expression of their religious and secular authority" (1996: 119).

la mágica a Arnau y su grupo para que con ésta puedan salvar a un ladrón de bienes culturales indígenas (Daniel) vemos la reactivación del concepto del "salvaje noble" al estilo de Rousseau. Sin embargo, los encuentros culturales siguen estando caracterizados por un respeto mutuo que también caracteriza buena parte de la relación entre Fray Diego y Topiltzín en *La otra conquista* y entre Fray Antonio y los indios que lo cautivan en *Jericó*. Es un respeto que lleva a la reducción fundamental de las oposiciones y las jerarquías tradicionales, y que facilita la libre (no forzada) apertura hacia otras culturas. Al final de la novela de Asensi esto es lo que anima a Arnau y a sus compañeros de aventuras a ir a conocer nuevas civilizaciones en un futuro no demasiado lejano, mientras que el protagonista de *Hans Staden* mantiene su deseo de volver lo antes posible a su propia cultura debido a un cautiverio que le degrada a objeto.

2.6. El creador es femenino

Teniendo en cuenta la destrucción de gran parte de la herencia indígena, los pocos cuentos indígenas sobre la génesis conservados por los chamanes aymaras son de gran importancia. De esta narrativa se nutre la perspectiva indígena, que nos introduce a hombres con diferentes conocimientos los cuales nos sacan de lo familiar y nos fuerzan a (re) negociar nuestras identidades e interpretaciones del Otro. *El origen perdido* presenta de forma sucesiva y fragmentaria diferentes versiones indígenas sobre el origen y el desarrollo de la humanidad, las cuales coinciden con la perspectiva bíblica en algunos temas centrales, pero al mismo tiempo muestran diferencias significativas.

El narrador empieza con el mito del dios Viracocha, legado a la posterioridad mediante la *Historia Índica* de Pedro Sarmiento de Gamboa (1572), mito que inicialmente se menciona de paso y que se elabora luego (p. 185, 347). A mediados de la obra y también poco después hay dos versiones más, en las cuales la diosa Oryana ocupa el primer plano y ya no se menciona a Viracocha (p. 196 ss., 489 ss.). Al principio todos los textos hacen referencia a la creación de gigantes que mueren en un diluvio, seguida por la posterior aparición de seres humanos más pequeños, que empiezan a poblar la tierra y fundan Taipikala o Tiwanaku, como se suele llamar en la historiografía europea. Estos hombres, que según el mito hay que considerar como predecesores directos de los hombres contemporáneos, hacen que Taipikala llegue a ser el centro religioso de la cultura aymara.

En la *Historia Índica* el dios Viracocha tiene el papel central, porque su palabra divina crea toda la vida en el mundo: es él quien da nombre a las plantas, los animales y los hombres, y también el que ordena el diluvio para hacer desaparecer su primer "error de creación": los gigantes arrogantes que habían dejado de mostrar el debido respeto a su creador. Las paralelas a la versión bíblica, tanto en la creación del mundo como en el castigo del primer hombre por su falta de respeto, son tan evidentes que algunos cronistas inventaron cuentos sobre una evangelización de los doce apóstoles en el sur de la América precolombina, con el mero objetivo de clasificar la leyenda de Viracocha como "distorted memory of this apostolic visit" (v. Classen 1993: 28).

En este contexto bíblico es incluso más interesante la desaparición de Viracocha de las otras dos leyendas descritas más detalladamente en *El origen perdido*, ya que la perspectiva femenina que muestran acerca de la creación del hombre ofrece una alternativa clara a ambas versiones masculinas: la indígena y la cristiana. En esta interpretación el primer hombre es "hijo de una diosa venida del cielo, llamada Oryana" (p. 196), y las dos perspectivas femeninas coinciden en la idea de que esta diosa dio a luz a setenta criaturas que entonces empezaron a reproducirse entre ellas mismas (p. 196, 490). La idea del nacimiento del ser humano gracias a la capacidad de reproducción del cuerpo femenino, que también marca las reencarnaciones en *La mujer habitada*, se opone a la afirmación oficial tradicional que explica la creación del hombre mediante la palabra de Dios, y refuta de manera paródica lo que es poco probable desde un punto de vista científico. La parodia literaria se extiende también a la historiografía moderna, ya que esta última defiende la teoría sobre la extinción de los toromonas y los yatiris que en la novela se lleva "ad absurdum" al poner en escena una gran cantidad de representantes de las dos tribus, los cuales siguen conservando sus tradiciones en plena selva en la actualidad (p. 454 ss.).

Al final también se cuestiona la propia perspectiva literaria sobre la creación femenina del hombre, porque en ella también hay una "falta de creación", que parece consecuencia de otra instancia femenina, "la vida": "Los hombres y mujeres eran grandes [...] pero sus cerebros eran muy pequeños, tan pequeños como los de un reptil, porque la vida se había equivocado y no había leído correctamente las instrucciones" (p. 490). Esto no sólo pone en duda la grandeza de Oryana, que supuestamente "dio a luz setenta criaturas, todas ellas con un cerebro muy grande, un cerebro perfecto" (ibíd.), sino que ridiculiza el concepto básico de la creación divina del mundo al mezclar de manera carnavalesca lo alto con lo bajo, lo divino con lo tonto[58].

A esto se añade una perspectiva narrativa bastante dudosa, porque la última y supuestamente auténtica versión de la historia de la creación de la humanidad se la transmiten los yatiris al narrador en forma de cuento oral y mediante un tipo de hipnosis. Esta situación irreal está asociada con la idea de la programación del hombre a través de un lenguaje sagrado, que crea vidas, cura y mata: "El aymara –el Jaqui Aru– era el teclado que había permitido programar los cerebros perfectos de aquellos primeros hijos de Oryana, dotándolos de las aplicaciones necesarias para vivir" (p. 495). Como todos los cuentos de la novela, éste también es al fin y al cabo producto de la imaginación de Arnau Querault, al cual no se le puede definir como un modelo de narración fidedigno, teniendo en cuenta sus numerosos errores pasados y su conocimiento muy limitado del ser humano.

Siguiendo esta argumentación, el cuento central sobre la búsqueda de la fórmula mágica también parece ambiguo. Por una parte se confirma aquí la oposición entre la magia indígena superior y el positivismo postindustrial inferior tan característica de la literatura latinoamericana del "boom": "Los seis sufríamos una especie de bloqueo que no nos permitía aceptar lo sucedido. Nos resistíamos a reconocer públicamente la vergonzante idea de que habíamos vivido una experiencia inexplicable desde el punto de vista racional" (p. 504). Tal oposición se muestra también en otras novelas de la conquista, como por ejemplo en *Puerta de Indias* del ex-ministro español Manuel Pimentel, en la cual el código maya conserva la historia indígena y llama a la revolución con la autoridad de un "ángel exterminador". El arqueólogo Brian traduce este llamamiento con las siguientes palabras: "Cuando sea... encontrado [...] será el momento para que los pueblos mayas,

[58] Otra simple creencia satirizada por la novela es la idea de la atracción sexual de lo salvaje, idea de la cual se aprovecha el narrador para convencer a Mark de que debería acompañar al grupo y adentrarse más en la selva: "La selva, ya se sabe, es muy afrodisíaca y los salvajes, muy delgados y atractivos" (p. 381). Al igual que los conquistadores del siglo XVI guiados entonces por los mitos de El Dorado y las amazonas, Mark se deja convencer y se adentra más en la selva, pero igual que sus predecesores no encuentra lo esperado.

y otros... pueblos oprimidos comiencen su rebelión contra los orgullosos hombres blancos, de espesas barbas, veloces caballos y malditas cruces de dolor" (Pimentel 2003: 259 ss.).

Por otra parte, y en oposición a *Puerta de Indias*, la novela de Asensi pretende disolver la dicotomía mencionada, y la cita del principio ya indica este objetivo: si "cualquier tecnología suficientemente avanzada es indistinguible de la magia" (p. 5) –declaración reflejada en la fascinación de los protagonistas por el "poder de las palabras" indígenas y sus lenguajes de programación (p. 501)–, entonces se borran también las jerarquías entre lo salvaje y lo civilizado. Al final de la novela domina así un proceso de aprendizaje intercultural y transcultural, con el cual *El origen perdido* responde a la manera de *Jericó*, *La otra conquista* y *Cabeza de Vaca* a las nuevas exigencias de una sociedad más global.

3. Apertura hacia la magia indígena: la transformación transcultural del conquistador en *Cabeza de Vaca* de Nicolás Echevarría

3.1. Estructura general

Al igual que *Naufragios* (1542), el informe de Álvar Núñez Cabeza de Vaca[59] que ya se ha introducido en el análisis de la pieza teatral de Sanchis Sinisterra (v. IV.3), la película *Cabeza de Vaca* (1990) del director mexicano Nicolás Echevarría cuenta las experiencias más significativas de este conquistador fracasado, pero el enfoque de las dos narraciones es bastante diferente. Mientras que el informe autobiográfico se centra en el naufragio y la consecuente subsistencia en el Nuevo Mundo, que lleva a descripciones geográficas, climáticas y militares detalladas, el largometraje trata en primer lugar la interacción diaria del protagonista con los indios y la transformación personal que sufre: de conquistador a esclavo y de esclavo a chamán, un desarrollo único

[59] "Cabeza de Vaca" es un título de nobleza otorgado a Martín Alhaja, un antecedente por parte materna de Álvar Núñez, por su ayuda en una batalla de la Reconquista (1212).

que le permite conocer profundamente una parte del mundo indígena desconocida por la mayoría de sus compatriotas.

La película de Echevarría acentúa por tanto la Otredad del Nuevo Mundo de la misma forma que la obra de Sanchis Sinisterra, pero también la gran variedad cultural, cuya elaboración se busca en vano en la pieza teatral. Sheridan, el guionista de Echevarría, resume que "en América, existía un mundo rico, complejo, sofisticado" (Sheridan 1994: 10), y el intento del director por reconstruir esta última noción de manera visual es obvio cuando destaca la conexión mágica entre los diferentes pueblos y su entorno natural. De esta forma muestra tanto a los indios que se adaptan a la abundancia del agua en la selva como a la tribu del desierto cuyo vínculo con la tierra seca se refleja en el barro que cubre el cuerpo de los indígenas. Esta iconización de las etnias aclara al espectador que el concepto generalizador de "indio" no existe, y que por tanto no se puede confiar en los discursos coloniales y neo-coloniales que intentan estabilizarlo y diseminarlo.

Muchas de las diferencias entre *Naufragios* y *Cabeza de Vaca* se deben a la diferencia radical del contexto histórico. En el primer caso, Núñez escribe a su "cesárea y católica Majestad" (Núñez 1999: 4), el rey Carlos I (1516-1556), con el objetivo de obtener beneficios políticos y económicos de su larga odisea, la cual presenta como información esencial para facilitar la conquista de los grandes territorios, hoy pertenecientes a los estados de Florida, Texas, Nuevo México, Arizona y California (v. el enfoque militar de Vargas 2007). De hecho, su *Relación* (1537), en la cual se basa el más detallado informe de 1542, le ayuda a obtener el título de "Segundo Adelantado del Río de la Plata" y a que la Corona le financie un segundo viaje a las Américas, esta vez bajo su mando (1540-1545).

En cambio, Nicolás Echevarría lleva a cabo su producción cinematográfica durante las preparaciones para el Quinto Centenario del llamado "Descubrimiento", una época caracterizada por las frecuentes críticas de las celebraciones oficiales planeadas. En este contexto parece que son principalmente cuestiones de "corrección política" (Grenier 1991; Carr 1992) las que llevan a la Sociedad Estatal del Quinto Centenario a subvencionar la película del director mexicano, una estrategia importante y probablemente necesaria teniendo en cuenta que dicha Sociedad costea al mismo tiempo otras dos películas que apoyan el discurso (neo-)colonial: *1492: La conquista del paraíso* de Ridley Scott, y *Cristóbal Colón: El descubrimiento* de John Glen. También hay diferencias significativas a nivel formal entre las obras de Núñez y de Echevarría: mientras que el informe histórico relata sus viajes de una tribu a otra en episodios separados y de forma estrictamente cronológica, como se podría esperar de una narrativa barroca del mismo tiempo, la película muestra una macroestructura comparable a la nueva novela histórica. En particular destacan las numerosas rupturas con la ilusión narrativa y el uso metafórico del círculo, que caracterizan su estructura a pesar de que sigue generalmente un orden cronológico.

Los reseñadores suelen destacar algunos aspectos clave de este "hiperrealismo", pero es obvio que muchos no saben conectarlos con filosofías o teorías narrativas postmodernas y, al criticar la película a causa de "few attempts at narrative" (Fernández 1992: 72), "rudimentary continuity" (Tallmer 1992: 32) o "huge gaps in the story" (Billings 1997), no hacen más que aplicar los valores de un sistema narrativo decimonónico a una obra contemporánea.

Aunque son menos obvios y numerosos que en la pieza teatral de Sanchis Sinisterra, los mecanismos de distracción y alienación de la película empiezan ya muy al principio cuando se interrumpe la cabecera (con letras blancas sobre un fondo negro, acompañadas de una marcha militar española) para indicar al espectador el tema central: la visualización de la percepción personal del protagonista, aquí reflejada en su falta de orientación al tener que reintegrarse a la vida española después de su larga estancia entre los indios. Tanto él como sus tres acompañantes españoles ven aquí a plena luz del día lo que, en muchos sentidos, es un reflejo del lado violento e infrahumano de la vida en esclavitud que ellos mismos sufrieron al principio de sus viajes, sólo que aquí los esclavos son los indios. Es decir, el principio de la película no sólo marca su final, sino que va más allá al indicar que el ciclo de la vida de este conquistador, que empieza con la esclavitud, y desembocará en otro ciclo determinado por la esclavitud indígena, más duradera. Sin duda, estas referencias ayudan a preparar al espectador para que acepte el carácter recurrente del tiempo como parte significativa del cosmos indígena que dominará las experiencias del protagonista.

Para Núñez, que se ha adentrado profundamente en el mundo humano y mágico de los indios, la continuidad circular de lo inhumano es en extremo inquietante, lo cual le hace reaccionar de forma muy emotiva: la escena termina cuando da un grito de dolor que se transforma en una carcajada de desesperación. Como es de esperar, la narración retrocede ahora en el tiempo y comienza a relatar la memoria de este personaje. Sin embargo, al espectador no se le permite todavía conocer más profundamente su conflicto interior. En su lugar, la distracción sigue con el cambio radical a otra escena que contrasta por su oscuridad y su diseño teatral. En ella, Echevarría resume el desastre naval de la expedición de Pánfilo de Narváez, a la cual perteneció Núñez. Después continúan los créditos, pero ahora se oyen tambores pertenecientes a la música ritual de América. Este cambio musical, del militarismo español a la magia indígena, conduce al espectador a la amalgama de las dos culturas en la película y, en especial, en el protagonista. En este sentido no es casualidad que el título del filme lleve el nombre del protagonista, en oposición al informe histórico *Naufragios*. La obra de Sanchis Sinisterra busca un compromiso entre las dos versiones al acentuar tanto el destino como la persona del protagonista, de ahí *Naufragios de Álvar Núñez*.

Schäffauer ve el cambio paradigmático del protagonista de la película aproximadamente después de 60 minutos, es decir, a la mitad de la versión original de 112 minutos, cuando Núñez lucha en una cueva en contra de las alucinaciones provocadas por el agotamiento, el hambre y la sed (2007: 104). Esencial aquí es la voz de su difunto abuelo, Pedro de Vera, que se encuentra en el infierno por el genocidio realizado en su conquista de las Islas Canarias y que, a pesar del eterno acoso ("¡condenadme en paz!"), sigue confirmando que "sólo se conquista así". La escena continúa con la aparición del padre Suárez –otro muerto que guía al protagonista por la cueva infernal– pero inmediatamente después la cámara enfoca una lápida con la inscripción "Pedro de Vera y Cabeza de Vaca". Se indica aquí el posible destino del protagonista como alma en pena sufriendo eternamente al lado de su abuelo por hechos que aún no ha cometido, y el deseo de querer evitar este futuro es obvio.

Sólo después de la doble liberación, la física, por el hechicero, y la mental, al rechazar el camino del conquistador, el protagonista parece ser capaz de buscar su propio camino, un camino al servicio de la humanidad compartida por las dos culturas, que corresponde a la noción de transculturalidad de Welsch (1999). Al igual que Jesús en el Nuevo Testamento, ahora vemos a Núñez curando a los enfermos, aunque éste recurre a dos tradiciones religiosas diferentes: la cristiana y la indígena. A pesar de otra fase de cautiverio en la cual llega a ser testigo de una matanza ritual, lo cual subraya el valor ambivalente de la magia (sirve para matar y para curar), el protagonista continúa su proyecto "humanista". El conquistador conquistado de Echevarría se distingue así de la mayoría de los antihéroes fracasados de la nueva narrativa, empezando por el Colón de Carpentier y siguiendo con los rejonistas de Armas Marcelo y el Núñez de Sanchis Sinisterra, los cuales buscan su futuro en la asimilación, explotación o marginación de lo foráneo.

Sin embargo, el reencuentro con las tropas españolas en el norte de México significa el retorno a la violencia y la inhumanidad, ya que resulta que estas tropas se dedican a cazar a indios con el fin de utilizarlos como esclavos para la construcción de la nueva catedral. Si el primer encuentro intercultural de Núñez termina con la muerte de la mayoría de sus compatriotas y la venta de los sobrevivientes en un mercado de esclavos indígena, sus últimos encuentros están también marcados por la muerte y la esclavización, pero de los indios, y la única diferencia es que ahora hay un mayor número de víctimas, lo cual se debe a la eficacia destructiva del sistema colonial. Todo esto conduce a una imagen recurrente del tiempo, que se refleja en la importancia del círculo como signo de la repetición sin comienzo y sin fin y, sobre todo, de la inexistencia de la jerarquía frecuentemente asociada con el concepto occidental de tiempo lineal progresivo (viejo/antiguo=¿malo? frente a joven/nuevo=¿bueno?)[60].

3.2. Viajes de la monoculturalidad a la transculturalidad, y viceversa

El protagonista de *Naufragios* viaja mucho, al igual que el de la película, pero en el largometraje se trata sobre todo de un viaje mental, tema que Sanchis Sinisterra retoma más profundamente un año más tarde. Al llegar con una docena de hombres a lo que hoy se llama Florida, el Núñez de Echevarría parece compartir la visión separatista de los otros conquistadores españoles. La escena teatral dentro de la película revela esta mentalidad "monocultural insular" durante el desastre naval, cuando uno de los náufragos exclama refiriéndose a los restos de su buque de guerra: "esto es toda la España que nos queda. Estos barcos son España". Pánfilo de Narváez también se acerca y confirma

[60] Alcocer (2008) ofrece un análisis detallado de los numerosos círculos que aparecen en la película, entre otros el círculo formado por el movimiento del lagarto, pero no los conecta con el aspecto recurrente del tiempo.

"aquí termina España" desde los restos de su nave capitana, pero hay que esperar hasta el final de la película para escuchar a Núñez expresar un dictamen más abierto que explícitamente incluye la Otredad del Nuevo Mundo: "tú eres España" (dirigido al comandante de la tropa española que se encuentra), "esto es España" (dándose la vuelta, y de esta forma refiriéndose a todos los alrededores), "aquello también es España" (señalando con la mano derecha las montañas y regiones más lejanas). Teniendo en cuenta que en esta escena hay una demarcación clara en el suelo (una especie de surco) que separa al comandante y a su subordinado del protagonista, es significativo que después de su "alegato" transcultural Núñez cruza esta línea de separación para acercarse a los esclavos indios que se hallan en el otro lado, donde prosigue con una crítica cínica y aguda de la justicia española: "la muestra de vuestra justicia la he visto yo en todo el camino".

Es obvio que el protagonista híbrido lamenta que los españoles recién llegados representen la perspectiva cultural separatista y jerárquica de la España fundada por los Reyes Católicos[61] y rechazada por Posse explícitamente en *Los perros del paraíso*. Cuando un soldado joven describe a los nativos del Nuevo Mundo como "salvajes", se refleja también esta misma España: un país manchado por la expulsión de los árabes y los judíos y en el cual se sigue dudando de la naturaleza humana de los indios, tanto en los tiempos del protagonista como también mucho después de los debates públicos entre Las Casas y Sepúlveda en 1550 y 1551. En este contexto tampoco hay que olvidar que en un momento de gran desesperación, al ver que su fuga acaba de fracasar y que probablemente su vida de esclavo no tendrá fin, el protagonista expresa una estricta jerarquía ontológica entre españoles e indios: "soy más humano que vosotros [...] tengo un mundo [...] y un Dios". Es una imagen que facilita la colonización y eliminación

[61] Esta misma escena se ha interpretado de diferentes maneras, pero una de las versiones más recientes ofrecida por Nogueira es sin duda de las más conflictivas: para empezar, aquí se trata de declaraciones del protagonista, y no de preguntas, y después no se ve ninguna "monumental cathedral under construction" en el horizonte, como dice la autora (2006: 153). Consecuentemente no habría lugar para preguntas como "Where exactly is Spain? Can Spain be transplanted? Can it be left behind?" (ibíd.: 154), sino –y en este aspecto este estudio apoya la proposición de la autora– se ve claramente que "Cabeza de Vaca cannot escape Spain and [...] neither can America". Las tropas españolas siguen avanzando y en su camino van suprimiendo a los indios, incluyendo a los que ayudaron al protagonista.

de lo foráneo, y quizá no es casualidad que Echevarría ha elegido al enano deforme "Malacosa" como agresor en contra del cual se dirige ahora la rabia de Núñez: "En mi país ya te hubieran empalado", dice el protagonista a una criatura que en la España de su tiempo –y hasta cierto punto en las sociedades industrializadas contemporáneas– sería considerado "imperfecta" y por tanto marginada, pero que en el mundo indígena suele ser respetada por su asociación con el mundo mágico. Todo esto podría resumirse al decir que el carácter recurrente del tiempo indicado en la sección anterior incluye una lucha constante en contra de la monoculturalidad oficial internalizada. Esta monoculturalidad parte de la noción de superioridad y única legitimación divina de la cultura cristiana española, idea que implica el derecho y el deber de cristianizar (y colonizar) el territorio de los paganos foráneos. Al final de la película, a Núñez –"'reborn' as critical subject" (Alvaray 2004: 62)– le aguarda una tarea monumental si quiere combatir los conceptos del separatismo e imperialismo cultural, profundamente arraigados; lo mismo podría decirse de sus sucesores transculturales, a los cuales podrían pertenecer algunos de los autores clave de la literatura chicana contemporánea.

Teniendo en cuenta la idea del cambio, entramos ahora en detalle en el viaje mental del personaje fílmico. Durante el primer encuentro de los sobrevivientes españoles con los indios de América parecen confirmarse todas las pesadillas que un soldado cristiano del siglo XVI –o probablemente también un espectador occidental etnocentrista del siglo XXI– pudiera tener acerca del bárbaro, salvaje y brutal pagano: en medio de la selva el sirviente negro Estebanico descubre una piel humana colgada de un árbol que llena a todos con tanto terror que el cura comienza un exorcismo. Poco tiempo después el grupo encuentra un cadáver mutilado dentro de un baúl que pertenecía al barco de Narváez, tras lo cual el cura decide quemarlo junto con todos los otros símbolos de la magia indígena que acaban de encontrar en los alrededores. Es entonces cuando los indios –hasta ahora invisibles– empiezan a lanzar flechas desde sus escondites hasta matar a todos, excepto a Núñez y a tres compañeros, que son destinados a la venta en el mercado de esclavos.

Hay mucha discusión académica acerca del motivo del canibalismo de la "tribu de los hombres azules" que aparece más tarde, pero no hay duda de que la estereotípica puesta en escena del Otro Mundo como lugar bárbaro empieza aquí con el ataque de los enemigos invisibles, una escena que podría ser adaptada de *Apocalypse Now* de Coppola (1979), o tal vez directamente inspirada por la novela *El corazón de las tinieblas* de Conrad (1902). La imagen del indio como bárbaro continúa en la escena del mercado, cuando se presenta a los españoles en jaulas, como animales, y cuando los venden a un hechicero, una persona "con un poder sobrenatural, generalmente maléfico" (Moliner 1987), al contrario que un chamán, que se ocupa de curar los enfermos. El hechicero se muestra como foráneo y peligroso a causa de su pintura, altura, y, sobre todo, por la compañía que lleva: un enano sin brazos cuya deformidad causa tanto miedo a los cautivos que lo consideran un demonio. Los españoles lo llaman "Malacosa" (con lo cual el director hace referencia a un mito americano popular citado en *Naufragios*), y se santiguan para espantar a este demonio. Sólo que no se trata de un demonio sino de un hombre de carne y hueso que al principio se aprovecha del hecho de que es dueño de un esclavo, pero que después reconoce el carácter humano de Núñez, con lo cual cambia su comportamiento hacia él.

La escena clave que lleva a este reconocimiento transcultural de su naturaleza humana es también la primera que demuestra el poder de la magia indígena: cuando el protagonista español intenta escapar de su cautiverio, el hechicero no lo persigue sino que ata un lagarto a un palo con una cuerda, fuerza al reptil a correr en círculos que lo llevan cada vez más cerca del palo y, al conectar el destino del fugitivo con el del lagarto, consigue que Núñez vuelva directamente a ellos. Al darse cuenta de que no hay manera de escapar, el protagonista se retira de forma muy dramática a su propio mundo sagrado (español y cristiano) y revela de esta forma su frustración y desesperación. Aunque los indios no entienden lo que grita en español en ese momento, de ahí en adelante domina el respeto mutuo, el cual se intensifica después de su puesta en libertad.

Para comenzar una vida libre también necesita librarse de los demonios de la Conquista que lo esperan en la cueva, y el espectador es testigo aquí de una lucha espiritual que recuerda a las numerosas luchas del eremita San Antonio Abad (aproximadamente 251-356); el árbol en llamas que aparece al final de la escena hace referencia directa a la aparición de Dios ante Moisés. Sin embargo, al contrario que en el informe histórico donde se reconstruyen las imágenes bíblicas para subrayar la pureza de la mentalidad cristiana del protagonista y autor, la película las transfiere al entorno indígena y las mezcla con personajes y mensajes importantes de este ámbito: en lugar del Dios cristiano aparece el hechicero, y este último le presenta a Núñez un árbol en llamas (no un arbusto), pero no para darle instrucciones acerca de cómo liberar al pueblo judío sino para que no se muera de frío. La fuerte conexión espiritual entre el hechicero y el protagonista, es decir, entre dos hombres que supuestamente viven en mundos diferentes, confirma la disolución de las fronteras tradicionales culturales, religiosas y raciales, lo cual invalida la interpretación errónea que describe el desarrollo del protagonista como intento de "redimirse"[62]. Además, para entender el sufrimiento, la muerte y la magia para tratarlos, todos ellos constantes en la película, no parecen ser importantes ni las diferencias entre españoles e indios ni entre las distintas tribus indígenas. Por tanto, no es de extrañar que en los postes de tormento de la tribu de los hombres azules el protagonista, sus compañeros y un soldado del barco de Narváez se encuentran al lado de dos indios, todos ellos destinados a morir. De hecho, después de la muerte de Esquivel parece llegarle el turno a uno de los indios, y el protagonista ha de utilizar toda su magia para salvarle la vida.

La convivencia exige la adaptación cultural de Núñez, que se refleja en su propio cuerpo. Podemos ver un cambio exterior muy significativo que subraya la magnitud de la metamorfosis interior cuando el protagonista se transforma de soldado ataviado con botas, espada y pantalones españoles a chamán semidesnudo con el cuerpo pintado, adornado con amuletos variados y con el pelo pegado con barro a la cabeza. No es de sorprender que, al ser chamán el protagonista profundice más en la magia –y con esto en el mundo indígena– que los tres españoles que lo acompañan o los que encuentra por el camino (v. Esquivel), lo cual también se refleja exteriormente: ninguno de ellos se pinta el cuerpo o lleva el pelo como él. Sin embargo, no se puede

[62] Nogueira (2006: 149 ss.) propone dicha interpretación que este estudio rechaza por dos razones clave: 1) La película no menciona ningún pecado cometido por el protagonista, sus compañeros u otros conquistadores que exija tal "redención". Al contrario: la masacre de la mayoría de los náufragos y la esclavización de los pocos sobrevivientes parece inhumana e injustificable, así que la propuesta de que necesitan mortificarse para evitar el castigo divino es cuestionable. 2) La idea de que el protagonista sufre algo semejante a la pasión de Cristo para redimir los pecados de los otros conquistadores o de los espectadores (debido a "his/her own contributions [...] to colonialism", ibíd.: 155) se basa en la perspectiva cristiana de que la película intenta rebatir y sustituir por la propuesta de hibridez cultural y religiosa.

categorizar al protagonista como "tránsfuga cultural" (v. Floeck 2003) en el sentido común de que "pasa de una ideología o colectividad a otra" (RAE 2009). Hay que admitir que la idea de que "se convierte en el Otro" se encuentra frecuentemente en la literatura[63], aunque no por eso es más válida esta opinión.

No hay duda de que Núñez se adentra en el mundo indígena, pero es importante destacar que nunca llega a ser indio, ni mucho menos "huye" de su identidad española o la "abandona" (como dice Moliner, 1987), sino que más bien sufre un proceso de hibridación cultural del cual emerge un hombre nuevo. Este hombre evade toda clasificación simplista que lo etiquete como "español" o "indio", y por tanto es muy cuestionable querer describirle con palabras como "gone native" (como lo hace Floeck 2003: 272).

La idea de que el protagonista del informe aparece más como un "mediador cultural" que el de la película (v. Jablonska Zaborowska 2004: 22) tampoco es convincente. Es más bien al revés: mientras que el primero destaca que cura a los enfermos con la ayuda de Dios (acentuando que hay uno solo: el cristiano), y que los rituales indígenas no tienen fuerza mágica alguna, el segundo recurre activamente a ambas tradiciones religiosas en una síntesis que cruza las fronteras culturales. Es decir, el informe refleja la mentalidad monocultural que la corte española esperaba de sus subordinados, y que se puede considerar como característica de los discursos religiosos europeos de su tiempo[64], mientras que la película acerca las identidades culturales de una forma que pueden intercambiarse y mezclarse libremente, fuera de las jerarquías tradicionales. Este intercambio está en sintonía con la tendencia a la hibridez en la narrativa postmoderna, pero no es de ninguna forma representativo del cine de la Conquista, que tiende a fomentar ideas monoculturales.

[63] Valverde (1999: 61); v. también Jablonska Zaborowska (2004: 22) y Nogueira (2006: 157).

[64] V. las semejanzas con la *História de duas viagens ao Brasil* de Hans Staden dirigida al Conde Felipe I de Hesse (Staden 2007 [1557]). En ambos informes los autores tratan de presentarse a sí mismos como cristianos nobles dentro de un ambiente extremamente hostil. La pregunta es hasta qué punto han seleccionado o incluso inventado episodios que ayudaron a desarrollar esta imagen, es decir, el canibalismo en la obra de Staden y la hambruna extrema en la de Núñez.

Además de las obras ya citadas de Scott y Glen, la película *Hans Staden* de Pereira (1999) también trata la vida de un europeo entre indios, pero en oposición a *Cabeza de Vaca* ésta subraya el canibalismo y el materialismo como aspectos constitutivos de las culturas indígenas, y apenas permite la hibridez religiosa o cultural de su protagonista. En el caso del protagonista de Echevarría, es sorprendente que Floeck haga referencia al concepto inglés "gone native" en el sentido de asimilación completa[65], porque en otras partes de su artículo emplea términos como "hibridación cultural" (Floeck 2003: 272), acentuando de manera muy convincente que la película muestra "un lento proceso de acercamiento entre el mundo europeo y el mundo indígena en la figura del protagonista" (ibíd.: 276). Este acercamiento que culmina en muy variadas formas de hibridez es el que subraya la importancia de la película para los latinoamericanos contemporáneos, ya que ellos podrían fácilmente identificarse con figuras como Álvar Núñez, Gonzalo Guerrero o Gerónimo de Aguilar: "Ellos comenzaron siendo unos pocos, ahora somos casi todo un país; una cadena que se ha convertido en columna vertebral de nuestra cultura", subraya el guionista refiriéndose a los mexicanos modernos (Sheridan 1994: 15). Así confirma implícitamente la tesis de este estudio, porque a la absoluta mayoría de los mexicanos de hoy tampoco se los puede categorizar exclusivamente como descendientes de indios o de españoles, sino hay que tener en cuenta su herencia dual e híbrida, que impide clasificarlos de manera tan simple.

Otro símbolo claro de la hibridez del protagonista –que este estudio quiere explorar más en detalle– es la mezcla de símbolos, amuletos, palabras y gestos religiosos. En su función de curandero lleva siempre una cuerda alrededor del cuello de la que cuelga una cruz grande pero también amuletos indígenas más pequeños. Mientras que la vestimenta (o falta de ésta) y la forma de llevar el pelo lo asocian con el entorno indígena, la cruz permanece en el lugar central en su cuerpo y parece contribuir de manera significativa a las curaciones, que se ven acompañadas además de otros gestos fácilmente asociables con la religión cristiana: al curar al indio herido por la hechicera de la tribu de los

[65] Al referirse a los españoles que vivieron durante mucho tiempo con indios y que se adaptaron a sus costumbres, Floeck habla de "quienes abandonaron su cultura y se convirtieron en nativos" (2003: 273).

hombres azules, el protagonista junta las palmas de la manos y mira hacia el cielo como para rezar repetidamente y, al final, baña al herido en agua como en un bautizo. Los mismos gestos se repiten al entrar en la cueva para resucitar a la muerta, un acto que hace referencia directa a la resurrección de Lázaro a manos de Cristo, no sólo por la semejanza del lugar (una cueva) y la liberación del "paciente" de sus "ataduras", sino también por las oraciones cristianas: el protagonista dice fragmentos clave del Ave María ("*benedictus frutus* ventris") antes de repetir en castellano que "está viva". Sin embargo, todo esto se mezcla con palabras y gestos supuestamente indígenas que hace que el poder de los signos cristianos no esté claro. Por tanto, sería un error afirmar que en la película las curaciones se deben a la intervención del Dios cristiano, que es como el autor del informe suele explicar y justificar "sus milagros", pero igualmente falso sería atribuirlas solamente a la magia indígena[66].

Más bien se trata de un sincretismo religioso que, al igual que la hibridez cultural, no puede categorizarse de forma simplista. Es decir, está claro que el Álvar Núñez Cabeza de Vaca presentado por Echevarría no ha "abandonado" su religión cristiana para poder practicar la magia indígena, sino que ofrece una síntesis interesante. Al contrario que el héroe cristiano de *Naufragios* que nunca "contamina" su creencia única, el protagonista del largometraje llega a ser un híbrido que recurre a las dos tradiciones mágicas simultáneamente: la cruz, las palabras mágicas que recuerda de su dueño anterior, las oraciones, la piedra extraña que pone en la garganta de la chica muerta, etc. En suma, todo esto se diluye en un gran ritual de resucitación, y él mismo cree en el poder de todo en conjunto, sin limitaciones culturales y sobre todo sin jerarquías.

Algunos críticos consideran esta síntesis esencial para entender el "realismo mágico" de la película (v. Gordon 2002: 115), pero el concepto es engañoso, ya que el mundo mágico de Echevarría no es un esbozo universal positivo para combatir los conceptos seudoracionales de los colonizadores españoles al estilo de las novelas latinoamericanas de los años sesenta. En su lugar, *Cabeza de Vaca* propone una

[66] Esta interpretación equívoca procede de Gordon (2002: 114): "The film shows the power of Cabeza de Vaca's healing to come only from the magic taught to him by the shaman".

imagen más diferenciada y ambivalente: la magia indígena puede curar pero también puede dañar y matar, lo cual no la diferencia esencialmente de la religión cristiana. Lo mismo puede aplicarse a los intentos de acercarse a las realidades del Nuevo Mundo usando la razón occidental. En resumen, si hay algo excepcional no es la magia en sí, sino el sincretismo cultural y religioso que tiene fuerzas mágicas y que muestra al espectador los elementos comunes que comparten los seres humanos y, por medio de esto, la posibilidad de una convivencia pacífica.

Por su parte, el Núñez autor del siglo XVI sabe que este sincretismo es inaceptable para los representantes de la España fundada por los Reyes Católicos, y es posible que niegue la importancia de la magia indígena por esta razón, pero también es posible que el filme de Echevarría se concentre considerablemente más en esta magia que en el conquistador histórico porque sus experiencias son difíciles de analizar y nos alcanzan sólo a través de su visión autocensurada. No hay informes semejantes de ninguno de los tres compañeros y, por supuesto, faltan los testimonios indígenas para poder investigar las experiencias históricas en contexto. Sin embargo, está claro que ni el informe ni la película pueden ofrecernos "una reconstrucción objetiva de la verdad histórica", como dice Floeck (2003: 281), por lo que hay que dar un paso más, que consiste en dudar de la existencia de esta única "verdad histórica", en particular en el caso de experiencias extremamente personales como las de Núñez.

En lugar de criticar el largometraje por no coincidir con los datos historiográficos, como lo sigue haciendo Tallmer (1992: 32), sería más efectivo analizar los diferentes modelos culturales y, con ellos, la noción de intercambio cultural propuesta en ambos: el primero reconstruye el concepto monocultural de un español que escribe sus memorias para facilitar la Conquista de la parte del Nuevo Mundo que él conoce bien. Un buen ejemplo es el capítulo siete que ofrece sobre todo historias militarmente relevantes sobre los indios y su tierra (Núñez 1999: 58-62, v. también los capítulos 24 y 25). Aunque otras partes del informe son menos explícitas en este sentido y algunas dan descripciones antropológicas que no están directamente relacionadas con el uso militar, es obvio que su autor intenta establecerse como autoridad en el tema de la conquista y la colonización de los nuevos territorios (v. Vargas 2007: 13 ss.).

Por contra, la obra cinematográfica muestra un viaje hacia relaciones transculturales de respeto mutuo que el protagonista propone como modelo a seguir por las tropas españolas que se encuentra. Sin embargo, el comandante se niega a aprender del náufrago y resume su posición como brazo ejecutivo de la colonización con las simples palabras "somos soldados", es decir, vincula la profesión –si no la razón de ser– de los conquistadores con el cumplimiento de órdenes. El comandante considera que interrogar a los recién llegados no es aceptable, e incluso peligroso para la moral de los soldados, por lo cual ordena a un guardia que vigile al protagonista. Con Núñez forzado a mantener silencio, la esclavización de los indios puede entonces proseguir sin más interrupciones, y con esta idea la película termina mostrando un grupo de esclavos cargando una enorme cruz plateada por el desierto. Esta imagen es símbolo de la intensa represión de los indios por la Iglesia, el estado militar monocultural y la codicia general que están por venir en toda la América colonial y va acompañada del mismo tambor español que apareció al principio del filme, con lo que cierra de esta forma el círculo de la violencia. La posición que quizá se acerque más a la crítica propuesta por el protagonista parece ser la de Santángel, el benefactor de Colón en *1492: La Conquista del paraíso* (Scott 1992), que responde a la caída de Granada y la expulsión de los árabes con las siguientes palabras: "Es una victoria trágica. Perdemos una gran cultura". En *Cabeza de Vaca*, el hecho de que la cruz enorme se dirija hacia una tormenta simboliza una tragedia por venir que Guthmann resume como "[the] imminent genocide" de muchísimas culturas indígenas (1992: D5). Sin embargo, no podemos conectar esta idea con la noción de una "innocence of the New World [that] can never be regained" (Walter 2002: 145), porque este nuevo mundo no fue nunca inocente, como intentaremos elaborar a continuación.

3.3. Sobre héroes y caníbales

Sigue siendo un misterio cómo Grenier puede definir la América de Echevarría como "choreographed paradise" de "coffee-table Indians" (1991: G4), ya que el ambiente en el cual Núñez y los suyos intentan sobrevivir no parece ser ningún paraíso inocente, ni para los españoles ni para los indios. Al contrario: la vida es a menudo dura y corta; la muerte, omnipresente, y aquí no existen ni el amor romántico ni la muerte heroica que encuentra el conquistador en *Captain from Castile* (1947, Henry King) y otras películas "de capa y espada" de Hollywood. La primera parte de *Cabeza de Vaca* se concentra en los aspectos hostiles del Nuevo Mundo, acentuando la rapidez con la que muere la absoluta mayoría de los conquistadores, la esclavización de los pocos que sobreviven la matanza y la humillación del protagonista como esclavo del hechicero y su ayudante. La segunda parte ofrece una imagen más humana de los indios, pero la vida sigue siendo dura: el protagonista recién liberado casi se muere de frío, agotamiento, sed y hambre en la cueva. Poco tiempo después, todos los españoles e indios capturados por la tribu de los hombres azules están a punto de morir, y los indios que los liberan llegan demasiado tarde para impedir que maten a Esquivel y que hieran gravemente a uno de los suyos. Finalmente, ni siquiera la magia del protagonista puede impedir las matanzas y la esclavización de los indios por parte del ejército español, que avanza por el norte de lo que hoy en día es México.

A pesar de que *Cabeza de Vaca* se produjo en el mismo período que *Cristóbal Colón: El descubrimiento* (1992) y que ambas películas recibieron apoyo económico de la Sociedad Estatal del Quinto Centenario, es obvio que los conquistadores de Echevarría poco tienen que ver con el Colón de John Glen al estilo de Hollywood, interpretado por Georges Corraface que, al aparecer como héroe aventurero y mujeriego, tiene muchas semejanzas con el Pedro de Vargas de *Captain from Castile*, interpretado por el incluso más activo y más joven Tyrone Power. Ni el caníbal Esquivel, ni la tropa que se dedica a la caza de indios, ni Dorantes (que destaca por inventarse encuentros sexuales con "mujeres de tres tetas") aparecen como modelos heroicos a seguir. Sin embargo, los indios tampoco son tan buenos, nobles y pacíficos como Grenier parece sugerir.

En este contexto es muy interesante la extensa discusión acerca del supuesto canibalismo de "la tribu de los hombres azules" en la literatura secundaria. Para Gordon (2002) el canibalismo es tan obvio que dedica un capítulo entero a la comparación directa de *Cabeza de Vaca* con *Como era gostoso o meu francês* de Pereira dos Santos, pero la sección que se dedica al análisis detallado de la antropofagia revela rápidamente la fragilidad de tal acercamiento. En realidad hay muy poco que decir acerca del canibalismo indio en la película de Echevarría, porque el director se limita a indicar su posible existencia. No se ve a ningún indio comiendo carne humana como en la película *Hans*

Staden, y tampoco hay relatos sobre el tema al estilo de la *História de duas viagens ao Brasil* del conquistador alemán fracasado del siglo XVI (Staden 2007), o un autorretrato comparable a él de Esquivel. Lo único que parece seguro es que algunos soldados españoles se comieron la carne de los muertos de su propia expedición, y en este sentido los cuentos de Esquivel concuerdan con el informe del siglo XVI donde se menciona: "Los que morían, los otros los hacían tasajos; y el último que murió fue Sotomayor, y Esquivel lo hizo tasajos, y comiendo de él se mantuvo hasta primero de marzo" (Núñez 1999: 89). A pesar de que en *Naufragios* no existen declaraciones semejantes que se refieran a las tribus indígenas, Echevarría juega conscientemente con el estereotipo del indio antropófago en la mente del espectador. Por eso muestra a los indios de la tribu de los hombres azules ejecutando a Esquivel de un golpe mortal por la espalda con el "Jwera Pemme", un hecho que recuerda al ritual antropófago brasileño descrito en el informe histórico de Staden (2007: libro 2, cap. 29) y que figura en la película *Hans Staden*. A continuación se ven dos indios cargando con una olla enorme, pero no llega a saberse si está llena de agua caliente lista para cocinar a Esquivel, o si tan solo contiene la bebida posiblemente alcohólica (v. los efectos) que todos toman entre los bailes rituales. Por último, hay una escena que la literatura secundaria ignora en este contexto pero que podría conectarse con los otros indicios mencionados: en el primer "encuentro cultural" entre los españoles y los nativos se lleva la atención del espectador a algo que podrían ser los restos de un cuerpo humano que cuelgan de un árbol en la jungla, pero no se sabe con certeza, e incluso si fuera así, no podemos estar seguros de que la desolladura implique necesariamente el canibalismo.

En resumen, hay que preguntarse por qué Echevarría alude a actos antropófagos y otras "barbaridades" por parte de los indios si no tiene ninguna intención de desarrollarlos. Este estudio sugiere que se trata simplemente de un aspecto de la estrategia narrativa del director, la cual parte de la reconstrucción cinemática de los estereotipos europeos acerca del Otro sólo para luego poder desarticularlos mejor.

Nogueira nota una táctica semejante en *Naufragios*: "that which has been exoticizised is made familiar and that which has been dangerous is made safe" (2006: 182). Parece que Echevarría sigue la primera parte de esta táctica: el hechicero y su asistente, que muy al principio aparecen como demonios del infierno, revelan sucesivamente su lado humano al ayudar a su esclavo en sus tareas diarias, dejar de humillarlo y devolverle su libertad. Luego se observa que los indios cubiertos de barro, que coinciden con el estereotipo de lo foráneo extraño, pertenecen a una comunidad que está de luto y que muestra su humanidad mediante la alegría causada por la "resucitación" de uno de sus miembros. Finalmente, los indicios de antropofagia que nos hacen categorizar "la cultura indígena" como bárbara son también engañosos: aunque algunas tribus celebren rituales inhumanos y quizás antropófagos, el único canibalismo del cual podemos estar seguro procede del lado español, mientras que los otros indios rechazan los rituales de la tribu de los hombres azules y liberan a sus miembros y a los españoles de los postes de tormento. En este sentido, no se puede argumentar que al final la película considere las culturas y los espacios americanos como "distant and foreign", como lo hace Nogueira (2006: 154). Por lo menos Ebel piensa que: "The film blurs the line between Old and New World cultures and renders as artificial the dichotomy between civilised versus uncivilized societies, where cannibalism is concerned" (1996: 105). Si bien es verdad que hay que debatir la eficacia de la deconstrucción de estereotipos en cuestiones de género, como propone Gordon (2002: 97 ss., v. sección 1.4), no cabe duda de que la obra de Echevarría apoya un punto de vista transcultural.

En general, el proceso de adaptación cultural de Núñez concurre con el proceso de humanización del indio, simplemente porque el protagonista cada vez es más capaz de ver la faceta humana de los indios que se encuentra. Sin embargo, es obvio que Echevarría quiere evitar la impresión de una simple inversión de papeles tradicionales, con españoles asesinos "malos" e indios pacíficos "buenos" dominando la segunda parte de la película. Precisamente por esta razón parece introducir la escena de la tribu de los hombres azules: con su pintura corporal y sus bailes rituales, los indios de esta tribu resultan también muy exóticos, lo que nos recuerda al hechicero del principio, pero esta vez resulta que son en verdad peligrosos, igual que los indios que acabaron con la mayoría de los españoles durante la primera parte. En este contexto Echevarría alude a la posibilidad de que sean caníbales, pero –incluso si fuera demostrable– ellos no serían los únicos, de la misma forma que no serían los únicos en matar a gente indefensa en esta segunda parte. En ambos puntos pueden observarse semejanzas con el comportamiento de los soldados españoles, aunque los españoles maten y esclavicen a muchos más que los indios.

Se podría resumir entonces que el director se esfuerza por presentarnos "el ser humano" del Nuevo Mundo y del Viejo Mundo, con sus cualidades constructivas y destructivas. Se entiende que en esta construcción se borran las fronteras entre las culturas, y dentro de ella el espectador encuentra en la segunda parte a gente pacífica como Núñez y su asistente indio, pero también a grupos violentos como la tropa española y la tribu de los hombres azules, ambos sacrificando a gente indefensa con fines religiosos: en el primer caso se caza a los indios para forzarlos a construir la nueva catedral, mientras que en el segundo se sacrifica a gente como Esquivel.

Siguiendo con esta argumentación parece claro que la inhumanidad del ser humano no empieza ni termina con el canibalismo: la antropofagia no parece ser un aspecto decisivo de la estrategia narrativa de Echevarría, sino sólo uno más entre otros, y precisamente por eso hay que cuestionar su función. Debemos tener en cuenta que el gran interés de la literatura secundaria en el supuesto canibalismo de la tribu de los hombres azules refleja hasta cierto punto la sensibilidad general acerca del tema, lo que ha conducido a una nueva discusión de la investigación histórica del canibalismo indígena y de la película misma.

Consecuentemente este estudio es de la opinión que la antropofagia es una distracción demasiado sobresaliente del mensaje fílmico central. Después de todo, en su introducción al guión de Sheridan el director mismo admite que, a pesar de la fama obtenida con documentales sobre la vida indígena en América Latina, nadie debería intentar interpretar *Cabeza de Vaca* como obra etnológica o antropológica: "Tratándose de mi primera película de ficción preferí inventar en lugar de documentar" (v. Sheridan 1994: 17). Esto está relacionado con el hecho de que originalmente Echevarría quería producir una película acerca de Gonzalo Guerrero, pero al recibir la oferta de IMCINE de producir una obra sobre Álvar Núñez Cabeza de Vaca, decidió elaborar en ella la transformación personal de un conquistador que aprende a vivir entre indios[67]. En este sentido parece haber sido una buena decisión cortar las escenas que tratan el canibalismo, sea explícito del lado español o aludido del indígena, en las versiones de la película reducidas a 90 minutos, pero eliminar toda referencia a la tribu de los

[67] V. Floeck (2003: 274). Nogueira ofrece un resumen de la discusión acerca de los límites de la historicidad en *Cabeza de Vaca* (2006: 162 ss.).

hombres azules (como pasa en estas versiones) es un problema, ya que sin ella podría fácilmente dar la impresión equívoca de que en verdad todos los indios son buenos e inocentes si se los llega a conocer tan bien como el protagonista. Aunque se podría calificar a *Cabeza de Vaca* como película "antiimperialista" (v. Carr 1992: 32), simplemente porque no se puede compaginar el colonialismo al que se alude y el respeto a la dignidad humana, el cual Echevarría quiere transmitir, la película no apoya el pensamiento binario tradicional, sino que invita a descubrir la hibridez transcultural.

3.4. Retorno a los estereotipos: extrañas mujeres sensuales, un negro emocional y pasivo y otros seres exóticos

Parece difícil valorar "la efectividad" de una deconstrucción narrativa, ya que no se puede llevar a cabo sólo a base del análisis del texto, como propone Gordon (2002: 93), sino que hace falta una investigación empírica detallada de grupos de espectadores representativos. Además se entiende que la percepción y el impacto de una película en una persona concreta pueden cambiar mucho según el nivel de educación, género, edad, etnicidad, entorno político nacional y muchos otros factores. Sin embargo, también es obvio que *Cabeza de Vaca* no busca la deconstrucción de forma suficientemente persistente e incluso "olvida" en este proceso a algunos grupos estereotipados.

Probablemente el ejemplo más claro es el tratamiento hasta el final de la película de las mujeres indias como algo exótico, aunque al fuego del campamento español el protagonista se distancie de los cuentos sexuales fantásticos de Dorantes y en general mantenga una actitud "profesional" (de chamán-médico) en sus encuentros con ellas. La ausencia de relaciones románticas interétnicas es otro indicio del intento de distanciarse de las imágenes (neo-)coloniales tradicionales, las cuales clasifican América como continente femenino que espera pasivamente la llegada de una Europa masculina dispuesta a guiarlo con su cultura y civilización superiores. Esto significa que Echevarría elude este tema a pesar de ser una de las tendencias dominantes en el cine comercial (v. *Captain from Castile* de King, EE.UU., e *Hijos del Viento* de Juárez, una coproducción italiana, española, portuguesa y mexicana), y de que sí aparece en su fuente clave de inspiración, la vida de Gonzalo Guerrero como fue transmitida por Gerónimo de

Aguilar y Bernal Díaz del Castillo, los cuales lo consideran padre del mestizaje.

Sin embargo, Walter tiene cierta razón en destacar el papel estereotípico de las indias que aparecen en la película: "In the first half of the film, the central fantasy is simply that of women as passive, nurturing, and freely sexual", mientras que la segunda parte está dominada por la representación de "female sexual otherness as exotic, tantalizing, and extremely threatening" (2002: 144). Las últimas palabras hacen especial referencia a las mujeres de la tribu de los hombres azules, que se mueven constantemente alrededor de los cautivos atados en los postes, los tocan y, durante el intento de rescate por parte de la otra tribu, hasta intentan matar a uno de ellos. Esto implica un cambio radical de la estereotípica pasividad femenina que caracteriza la primera parte a una intensa agresividad en la segunda, aunque no significa necesariamente que las mujeres hayan abandonado su condición de objeto. Salen de sus chozas más bien a las órdenes del cacique, como si fueran animales peligrosos que se ponen temporalmente en libertad para devorar a los cautivos, una imagen apoyada por las alusiones a la antropofagia y el comportamiento análogo al animal de las mujeres. Al mismo tiempo, las imágenes de indias exóticas y eróticas pasivas culminan con la escena de la chica resucitada, que recuerda al espectador que las indias de Echevarría suelen ser jóvenes y atléticas y tienen el cuerpo pintado. Esto podría resumirse reiterando que el sujeto de la historia es el hombre mientras que la mujer aparece como objeto de la mirada masculina del director, tanto en la escena de la resucitación donde se muestra pasiva, como en la de la tortura ejecutada por la tribu de los hombres azules, donde aparece más activa al manifestarse como cruel y peligrosa.

En contraste con esta presentación conservadora, Sanchis Sinisterra pone en escena a mujeres fuertes como Shila y Claudia, y Belli da un paso más con sus heroínas Lavinia e Itzá pero, debido a que su entorno está caracterizado por estructuras (neo-)coloniales, mentalidades egocéntricas y una gran falta de solidaridad, las protagonistas comparten el mismo trágico final que los hombres.

Al gran número de mujeres-objeto se añade en la película el sirviente negro Estebanico, otro personaje que sufre u ocasionalmente se beneficia del curso de la historia pero no es capaz de cambiarlo. Además se trata de un personaje marginalizado (si no ignorado) por la literatura secundaria, un hecho sorprendente, considerando que algunos críticos ven el valor postcolonial de la película en el hecho de que por medio del protagonista "the voice of the other can be rescued" (Miguel Magro 2004: 62). Aunque se refieren aquí a la perspectiva indígena, no cabe duda de que el servidor negro Estebanico pertenece también al grupo de los "subalternos" cuyos puntos de vista suelen quedarse fuera del alcance de la historiografía tradicional (v. Spivak 1999 [1983]). En la película no se menciona el origen de Estebanico, pero el autor de *Naufragios* lo describe como "negro alárabe, natural de Azamor" (Núñez 1999: 222), que implica una doble Otredad: la del esclavo negro y la del árabe, enemigo tradicional del soldado cristiano. Por supuesto hay que preguntarse seriamente hasta qué punto obras como *Naufragios* o *Cabeza de Vaca* pueden "rescatar" su punto de vista, pero no sería lógico excluir a Estebanico, ya que se trata de uno de los cuatro náufragos sobrevivientes.

Este estudio sostiene que la película pone al subalterno negro en el papel del subordinado leal colonial que, guiado por sus instintos, sigue al lado de Núñez sin dar ninguna muestra de juicio propio. En cierto modo cumple así con la función que el ateneísta Martín Luis Guzmán atribuyó a los indios en su ensayo *La querella de México*, y que de hecho se refleja en su presentación de los mismos cuando siguen al protagonista chamán en la segunda parte de la película: "la del perro fiel que sigue ciegamente los designios de su amo" (1984: 15). Ni Estebanico ni los indígenas muestran un comportamiento independiente, no parecen cuestionar nada, reaccionan en vez de actuar y siempre siguen a su amo: Álvar Núñez Cabeza de Vaca (a pesar de que el Estebanico del siglo XVI era el esclavo de Dorantes). La pasividad de Estebanico se corrobora después de la curación del indio que estaba a su lado en otro poste de tormento de la tribu de los hombres azules: mientras que Núñez habla con los chamanes de la tribu y Dorantes y Castillo disfrutan de las indias que se les ofrecen, Estebanico se queda jugando con los niños del pueblo. No se sabe si ninguna mujer estaría interesada en él, pero es obvio que el lugar de este servidor leal e inocente está más bien con los niños que con los hombres. Su condición de subordinado se muestra de nuevo en la escena de la resurrección: Dorantes sólo se queja de la obsesión de Núñez por querer curar a un muerto y finalmente sale de la cueva en forma de protesta, mientras que Estebanico se queda fielmente junto a su amo y sólo sale corriendo de espanto al ver que la joven muerta empieza a moverse. En el campamento de la tropa española está otra vez al lado del protagonista escuchando sus palabras.

Todo esto nos lleva a la conclusión de que parece ser una persona extremamente leal pero indefensa, definida por sus emociones, su falta de juicio y su cobardía, lo que corrobora los principales estereotipos coloniales y neo-coloniales sobre los esclavos africanos que España lleva en grandes cantidades al Nuevo Mundo: parece que no es el sistema colonial el que los ha reducido a servidores, sino que más bien se los presenta como "nacidos para servir" y además faltos de la guía racional española y de la protección patriarcal por la Corona española.

Otros aspectos problemáticos de la obra están conectados con la puesta en escena de la magia indígena. Sin duda, hay que entender esta magia como símbolo de una Otredad que Echevarría quería representar visualmente, y que se refleja en la pintura de los cuerpos, la ropa y los bailes rituales. Indica una Otredad que escapa toda explicación racional occidental y que, por eso, no puede conocerse por medio de las estructuras binarias del discurso colonial. En su lugar, Núñez propone la inmersión emocional para experimentarla, un fenómeno reflejado en él mismo por primera vez cuando cura al indio gigante. Una vez hecha esta experiencia, se da cuenta de que las dos culturas comparten la misma conexión con el mundo mágico, el cual suele presentarse de formas diferentes pero que parte de las mismas creencias: en curaciones milagrosas, resucitaciones de muertos y rituales que puedan vencer "el mal". Aún así, no es aceptable que la presentación mágica-exótica afecte a la mayoría de las tribus indígenas, mientras que la mayoría de los españoles igual de religiosos y fundamentalistas no reciban el mismo trato. El resultado es que el grupo de indios sin pintura que acompaña al protagonista en la segunda parte de la película y las víctimas de los españoles al final de la obra no son suficientes para romper de manera clara y persistente con lo exótico del indígena evocado al comienzo.

Con la cruz cristiana colgando de su cuello y la pintura indígena cubriéndole el cuerpo, Núñez es la personificación de las creencias mágicas que tienen en común, y la forma en que borra las fronteras culturales y religiosas hace que la película sea especial. Por desgracia, el tiempo que invierte la cámara en los rituales indígenas es bastante más largo que el que se dedica a las creencias religiosas de los españoles. Podemos ver al cura practicando un exorcismo y más tarde, al ser herido de muerte, caminando en dirección a una luz que aparece en la jungla, y a Dorantes como cautivo en la jaula de los indios intentando expulsar al ayudante del hechicero con la señal de la cruz. Sin embargo, la duración de estas escenas no llega ni a un minuto de la película, mientras que los rituales del hechicero con el lagarto, el gigante pintado en la arena y el árbol en llamas ocupan unos ocho minutos, sin contar las curaciones híbridas por parte de Núñez en las que destaca el elemento indígena, ya que la pintura, la ropa y los gestos extraños aplacan visualmente la importancia de la cruz.

En este contexto, el hecho de que el atuendo indígena en la película se basa en los grabados de Théodore de Bry (1528-1598), notorios por su ordenación colonial exótica del Otro, no refuerza mucho el mensaje transcultural, el cual también se ve perjudicado porque las palabras indígenas que se escuchan no corresponden a una lengua india sino que son invenciones del director (v. Restrepo 2000: 198, 197). Por supuesto, esto último podría formar parte de la misma estrategia narrativa de reconstruir los clichés europeos acerca del Otro para poder deconstruirlos mejor, pero la deconstrucción de la iconografía colonial no es lo bastante explícita ni, sobre todo, lo suficientemente frecuente para evitar la impresión que Restrepo describe: "Amerindian bodies are turned into rich, exotic, and erotic textures that can be gazed at (consumed) by the metropolitan spectator" (2000: 189).

Lo que este crítico no considera adecuadamente en su valoración es la importancia de la macroestructura narrativa: por una parte está el proceso de la humanización de los indios, claramente reflejado en la sustitución del hechicero opresor exótico por el asistente indígena agradecido "no exótico"; por otra, se ve al mismo tiempo la deshumanización de los españoles, al pasar de ser unos pobres náufragos víctimas de la hostilidad del mar y de indios crueles a conquistadores brutales que se aprovechan de su superioridad militar para esclavizar o matar a los indios que encuentran. El proceso de alienación es bien visible cuando el protagonista y su grupo se topan con jinetes españoles cuyas caras y cuerpos están cubiertos de pañuelos y armaduras plateadas brillantes. Sin mediar palabra y con sus armas en la mano, deciden rodear al grupo de caminantes indefensos y, al hacerlo, se asemejan a máquinas bélicas, impersonales y frías dispuestas a atacar en cualquier momento y sin el menor aviso. Es decir, hasta cierto punto son igual de aterradores que el hechicero y su asistente Malacosa al principio de la película. Esta deshumanización alcanza su punto culminante al final del filme con la puesta en escena de un gran número de esclavos indígenas cargando una cruz de plata brillante gigantesca al ritmo de un tambor militar español. De esta forma, el largometraje dirige la mirada del espectador de los clichés internalizados del bárbaro foráneo a la imagen del bárbaro Yo para acentuar la barbarie como constante humana, pero ofrece a la vez una posible salida del círculo vicioso de su destrucción mutua: la síntesis transcultural propuesta por el protagonista. Para ello Echevarría llega a un compromiso: no quiere terminar con la imagen romántica occidental del indio como "salvaje noble" al estilo de *Atala* de Chateaubriand, pero tampoco desea apoyar la perspectiva indigenista del indio civilizado y pacífico brutalmente oprimido por el conquistador bárbaro.

El hecho de que algunos críticos reprueban la visión colonial de la película[68] mientras que otros la categorizan como indigenista[69] confirma que no es nada fácil clasificarla como defensora de ninguna de las dos vertientes. En este sentido Echevarría ha tenido éxito con su intento de producir una obra crítica que no encaja en los grandes relatos coloniales e indigenistas, pero no cabe duda de que desgraciadamente muchos de los estereotipos tradicionales han sobrevivido el intento deconstruccionista del filme.

[68] V. la iconografía colonial según Restrepo (2000: 198); Jablonska Zaborowska piensa que la película "niega la violencia que acompañó" a la Conquista y "el hecho de que la cultura que se impuso fuese la europea y no la indígena" (2004: 23).

[69] V. Kempley, según la cual la obra apoya la noción de victimización de los indios por "greedy, cross-kissing Euro-savages" (1992: 32), una imagen corroborada por la idea del "choreographed paradise" de "coffee-table indians" de Grenier (1991: G4).

Conclusión

1. Las fronteras: las tradicionales, las borrosas y las nuevas

Este estudio ha mostrado cómo y hasta qué punto la nueva narrativa hispánica sabe distanciarse de las imágenes coloniales y neo-coloniales de la Conquista sin caer en las líneas de argumentación de otros discursos tradicionales como el indigenista, el marxista o el feminista. La clave consiste en describir el encuentro entre Europa y América Latina como contacto interactivo –intercultural o transcultural–, capaz de extraer la experiencia histórica del monólogo de los diferentes discursos del poder para integrarla en diálogos que dan voz a una multitud de perspectivas y que facilitan la comprensión de realidades más complejas. Esta "multiperspectividad" debe considerar la importancia de las imágenes discursivas tradicionales para legitimar el sistema cultural, sociopolítico y económico del Yo, al igual que las alternativas al permanente autorretrato superior, con las cuales se podría iniciar un proceso mental de disolución de las fronteras establecidas.

El análisis de nuestro corpus lleva a la conclusión de que el método más frecuente de acercarse a estos objetivos es la humanización de los grandes "descubridores" y "conquistadores", así como la desestabilización de las fronteras mentales que definen y separan los dos grupos. El término "humanización" hace referencia aquí a la definición del ser humano como animal capaz de construir estructuras cognitivas (v. Antor 1996), las cuales pueden ser constructivas o altamente destructivas. También comprende la idea de que la "programación" de la mente humana se efectúa siempre de manera incoherente, lo cual no se debe a un condicionamiento nacional cuasi-omnipotente como sostiene Hofstede (2001), sino a la influencia de una amplia gama de discursos parcialmente contradictorios (por ejemplo "nacional-capitalista-católico-machista-...") y a la colaboración consciente o inconsciente del hombre.

No es casualidad que obras como *El arpa y la sombra*, *Naufragios de Álvar Núñez*, *Daimón*, *Cabeza de Vaca*, *Crónica de blasfemos*, *El carnaval de la muerte alegre* y *Las naves quemadas* inviten al lector a imaginarse al conquistador como ser híbrido, tendencia que lo sitúa en un "tercer espacio" entre la glorificación de la cultura española en la leyenda áurea y su proyección monstruosa en la leyenda negra. De esta manera la hibridez se convierte en el elemento esencial de la humanización por medio de la cual los escritores y directores intentan comprender las obsesiones e inhumanidades que caracterizan la Conquista a través del egocentrismo y etnocentrismo humanos de sus participantes, aunque hay que subrayar que "comprender" no significa aquí "disculpar" o "justificar" lo indisculpable o injustificable. En un contexto en el que el Yo es indiferente al Otro, son la variedad de debilidades, violencia y vicios humanos las que resisten todo intento de subsumir la Conquista en las estructuras binarias de los discursos (neo-)coloniales o indigenistas. De manera semejante se disuelve en nuevos espacios "in-between" (Bhabha 1994) la polarización radical entre "descubridores" y "conquistadores", separación artificial que sigue corroborando las construcciones coloniales más importantes al excluir a Colón y de vez en cuando a otros conquistadores-héroes de toda crítica, ya sea la antiespañola tradicional asociada con la leyenda negra o la anticolonial postmoderna. De esta manera, la transformación de los personajes históricos en protagonistas híbridos de novelas, películas y obras de teatro llega a ser un método narrativo clave para acercarse al complejo fenómeno de la Conquista. Esta ficcionalización, que frecuentemente incluye la invención de personajes como Shila (de *Naufragios de Álvar Núñez*), facilita la introducción a una variedad de opiniones subjetivas que no son complementarias pero que reflejan el carácter colectivo y la dinámica de los acontecimientos históricos.

Algunos críticos como López consideran sumamente problemático dicho enfoque en los conquistadores, ya que refleja "the traditional historical novel's emphasis on the 'great men' of history" (2002: 2), y en verdad debemos darle cierta razón en acentuar el peligro de este planteamiento. Sin embargo, López parece olvidar que la reconstrucción de los grandes hombres de la narrativa colonial con el propósito de deconstruirlos en la nueva narrativa no es comparable a la glorificación anterior, y que la nueva narrativa se inspira cada vez más en las perspectivas indígenas; probablemente ambas ideas son difíciles de asimilar para un crítico que se concentra en las novelas canónicas de la nueva novela histórica latinoamericana.

El enfoque indígena se muestran sobre todo en las obras de escritoras a ambos lados del Atlántico como Belli (*La mujer habitada* y numerosos poemas), Asensi (*El origen perdido*) y Boullosa (*Llanto*, *Los totoles*), pero también en películas de directores latinoamericanos como Carrasco (*La otra conquista*), Echevarría (*Cabeza de Vaca*), Lamata (*Jericó*) y Pereira (*Hans Staden*) y en algunas obras de teatro de dramaturgos de los dos continentes como *Yo, maldita india...* de López Mozo y *La noche de Hernán Cortés* de Leñero. Es por tanto particularmente lamentable la falta de autores y directores españoles en este ámbito, igual que la poca disposición de dar el protagonismo a personajes indios, porque en este respecto la lista de nuestro corpus se reduce rápidamente a algunas obras de Belli, Boullosa y Carrasco. A éstas podría añadirse el largometraje *Apocalypto* de Gibson, el cual sorprendió a los críticos por su enfoque en el mundo indígena (supuestamente maya), especialmente al escoger a Rudy Youngblood como protagonista, un americano de origen Cree, Comanche y Yaqui. Por desgracia, conserva las características de una historia de aventuras tradicional y típicamente neo-colonial.

Sin embargo, la propensión a la humanización se mantiene en todos los casos mencionados, sólo que ahora se concentra en el mundo indígena, como en *La otra conquista* y *La mujer habitada*, o por lo menos se lo trata sustancialmente, como ocurre en las obras que siguen trabajando con blancos europeos como protagonistas, es decir, *Cabeza de Vaca*, *Jericó*, *Hans Staden*, *Yo, maldita india...* y *El origen perdido*. Lo esencial en todos ellos es que se disuelve la percepción típica de los indios como víctimas, objetos exóticos o receptores más o menos agradecidos de la cultura europea.

Igual que el arrinconamiento de los indios en la gran mayoría de la nueva narrativa, la marginación de los conquistadores que viene de vez en cuando con el enfoque indígena de las obras mencionadas solamente se convierte en problema si lleva a la omisión del Otro, como parece ser el caso en algunos ejemplos, sobre todo del cine pero también de la novela en España. En este contexto, es interesante notar que las dos comedias landistas que describen la época de Colón prefieren contar su historia sin mostrar el contacto interétnico. El ejemplo más obvio es la obra de Ozores que, ya en el título *Cristóbal Colón... de oficio descubridor*, promete centrarse en el "descubrimiento", pero termina justo cuando el protagonista llega a unas playas aparentemente desiertas y toma posesión de ellas. En *La marrana*, Cuerda ni siquiera permite que su protagonista pícaro de clase baja embarque con Colón: el cerdo toma su lugar, y el espectador escucha breves comentarios acerca del viaje, sin ver imagen alguna del Nuevo Mundo. De manera semejante el Colón de López Vergara tampoco llega a las Indias. En todos estos casos parece que se evita la cuestión del encuentro cultural para que el espectador pueda disfrutar de la obra sin preocupación alguna.

Por otro lado están los filmes que siguen la tradición del cine de capa y espada, en particular *Cristóbal Colón: el descubrimiento* de Glen, pero también hasta cierto punto *1492: La conquista del paraíso* de Scott. Al reavivar el personaje de Colón como héroe del siglo de las luces que lucha incansablemente en contra de las fuerzas del mal (medievales, supersticiosas, caníbales), ambas obras omiten lo foráneo siguiendo la tradición de la "españolada", género épico que caracterizó el cine español histórico hasta los años sesenta. Las comedias landistas –igual que la novela de López Vergara– también podrían pertenecer a esta corriente, pero es cierto que ninguna de las obras mencionadas emula la glorificación tradicional tanto como *Vida de Cristóbal Colón y su descubrimiento de América* de Bourgeois (1917). Lo que se muestra en las comedias es un reflejo narrativo de la misma tendencia política española que fomentó la celebración de los cinco centenarios pasados y que Simson caracteriza como susceptible a la crítica, compulsiva a la hora de defender el pasado y contraria al análisis crítico de la historia (v. 2003: 16).

En general, son las publicaciones gubernamentales y las de los colaboradores del gobierno las que suelen insistir en las posiciones tradicionales, ya que una investigación pública de la Conquista y del tiempo colonial no sólo tendría un impacto devastador en la imagen histórica transmitida por los libros escolares y los medios de comunicación de masas, sino que también podría poner en duda la identidad postcolonial nacional creada por el gobierno.

Desde una perspectiva teorética y cultural no importa tanto el enfoque de la nueva narrativa en la Conquista, siempre y cuando no omita la Otredad. Lo fundamental es que, al contrario que obras tradicionales como *La marrana* y *Apocalypto*, la absoluta mayoría de la nueva novela histórica, el cine colonial contemporáneo y el teatro postmoderno suele acabar presentando los sucesos históricos como "escenificaciones" en las cuales las imágenes tradicionales de los "grandes relatos legitimadores" (Lissorgues 1991: 29) se convierten en actos de una gran obra teatral: "Representan, simulan las acciones sociales" (García Canclini 1995: 327). La escenificación de la pérdida "del libreto y del autor" (ibíd.), significa en primer lugar la ilegitimación de las principales vertientes tradicionales, sea la leyenda áurea o la leyenda negra. En segundo lugar, hace referencia a la subjetividad de los nuevos escritores que abandonan el objetivo literario tradicional de construir modelos "auténticos", coherentes y universalmente aceptables, con lo cual se distinguen fundamentalmente de la narrativa decimonónica y de los discursos coloniales e indigenistas. Las sociedades contemporáneas occidentales se perciben como una comunidad homogénea, monetaria y política, que está basada en la quimera de compartir valores culturales y ansiedades esenciales (v. Labanyi 2000: 6 ss., 385).

Dentro de esta proyección, la nueva narrativa aparece como escenificación simbólica híbrida, la cual no se opone directamente a la modernidad, sino que la "habita" –en el sentido de Bhabha (1994)–, es decir, se la apropia al recodificarla. Las obras que comparten esta tendencia suelen reconstruir las ideas coloniales de la Conquista solamente con el fin de deconstruirlas mejor en la parodia, el juego intertextual o la alienación carnavalesca, pero en este estudio se ha podido demostrar que existen diferencias significativas entre la deconstrucción en las obras "neobarrocas" y las "hiperrealistas": mientras que en el primer grupo predominan las representaciones irónicas –incluso hasta grotescas y absurdas–, en el segundo se trabaja más con el diálogo y la reflexión individual de los personajes. En cuanto a la estructura general, en el carácter neobarroco se puede observar cómo se va intensificando la estética fragmentaria cuando pasamos de *El arpa y la sombra* a *Llanto* y a *El carnaval de la muerte alegre*; en el ámbito hiperrealista, vemos o el aumento del diálogo y la pluralidad de perspectivas (v. *No serán las Indias, El origen perdido* y *Yo, maldita india*...), o –en el caso del cine– la creciente iconización de la historia, visible en la evolución de *El Dorado* a *Jericó*, y más tarde a *Cabeza de Vaca* y *Hans Staden*. Tenemos que asumir en todo momento que ningún desarrollo es lineal y que siempre hay excepciones en las tendencias generales, como por ejemplo *Naufragios de Álvar* Núñez, la excelente obra fragmentaria que Sanchis Sinisterra escribe un año antes de la publicación de *Llanto* de Boullosa.

La desilusión política y la pérdida de credibilidad en los grandes discursos políticos, que acompañan las numerosas crisis globales del siglo pasado y que llevan a puntos culminantes en la descolonización y la crítica internacional de nuevas políticas imperialistas, se reflejan en la debilidad de los conquistadores elegidos como protagonistas, ya sea la de los náufragos Núñez y Staden en *Cabeza de Vaca*, *Naufragios de Álvar Núñez* y *Hans Staden*, del fraile Antonio que pierde su fe y razón en *Jericó*, del rebelde escrupuloso Aguirre en *El Dorado* o *Aguirre, la cólera de Dios*, o del Colón frágil en *1492: la conquista del paraíso* cuya esperanza de regresar al paraíso bíblico se pierde entre la arrogancia y la ambición de la aristocracia española, la hostilidad de algunos indios y la adversidad del clima del Nuevo Mundo. Este último aspecto es un tema que ya se menciona en *La misión*, aunque la película no trata de Colón, sino del sacerdote jesuita Mendoza que aparece –igual que el Colón de Scott– como defensor del paraíso. El desequilibrio mental del conquistador en *La misión*, interpretado de forma excelente por Robert de Niro, conduce en todos estos casos a cierta desestabilización y disolución de algunas de las dicotomías tradicionales internalizadas, como las de cultura masculina-naturaleza femenina, sujeto-objeto, razón-sentimiento y ley-caos. Son las mismas dicotomías que secundan la superioridad masculina, ayudan a justificar el dominio colonial patriarcal y culminan –precisamente por su síntesis cultural y de género– en "un régimen de razón que oprime, excluye o destruye todo lo que se le opone" (Hölz 2004: 10, traducción del autor).

Desgraciadamente ninguna de las películas mencionadas sabe romper con la imagen del conquistador como hombre que hace la historia frente a la de los conquistados pasivos, oposición que se refleja en el discurso colonial y en el indigenista, aunque en el primer caso la relación se traduzca en civilizador-civilizado y en el segundo, en victimario-víctima.

Para abordar el concepto de la hibridez parece ser necesario volver a las estructuras binarias centrales: la división simple de los creadores de la historia de América en "descubridores" y "descubiertos" o "conquistadores" y "conquistados" pertenece a la retórica colonial que sigue influenciando la opinión popular contemporánea debido a su constante diseminación, entre otros, a través de los medios de comunicación de masas y los libros escolares. La nueva narrativa ofrece alternativas a esta proyección tradicional en dos ocasiones: cuando (re)descubre los instintos, los vicios, la falta de educación y el etnocentrismo de los "descubridores", características que imposibilitan el conocimiento antropológico del Otro, y cuando se concentra en la resistencia que los supuestamente descubiertos oponen a la apropiación totalitaria intelectual y territorial de su mundo. Algunos ejemplos excelentes de las dos estrategias se encuentran en *El arpa y la sombra* y *Yo, maldita india...* En la primera obra, la confesión del pícaro Colón complementa la crítica de la sociedad española del indio Dieguito (v. IV.1), y la segunda ofrece un contrapunto interesante mediante las perspectivas del borracho Bernal Díaz y de la Malinche.

De manera semejante la nueva narrativa cuestiona la aplicación del término "conquistador" a las masas de españoles que llegaron a ser víctimas de sus propias ambiciones, comprendían poco o nada de las culturas que encontraron, y fueron reducidos rápidamente por otros, ya fueran indios, españoles, piratas ingleses u otros europeos. La autodegradación se observa especialmente en *Las naves quemadas* (IV.2), *Naufragios de Álvar Núñez*, *Cienfuegos*, *Guanahaní* y *El fuerte Navidad*; la falta de comprensión, particularmente en *El arpa y la sombra* y *El origen perdido* (IV.1, V.2); y el círculo vicioso de la violencia sobre todo en *Las naves quemadas* pero también en *El carnaval de la muerte alegre*.

Con respecto a la resistencia indígena de los últimos siglos que se manifiesta en la lucha armada y en la conservación de sus lenguas, rituales y puntos de vista históricos, la narrativa considera la noción de "conquistado" igualmente cuestionable. Hemos mostrado en detalle cómo se puede expresar esta resistencia: en *La mujer habitada,* por medio del valor simbólico del cuerpo indígena (V.1) y, en *El origen perdido,* mediante la exposición de sucesos relacionados con códigos mágicos (V.2). Sin embargo, se podría añadir fácilmente la resistencia de la Malinche en *Yo, maldita india...*, de Shila en *Naufragios de Álvar Núñez* y de Topiltzín en *La otra conquista*. En este contexto, no cabe duda de que el concepto del "conquistador conquistado" es central en nuestro corpus de textos, además de ser un tema favorito en las películas analizadas (v. los protagonistas de *Cabeza de Vaca*, *Jericó* y *Hans Staden*). A continuación comentaremos los resultados del análisis detallado del corpus de texto para luego enunciar las distintas conclusiones holísticas.

2. Los conquistadores conquistados y los conquistados conquistando

En el culto oficial a los héroes del estado español destaca a Colón, cuyo estatus de "descubridor" semi sagrado lo ha librado frecuentemente de la crítica del colonialismo. Quizá por esta razón Carpentier decide "humanizarle" en su última novela, la cual a su vez inició el movimiento de la nueva novela histórica latinoamericana. El estudio pormenorizado de su obra revela que la síntesis de los argumentos de la historiografía contemporánea sobre la "invención" de América, las ideas expresadas por el escritor cubano y los textos intercalados en *El arpa y la sombra* llevan a la disolución de la imagen oficial del Colón humanista e intercultural. En particular se muestra que el punto de vista del protagonista pícaro y materialista está caracterizado por la lectura de textos medievales, especialmente por los informes de los viajes de Marco Polo, que revelan a un hombre de negocios incapaz de comprender el Nuevo Mundo. En su lugar, asimila lo foráneo, imaginado como femenino, de manera monocultural a través de una mezcla literaria medieval extremamente subjetiva y deformada.

A pesar de la alienación paródica que aparece en la novela, se observan semejanzas sustanciales con la imagen de Colón en la historiografía moderna, por ejemplo en cuanto al carácter ficticio de su *Libro de a bordo*, sus intertextos narrativos y la perspectiva de género. En este sentido *El arpa y la sombra* anticipa ya en 1979 resultados clave de la investigación historiográfica de las últimas tres décadas. La síntesis cultural y de género está representada por un Colón machista en cuya imaginación la apropiación territorial está directamente conectada con la conquista erótica. Sin embargo, para el lector es fácil ver los límites de esta fantasía, sobre todo en los encuentros del comerciante con la reina Isabel o con Dieguito, en los cuales se revela como mal actor, pero también en la forma ingenua y simplista de definir el Nuevo Mundo como extensión de la España medieval. De esta manera además se delata como mercader que vive de engañar tanto a los otros como a sí mismo: sus marchas triunfales ante los Reyes Católicos son –al igual que la política papal de santificarlo– simples piezas teatrales fácilmente reconocibles como tales por los lectores.

No obstante, es lamentable que no se intente desarrollar más en profundidad el punto de vista y la personalidad de Dieguito o de mujeres tan importantes como la reina Isabel, así que al final dominan las perspectivas de hombres blancos, incluso en la puesta en escena carnavalesca del gran tribunal, que hubiera sido una excelente oportunidad para integrar las voces de otros marginados como lo hace *Naufragios de Álvar Núñez*.

Otro texto neobarroco ejemplar es *Las naves quemadas* de Armas Marcelo que, según este estudio, es una de las obras fundadoras de la nueva novela histórica española y además la primera con el tema de la Conquista dentro de este movimiento literario. En muchos sentidos es comparable con *El arpa y la sombra*, aunque la obra del escritor español recurre menos a la intertextualidad y más a la teoría clásica bajtiniana con el fin de disolver la imagen colonial. De manera carnavalesca, la novela pone en escena a conquistadores que son incapaces de diseminar los ideales humanistas de su época, ya que no sólo suprimen o eliminan lo foráneo (en este caso los perros verdes, la isla entera y la tribu de Zulima) a base de su mentalidad monocultural, sino que provocan su propia autodestrucción.

En este contexto los conquistadores se manifiestan como animales determinados por sus instintos y forzados a matar todo lo que no se deja conquistar, incluso los pacíficos perros verdes. Sin embargo, su obsesión enfermiza por querer poseerlo todo no tiene éxito con lo que anhelan en realidad: a Mademoiselle Pernaud y a Zulima, que les parecen diosas del amor. Además quieren ser dueños de los dos últimos perros verdes que exhiben como muestra de su capacidad de domesticar lo indomesticable; del mar, como "pars pro toto" de la naturaleza que desean dominar; y, sobre todo, del oro: símbolo de la vida buena socialmente respetada y honrosa que les gustaría llevar.

Aunque al igual que en *El arpa y la sombra* se borren aquí las fronteras tradicionales del conquistador-victimario frente al conquistado-víctima, la fuerte asociación de lo femenino con lo emocional y lo destructivo sigue siendo sumamente problemática, en especial porque se manifiesta en la degradación de los hombres a simples instrumentos de sus instintos que últimamente están condenados a morir. Es decir, siguiendo la tendencia (neo-)colonial, no sólo se describen los nuevos territorios como desiertos (por lo cual puede justificarse su ocupación), sino que además se transfiere buena parte de la culpa de la completa destrucción de estos territorios explícitamente a todo aquello que seduce y que conduce al conquistador a un estado "febril", ya sean mujeres como Pernaud y Zulima, o la naturaleza y el oro, a los cuales se da atributos femeninos.

Naufragios de Álvar Núñez, la tercera parte de la *Trilogía americana* de Sanchis Sinisterra y última obra neobarroca de nuestro estudio, es en muchos sentidos un modelo a seguir para la nueva narrativa más reciente. Entre otros aspectos destacan su fuerte fragmentación, la metateatralidad y la permanente interacción con el lector que rompen de manera ejemplar con el monólogo institucionalizado de los grandes discursos legitimadores, aquí representados por el informe colonial *Naufragios* del siglo XVI. Dicho informe se cita repetidamente en la pieza teatral y, aunque muestra cierta benevolencia hacia los indios, también justifica la colonización e incluso da consejos militares prácticos donde propone una estrategia de asimilación o eliminación para conquistar los territorios, según la tradición monocultural de las crónicas.

Por otra parte, el tema central de la pieza teatral es el fracaso generalizado que une de manera transcultural a todos los personajes, entre ellos a los "conquistadores" blancos y a los indios que hay por conquistar. Además corresponde a la imposibilidad de reconstruir la historia de forma objetiva con una "teatralidad del fracaso", cuyo rechazo de los principios aristotélicos del teatro culmina en la disolución de la acción dramática. Así se habilita un espacio privilegiado para los marginados, ya sean los compañeros de Núñez –entre ellos el negro Esteban–, o Shila, la amante india del protagonista no documentada en *Naufragios* pero históricamente posible, si no probable. El escenario se convierte así en el famoso "tercer espacio" de Bhabha, es decir, un espacio fronterizo que facilita la interacción no jerárquica de las culturas. Es de entender que ninguna de las numerosas opiniones subjetivas de los protagonistas marginados puede reclamar validez universal sobre las otras, pero cada una de ellas –incluso la del Álvar Núñez de Sanchis Sinisterra– ofrece alternativas a los grandes discursos legitimadores y acentúa sus límites. Un problema fundamental parece ser la falta de comprensión y solidaridad entre estos marginados, por lo cual en última instancia muestran un comportamiento multicultural, caracterizado más bien por la coexistencia temporal que por la construcción de lazos duraderos entre las etnias, razas, sexos y diferentes subculturas, –aunque puede que sea precisamente el dilema que el autor quiere subrayar.

Aparte de algunas experiencias individuales excepcionales y temporalmente limitadas (como la relación transcultural entre Álvar y Shila), los lectores están confrontados en primer lugar con una forma de coexistencia donde la incomunicación y la soledad destacan como denominadores comunes humanos. El aspecto que sí es lamentable es la falta de diferenciación dentro del mundo indígena, ya que al representarlo únicamente a través de Shila, sólo se muestra la imagen del "salvaje noble", igual que en *Atala* de Chateaubriand.

A pesar de que Belli recurre a los discursos indigenistas, marxistas y radical-feministas de los años setenta y ochenta, *La mujer habitada* subvierte las dicotomías tradicionales por medio de construcciones híbridas que definen el sandinismo como movimiento en el cual se unen diferentes etnias, clases y géneros en una lucha que nunca llega a ser del todo complementaria y aún menos armoniosa. Al contrario que la tendencia general de la nueva novela histórica, la obra testimonial de Belli no se concentra en la mentalidad de los conquistadores españoles, sino en la de los más marginados que, en este caso, le parecen ser las indias de los tiempos de la Conquista y las mujeres sandinistas durante la lucha revolucionaria en Nicaragua. Por tanto, las dos protagonistas de su novela hiperrealista, Itzá y Lavinia, proyectan perspectivas feministas que se oponen a la continuidad inhumana de la dominación extranjera y patriarcal. A diferencia de la mayoría de las obras testimoniales de tendencia feminista e indigenista, las cuales suelen limitarse a describir la vida de una persona de manera mimético-realista, *La mujer habitada* ofrece una densa descripción de la memoria popular al desarrollarla en mujeres como Itzá y Lavinia, que están marcadas por la cosmología indígena. Resulta que la memoria indígena es capaz de impregnar alternativas transculturales a la historiografía de los vencedores masculinos en las dos protagonistas y en el cuerpo maternal clave, la Pachamama.

Sin embargo, al reactualizar estas alternativas en forma periódica, sólo consigue abrir nuevas posibilidades locales, individuales y contingentes, es decir, que no son universales ni se pueden planear. Por un lado, la heterogeneidad y la falta de complementariedad de los diferentes discursos dentro de la resistencia acentúan la necesidad de revisar la historia oficial desde múltiples perspectivas, en particular, las de género; pero por el otro, cuestionan la validez de las perspectivas de las dos protagonistas.

Por tanto, clasificar *La mujer habitada* como novela mágico-realista según la tradición del "boom" latinoamericano que propone Schütz (2003) no resulta muy convincente. Más bien se trata de una parodia de las construcciones de identidad de las obras de los años sesenta y setenta, aunque hay que admitir que la novela no consigue desarrollar ninguna alternativa concreta a las tendencias indigenistas, marxistas o feministas presentadas.

A primera vista, la novela de aventuras *El origen perdido* parece invertir de forma simplificada las imágenes históricas coloniales, es decir, desde la perspectiva del narrador los conquistadores (sean españoles o incas) parecen bárbaros, mientras que sus víctimas indígenas (aquí los aymaras) se presentan como guardianes de una civilización superior. Sin embargo, la supuesta omnisciencia objetiva de Arnau, el protagonista monocultural, occidental y contemporáneo que cuenta la historia y que alega conocer de forma universal al hombre actual, es sumamente cuestionable, como lo demuestran sus repetidas equivocaciones al valorar el carácter de otras personas (como su propio hermano y la catedrática Marta) o el mecanismo de la magia indígena. Las investigaciones del protagonista recuerdan a la tradición de novelas policíacas (desde la serie de *Sherlock Holmes* de Arthur Conan Doyle a *Il nome della rosa* de Umberto Eco), reúnen el potencial internacional e interdisciplinario del saber occidental y aparentemente gozan también de recursos económicos inagotables y tiempo ilimitado. Aún así, sus resultados dejan mucho de desear, y la reconstrucción de los estereotipos clásicos por parte de los investigadores dice más de su sobreestima que de los otros. El motivo central del viaje, que no se muestra solamente en la excursión a la selva boliviana, sino también en las numerosas búsquedas en internet, aparece como un movimiento de huída a la periferia al estilo de Waldenfels (1990) y abre nuevos espacios de comprensión y expresión comparables a la literatura de migración de Ben Jelloun analizada por Pagni (2004: 108).

En este contexto, es imprescindible relativizar la imagen tradicional de la sociedad postindustrial occidental como centro, y el espacio foráneo como periferia, con lo cual empiezan a disolverse las fronteras culturales y se rompe con la retórica de la "misión civilizatoria" (neo-) colonial. Al final, la obra de Asensi mantiene la convicción de que es necesario intensificar por medio del diálogo los procesos de aprendizaje interculturales y transculturales en los cuales se borran las jerarquías culturales indigenistas y neo-coloniales, en lugar de confirmar construcciones de superioridad occidentales.

Sin embargo, al igual que en *La mujer habitada* las posibilidades planteadas por los protagonistas se limitan a ser individuales, locales y eventuales. Por motivos comerciales, en *El origen perdido* los elementos paródicos que llevan a la interpretación quijotesca del narrador y permiten la categorización de la novela como obra metaficcional no se presentan de manera tan densa como en el *Diario maldito de Nuño de Guzmán* de Martínez. Sin embargo, el número de elementos estilísticos alienantes es suficiente para impedir la lectura automática y facilitar la crítica de la perspectiva del narrador. En este sentido, *El origen perdido* combina efectivamente aspectos clave del *Don Quijote* de Cervantes con la sensibilidad postmoderna para conseguir un diálogo intercultural abierto, aunque la presentación de los indios contemporáneos como altamente pasivos (si no serviles) y la supresión de las diferencias culturales entre españoles y latinoamericanos blancos bajo la noción de hispanismo tradicional siguen siendo problemáticas.

Cabeza de Vaca, la tercera obra hiperrealista y primera cinemática del análisis, presenta un protagonista que después de pasar algunos años entre indios se convierte en un híbrido transcultural ejemplar. Su sincretismo religioso, bien visible en la mezcla simbólica de amuletos que lleva consigo a partir de la mitad de la película, muestra que no se refiere al "tránsfuga cultural" de Floeck (2003) o del conquistador "gone native" de Valverde (1999), es decir, alguien que abandona su cultura española para convertirse en nativo (como por ejemplo Fray Antonio en *Jericó*), sino de un hombre nuevo que basa su identidad en la cruz, las oraciones cristianas y la magia indígena al mismo tiempo.

La transformación del conquistador monocultural en chamán transcultural se pone en escena a través de la retrospectiva del protagonista Álvar Núñez, mejor conocido por su título honorífico Cabeza de Vaca y, aunque la narración central siga la línea cronológica de los relatos tradicionales, las técnicas de alienación son numerosas y persistentes. Es obvio que se trata de una película que ya no confía demasiado en las palabras, por lo cual responde a los grandes discursos coloniales e indigenistas con la iconización de la historia y muy pocos diálogos, siendo las imágenes las que transfieren la fuerte carga cognitiva y emocional. Además, se disturba la recepción automática mediante diferentes técnicas: imágenes que sólo muestran un fondo negro acompañadas de marchas militares españolas o ritmos rituales indígenas muy al principio y al final de la película; escenas surrealistas, como el encuentro entre jinetes españoles "sin cara" armados hasta los dientes y el grupo semidesnudo indefenso de Núñez; o la representación de la cruz plateada gigante acarreada por esclavos indios en dirección a una tormenta.

Por desgracia, la maniobra de deconstrucción no alcanza de manera convincente ni a las indias, que continúan en los papeles más estereotípicos tradicionales (sea el del objeto erótico, pasivo y sufridor de la historia o el del ser agresivo, irracional y mortal), ni tampoco al "negro", que se presenta como obediente, pasivo y muy emocional. Asimismo, la caracterización exótica de las diferentes tribus indígenas, que se suele acentuar por la pintura corporal y otros atributos, es muchas veces problemática, ya que sigue las estructuras coloniales.

3. A manera de conclusión

En nuestro corpus de texto domina la imagen de los conquistadores como victimarios culpables de la destrucción que causan y, al mismo tiempo, como víctimas de sus propios instintos, en particular la avaricia, la envidia y la lascivia, que desestabilizan su control racional y, con esto, su autorretrato como sujetos superiores. Este proceso de alienación propia revela que en sus odiseas ya no hay ninguna Ítaca donde se podría restablecer el "orden auténtico". En su lugar, la destrucción y autodestrucción van en paralelo, con lo cual se ponen en primer plano personajes paradójicos que se han definido como "conquistadores conquistados". Muy frecuentemente son personajes agresivos cuya crueldad se dirige en contra de ellos mismos cuando se encuentran en un ambiente más o menos violento.

En este contexto, es encomiable que los autores españoles por lo general ya no sientan ninguna necesidad de presentar la brutalidad de la Conquista como carácter marginal que desaparece detrás de los principios omnipresentes de cristianismo y humanismo, y que los escritores latinoamericanos no tengan problemas en exponer la violencia en la vida cotidiana indígena. Todo esto se muestra en detalle en *La mujer habitada*, *Guanahaní*, *El fuerte Navidad*, *La otra conquista*, *Jericó* y *Yo, maldita india...*, aunque la calidad y la cantidad de los crímenes y sus motivos sean muy diferentes en cada una de ellas. En el primer caso, los conquistadores causan tanto miedo y caos en una sociedad indígena originalmente pacífica que –en su desesperación– los indios empiezan a sacrificar sus propios familiares a los dioses. En *Guanahaní* y *El fuerte Navidad* los españoles destruyen el paraíso de los Tainos mediante asesinatos, violaciones y esclavizaciones masivas (basta recordar el permiso de desembarco de la tripulación de Colón en *Guanahaní*, Muñoz 2002: I, 161 ss.), luego se matan entre sí y finalmente los indios acaban con los que sobreviven. Esto es un buen ejemplo de cómo los instintos destructores pueden llevar a la reducción, el sufrimiento y la muerte de los propios conquistadores, un fenómeno que se repite en *Cienfuegos*, cuya colonia española termina también como resultado de los vicios de los españoles.

Es precisamente esta autodestrucción la que lleva al Colón de *El arpa y la sombra* a presentarse como "descubridor-descubierto" y "conquistador-conquistado" (v. la cita al principio de este estudio y el análisis en IV.1), porque él mismo muere como pecador pobre e hipócrita, y son estos mismos pecados los que evitan su beatificación siglos más tarde. Otros conquistadores que se conquistan a sí mismos son Juan y Álvaro Rejón en *Las naves quemadas*, Estebanillo en *Crónica de blasfemos* de Sáenz, Nuño de Guzmán en el *Diario maldito de Nuño de Guzmán* de Martínez y, de manera más inmediata, Álvar Núñez en *Cabeza de Vaca* y en *Naufragios de Álvar Núñez*, Balboa en *El carnaval de la muerte alegre*, Staden en *Hans Staden* y Fray Antonio en *Jericó*, aunque particularmente en las películas y las piezas teatrales citadas la penuria o la muerte del conquistador no parecen estar conectadas con ningún vicio personal que podría justificar el castigo individual a manos de una justicia superior. También *La mujer habitada* confirma la imagen del "conquistador conquistado" al recalcar cómo la violencia de los invasores y dictadores sólo conduce a más violencia, sea por parte de los oprimidos o por otros opresores más fuertes.

Según nuestro estudio, la búsqueda del oro aparece como motivo narrativo central de la Conquista, lo cual está directamente conectado con el fuerte deseo de los protagonistas marginados de mejorar su posición social, aumentar su respeto y defender su honra. Tanto los hermanos Rejón en *Las naves quemadas* como Juan de la Plaza en *El fuerte Navidad* son buenos ejemplos de una ambición social grotescamente exagerada, tendencia que enlaza con sus obsesiones sexuales. Es decir, los tres asocian la conquista del Nuevo Mundo con la apropiación sexual, y esta síntesis explica su carácter activo compulsivo y su aguante en los malos tiempos. Incluso el Colón de Carpentier y el Cortés de López Mozo muestran considerable interés por las mujeres exóticas, aunque éstas nunca logren una importancia comparable a la del oro, objetivo principal del comerciante altamente endeudado con los Reyes Católicos pero también del conquistador rebelde que tiene que ganarse la benevolencia del rey.

En *Los perros del paraíso*, Posse se distancia de *El arpa y la sombra* presentando a un Colón religioso que busca el paraíso terrenal y quiere disfrutar de la vida. A pesar de sus muchas diferencias, por ejemplo en cuanto al "espíritu capitalista" (el de Posse lo rechaza y el segundo lo personifica), los dos comparten un gran número de vicios y la misma obsesión egocéntrica, mientras que sus tripulaciones siguen con la fanática búsqueda del oro y la "conquista erótica". Son comparables también cuando al final se reducen a conquistadores conquistados, aunque Posse desarrolla mucho más la feminización de su Colón al invertir de forma paródica los estereotipos de género. La violación de las mujeres indias como "acto triunfante" de los conquistadores se trata en ambas novelas, y también indirectamente en *La mujer habitada*, cuando Itzá comenta la masiva prostitución forzosa y la renuncia de muchas indias a acostarse con sus hombres para evitar que sus hijos se conviertan en esclavos de los españoles (v. Belli 1999: 102, 136).

A pesar de este enfoque, en la mayoría de los casos se evita la revitalización de las dicotomías coloniales al presentar al mismo tiempo a las víctimas de la violación como sujetos que no aceptan ser tomados por los individuos foráneos. La resistencia se extiende desde la autonomía parcial y temporal de la joven Zulima en *Las naves quemadas*, pasando por la posición más estable y dominante de Mademoiselle Pernaud en la misma obra (variedad en la cual se integran Canayma de *El Fuerte Navidad*, Anayansi de *El carnaval de la muerte alegre*, Sinalinga de *Cienfuegos*, Tizcuitl de *Hijos del viento* y, sobre todo, Shila de *Naufragios de Álvar Núñez*), hasta llegar a la rebelión armada de Itzá en *La mujer habitada*, aunque hay muchas más mujeres fuertes que permanecen anónimas o sin carácter propio (v. las compañeras de los protagonistas en *Jericó* y *Hans Staden*). A esto se añade la extraordinaria resistencia pasiva de los Yatiris en *El origen perdido*, que saben evitar su "violación cultural" a través de la conservación de rituales mágicos y su memoria histórica. Se ha indicado ya que de esta forma demuestran su superioridad frente a los conquistadores, ya sean los españoles del siglo XVI o los norteamericanos del XXI.

Según estos resultados, la hipótesis que hay que destacar es la de López, según la cual la ambigüedad que aparece en la nueva novela de la Conquista es el resultado de la tensión entre "[the] desire for the exotic Other" y "[the] anxiety of identification" que domina la empresa colonial:

> Through colonial desire, in which the colonizers are portrayed as both attracted to and repulsed by the colonized Other, breaches in the colonial system are exposed. [...] The anxiety of identification enters the pictu-

> re as a defense mechanism to protect their ego boundaries, but it is too late: in most cases, the fictionalized conquistadors have been transculturated through colonial desire, and cannot return to their former European identities (López 2002: 27).

Por supuesto se trata aquí de un aspecto interesante que no solamente se refleja en las dos novelas analizadas por López, *El largo atardecer del caminante* de Posse y el *Diario maldito de Nuño de Guzmán* de Martínez, sino también en *Los perros del paraíso* de Posse, *1492: la conquista del paraíso* y *Memorias del Nuevo Mundo* de Aridjis, y *La pérdida del paraíso* de Muñoz.

Sin embargo, al investigar una obra como *Diario maldito de Nuño de Guzmán* más en detalle se observan otros aspectos, los cuales tienen la misma importancia que el deseo por el Otro del que habla López al concentrarse en la homosexualidad del protagonista. Uno de ellos es la megalomanía de Nuño de Guzmán, manifestada en su obsesión por construir una "Guzmania" enorme. Se trata aquí de un leitmotiv de la obra (v. Martínez 1990: 18, 33, 51, 56, 72 ss., 234) que está más relacionado con el deseo del hombre de ser respetado en su ámbito cultural que con alguna característica de los habitantes foráneos del Nuevo Mundo (p. 10 ss.).

En *Las naves quemadas* Juan Rejón aparece como arquetipo de la avaricia humana que no necesita provocación alguna por parte del Otro exótico para ponerse en primer plano. De manera semejante, *El arpa y la sombra* ejemplifica cómo el Yo proyecta un deseo propio en la imagen que tiene de lo foráneo (tiene palacios de oro porque quiere que los tenga), estrategia que en general convierte a este último en Otro (supuestamente reconocible, semejante a nosotros), pero en definitiva ni tiene sus características (no tiene estos palacios así que sigue siendo foráneo), ni el Yo tiene la necesidad de identificarse con él. Lo que queda es el simple deseo de querer valer más, lo cual es común entre los "segundones" y otros hidalgos en la ruina que están a la cabeza de las primeras tropas de invasión españolas.

Siguiendo esta línea de argumentación no es casualidad que otro aspecto propuesto por López, "[the] anxiety of identification", no tenga un papel central en la mayoría de los textos de nuestro corpus. Lo mismo puede aplicarse a casi todas las obras cinemáticas y teatrales analizadas que tienen como protagonistas a los grandes personajes del discurso oficial español como Colón y Cortés, o a los "perdedores" menos celebrados como Núñez en Cabeza de Vaca, con las relativas excepciones de Fray Antonio en *Jericó*, al cual hay que drogar para que se adapte a la vida indígena, y de Hans Staden, que tarda en aceptar las insinuaciones sexuales de una india de la tribu. Por un lado, el problema es que Fray Antonio es además un personaje marginado en los círculos de los conquistadores europeos, cuya violencia condena rotundamente y de los cuales huye a la primera oportunidad. No cabe duda de que se siente atraído por la india desnuda que más tarde acabará siendo su mujer, pero el hecho de que durante mucho tiempo prefiera no tener relaciones sexuales con ella ni desvestirse para realizar los trabajos diarios no es tanto el resultado del rechazo de lo foráneo, sino una cuestión de fervor religioso. A su vez, en el caso de Staden parece una cuestión de rechazo cultural, aunque hay que considerar que el protagonista tanto en la película como en el informe histórico está confrontado con el peligro de ser devorado por la tribu caníbal que lo ha capturado. Habría que preguntarse si su reacción no hubiera sido semejante entre caníbales europeos, un fenómeno no tan utópico si el informe histórico de Álvar Núñez es fidedigno en este aspecto.

Aunque hayan gozado de poca atención académica, las paralelas entre la nueva narrativa y la narrativa española de los comienzos de la época moderna parecen ser incluso más interesantes para este estudio, ya que muchos elementos de la crítica contemporánea ya se encuentran en las obras del Siglo de Oro, aunque el contexto discursivo sea muy diferente. Por ejemplo, se podría hacer referencia a la crítica de los pecados mortales de los conquistadores que ya aparece en *La belígera española* de Ricardo de Turia, *El nuevo rey Gallinato* de Andrés de Claramonte y *Vida de Marco de Obregón* de Vicente Espinel mucho antes que en *El arpa y la sombra*, *La otra conquista* y *Las naves quemadas*. Es obvio que la denuncia de la codicia española (el elemento común a todas estas obras) es más intensa en la nueva narrativa, lo cual se observa por ejemplo cuando Carpentier la asocia con casi todos los pecados mortales, Carrasco iconiza directamente la destrucción, y Armas Marcelo presenta una imagen grotesca de la locura febril.

Sin embargo, el principio de presentar a los conquistadores como victimarios y víctimas al mismo tiempo se muestra ya en las comedias de los siglos XVI y XVII, aunque allí realmente se suele usar esta técnica para apoyar la leyenda áurea (Simson 2003: 419, 289 ss.); claros ejemplos son *El nuevo mundo descubierto por Cristóbal Colón* de Félix Lope de Vega, *La aurora en Copacabana* de Pedro Calderón de la Barca y la trilogía sobre Pizarro de Tirso de Molina (*Todo es dar en una cosa*, *Amazonas en las Indias*, *La lealtad contra la envidia*). Curiosamente, las grandes novelas picarescas como *Lazarillo de Tormes*, *Guzmán de Alfarache* y *Buscón*, cuya crítica social suele ser más aguda, evitan el tema de la Conquista y colonización de América. Aunque en algunas obras narrativas de esta época se plantean dudas sobre la justificación de la empresa colonial, Espinel es la excepción, no la regla, con su crítica explícita de la legitimación oficial. Parece que la tolerancia de la censura de la Santa Inquisición llega a su límite cuando permite reírse de las obsesiones de algunos conquistadores y colonizadores "raros" en las comedias del Siglo de Oro, pero es imprescindible restablecer el orden social, moral y religioso al final de las tramas.

La constante marginación de las perspectivas indígenas observada por López (2002) encaja en esta continuidad del discurso colonial, aunque obras como *Gonzalo Guerrero* y *La otra Conquista* son excepciones notables: en el primer caso, el protagonista español empieza a desarrollar un punto de vista maya al convivir con este pueblo, e incluso llega a participar en la lucha armada contra los invasores de su propia cultura; en el segundo, el papel del protagonista le corresponde a un indio que –forzado a vivir en un monasterio– va en búsqueda de la síntesis transcultural, en lugar de la asimilación absoluta que se espera de él. También se distinguen perspectivas "in-between" a través de los protagonistas españoles de *Caribe* (Muñoz 2002) y *Cienfuegos* (Vázquez-Figueroa 1989), aunque éstas sean más obvias en los descendientes de relaciones interculturales, por ejemplo de Ix Mo, hijo de Guerrero. Precisamente por esto es tan significativo para la desesperanza de *Naufragios de Álvar Núñez* que la hija de Shila y Álvar haya fallecido hace tiempo: es lamentable que el papel de las madres indias suela ser considerablemente más pasivo y emocional que el de sus padres españoles, tendencia con la cual se reafirman los estereotipos de género y cultura tradicionales.

A nivel lingüístico se nota además que los diálogos entre los españoles y sus mujeres indígenas se caracterizan por una estructura clara en la que la india pregunta algo y el español responde, explica algo o la informa. Aunque es cierto que estas conversaciones revelan la ignorancia, los límites del conocimiento y las paradojas existentes en la mente del español, la clara separación lingüística sigue apoyando la idea tradicional del hombre occidental que hace la historia, lo cual vuelve dichas conversaciones cuestionables. Aún así, "recuperar la dimensión del espíritu de Anáhuac", el objetivo del enfoque indígena de Reyes (1960: 476), no es la única manera de desmitificar el discurso colonial y, en este sentido, la búsqueda de las ilusiones del Viejo Mundo, que el Colón de Carpentier y muchos otros personajes de la nueva narrativa intentan reconocer en el Nuevo, muestra otro camino igualmente aceptable para comprender mejor la Conquista.

Lo que distingue la narrativa crítica del Siglo de Oro de la nueva narrativa es el paradigma cultural: mientras que la primera se la escribe en una época muy religiosa y patriarcal cuyas normas básicas hay que confirmar y, si es posible, apoyar por medio de ejemplos didácticos y morales, las obras contemporáneas se mueven dentro de una sensibilidad postmoderna que exige la disolución de este tipo de relatos oficiales y de las nociones de centro-periferia y realidad-ficción que los acompañan. Las nuevas imágenes del Yo y el Otro suelen hacer referencia a perspectivas individuales, y por lo tanto, limitadas. Para la desestabilización de los relatos tradicionales es imprescindible que se dé la pluralidad de perspectivas, la cual se genera o por medio del diálogo, ya sea en el presente o en el pasado (v. *El origen perdido*, *Cabeza de Vaca*, *Puerta de Indias*) o a través de la continuidad espacio-temporal en la cual el pasado, el presente y el futuro no existen como unidades aisladas sino como una entidad única (v. *El arpa y la sombra*, *Naufragios de Álvar Núñez*, *Daimón*, *El carnaval de la muerte alegre*).

Las semejanzas narrativas encuentran sus límites también en la combinación de la crítica cultural y de género, ya que la investigación del papel de género y también de dicha combinación es más bien un fenómeno nuevo. En cambio, la cantidad de afinidades con respecto a la crítica cultural indican una continuidad histórica en el empeño de humanizar la Conquista, aunque el concepto de ser humano en la visión bíblica de Las Casas o Espinel no sea comparable con el del "pattern building animal" de Antor (1996).

A pesar de todos los esfuerzos por mantener una distancia crítica a las construcciones binarias, ya sean generalmente las tradicionales o más concretamente las de las estructuras coloniales e indigenistas del pensamiento, la nueva narrativa no alcanza siempre soluciones satisfactorias, en especial en lo que se refiere a la integración de las perspectivas de género, que parece ser lo más difícil.

Mientras que en *El arpa y la sombra* se podría criticar la marginación de las perspectivas indígenas y femeninas, *Las naves quemadas* reconstruye el estereotipo machista de la "femme fatale" y la idea patriarcal sobre la conexión íntima entre la mujer y la naturaleza sin llegar a deconstruir de modo convincente ninguno de los dos. *La mujer habitada*, *El carnaval de la muerte alegre* y *Naufragios de Álvar Núñez* tratan cada una a su manera la relación tríplice mujer-india-naturaleza, pero en todos los casos la imagen final siempre deja algo que desear; esto incluye la obra de Sanchis Sinisterra que, con su reconstrucción del "salvaje noble" a través de Shila, mantiene una buena parte de la "trinidad" romántica tradicional. De igual forma, *El origen perdido* destaca por mostrar una perspectiva occidental hispanista que evita las características propias latinoamericanas y utiliza estereotipos populares al referirse a las culturas indígenas.

Sin embargo, todo eso no significa que la nueva narrativa hispánica retorne de forma generalizada a la propuesta de modelos universales de la literatura tradicional. Esto se debe parcialmente a la densidad intertextual de *El arpa y la sombra*, que sirve de inspiración a muchas obras posteriores, incluyendo hasta las novelas de aventuras populares españolas (v. *El origen perdido*). Por el contrario, *Las naves quemadas* recurre a la parodia carnavalesca, un método de deconstrucción muy frecuente empleado extensamente en *Daimón* y *El caldero de oro*, y que más tarde aparece de diferentes formas tragicómicas en *Los perros del paraíso* de Posse, el epílogo de *Cristóbal Colón* de Hernández y las imágenes de Guzmania del *Nuño de Guzmán* de Martínez. Los personajes de *El carnaval de la muerte alegre* y el Colón de Carpentier, empero, ofrecen una versión carnavalesca más amena. Menos frecuente es el juego narrativo con el cuerpo como texto y escritura de la memoria de *La mujer habitada*, aunque otras obras adapten elementos de esta tendencia corporal (v. la metamorfosis del cadáver de Rejón en un escarabajo en *Las naves quemadas*). Por otra parte, la alienación quijotesca de las figuras centrales es un método que se encuentra muchas veces, no solamente en *El origen perdido*, sino también en *El arpa y la sombra* (v. Pío IX) y *La marca en la arena* de Mosca Bustamante (v. Américo Cruz).

Teniendo en cuenta la gran variedad de métodos de deconstrucción empleados, podría afirmarse que las obras neobarrocas muestran generalmente una intensificación del carácter metaficticio que comenzó en los años setenta y ochenta y siguió hasta los noventa. Es decir, la reflexión propia es implícita en la primera parte de *El arpa y la sombra* y conduce frecuentemente a la más explícita y densa parodia de sí mismo, como en *Los perros del paraíso* y *Diario maldito de Nuño de Guzmán*, o al tratamiento directo del potencial literario en *Llanto*. En esta última obra el rechazo de su propio texto por ser una construcción burguesa escrita que es incapaz de entender la cultura foránea que se ha formado de manera oral y épica, marca un punto culminante al cuestionar el uso de la narrativa como medio para comprender lo foráneo. Lo mismo se puede observar en el ámbito teatral, ya sea a través del desarrollo personal de un autor como Sanchis Sinisterra (que comienza con *El retablo de Eldorado* y *Lope de Aguirre, traidor* hasta llegar a *Naufragios de Álvar Núñez*) o como tendencia literaria de *Yo, maldita india...* a *El carnaval de la muerte alegre*.

Por desgracia, cuanto más nos distanciamos en el tiempo del Quinto Centenario, más difícil es encontrar obras barrocas sobre la Conquista, lo cual podría estar relacionado con la falta de interés en obras complejas por parte de los lectores y espectadores comunes, los cuales están ya acostumbrados al exceso de información fácil por parte de los medios de comunicación en general, y de la televisión en particular. Aunque esto no es nada más que una hipótesis de trabajo, es posible conectar estas tendencias, y parece claro que la narrativa hiperrealista se adapta mejor a este creciente exceso de recepción automática al utilizar estructuras narrativas cada vez más simples, un proceso que se puede observar al comparar *La mujer habitada* con *El origen perdido* o *La princesa india*, o al confrontar *Cabeza de Vaca* con *Hans Staden*.

No cabe duda de que debemos preguntarnos acerca del sacrificio intelectual que conlleva la popularidad –al fin y al cabo relativamente modesta– de la obras de la Conquista, en especial en lo que concierne a la crítica discursiva, la autocrítica narrativa y el impacto de ambas. En este contexto, este estudio además levanta muchas otras preguntas acerca de los receptores y productores de la Nueva Narrativa Histórica, las cuales requerirían una investigación empírica detallada. Según los resultados obtenidos en dicho análisis, se podría entonces investigar en un contexto más amplio las cuestiones expuestas en los capítulos anteriores acerca del potencial intercultural y transcultural de la narrativa contemporánea.

Bibliografía / Filmografía

1. Textos primarios

1.1. Corpus de textos

Aguirre, Eugenio (1980): *Gonzalo Guerrero*. México, D.F.: Eduvem Laia.

Álvarez Sáenz, Félix (1986): *Crónica de blasfemos*. Lima: Hipatia.

Aridjis, Homero (1988): *Memorias del Nuevo Mundo*. México, D.F.: Editorial Diana.

Armas Marcelo, Juan José (1982): *Las naves quemadas*. Barcelona: Argos Vergara.

— (1995 [1985]): *El árbol del bien y del mal*. Barcelona: Seix Barral.

Arrau, Sergio (1992): *Digo que Norte Sur corre la tierra*. Madrid: El Público/ Centro de Documentación Teatral.

Asensi, Matilde (2003): *El origen perdido*. Barcelona: Planeta.

Belli, Gioconda (1999 [1988]): *La mujer habitada*. Tafalla: Editorial Txalaparta.

Boullosa, Carmen (1992): *Llanto. Novelas imposibles*. México, D.F.: Ediciones Era.

Carpentier, Alejo (1985 [1979]): *El arpa y la sombra*. La Habana: Letras Cubanas.

Carrasco, Salvador (1998): *La otra conquista*. México, D.F.: ADO.

Delgado Vásquez/Mario, Ricardo Oré (2003): *La nave de la memoria*. Lima: Asociación Cuatro Tablas.

Echevarría, Nicolás (1991): *Cabeza de Vaca*. México/España/EE. UU./Reino Unido: American Playhouse.

GLEN, John (1992): *Cristóbal Colón: El descubrimiento*. Reino Unido/EE. UU./España: Quinto Centenario.

HERNÁNDEZ, Ramón (1992): *Cristóbal Colón "Llora por ti la tierra"*. Oviedo: Nobel.

JUÁREZ, José Miguel (2000): *Hijos del viento*. Italia/Portugal/España/México: Campoy/Pozueco.

LAMATA, Luis Alberto (1990): *Jericó*. Venezuela: Foncine.

LEÑERO, Vicente (1992): *La noche de Hernán Cortés*. Madrid: Instituto Nacional de las Artes Escénicas.

LÓPEZ MOZO, Jerónimo (2000 [1990]): *Combate de ciegos*; *Yo, maldita india*... Madrid: Universidad Nacional de Educación a Distancia.

LÓPEZ VERGARA, Luisa (1988): *No serán las Indias*. Barcelona: Tusquets.

MARTÍNEZ, Herminio (1990): *Diario maldito de Nuño de Guzmán*. México, D.F.: Diana.

MARTÍNEZ MEDIERO, Manuel (1991 [1989]): *Tierraaa aaa laaa vistaaa!!!*. Cáceres: Institución Cultural "El Brocense".

MERINO, José María (1981): *El caldero de oro*. Madrid: Alfaguara.

MOSCA BUSTAMANTE, Lidio (1995): *La marca en la arena*. Wien: Pro Esperanto.

MUÑOZ, José Luis (2002a): *Guanahaní* (*La pérdida del Paraíso* I). Barcelona: Planeta.

— (2002b): *El fuerte Navidad* (*La pérdida del Paraíso* II). Barcelona: Planeta.

OZORES, Mariano (1982): *Cristóbal Colón, de oficio... descubridor*. España: Constan.

PEREIRA, Luís Alberto (1999): *Hans Staden*. Brasil/Portugal: Instituto Português da Arte Cinematográfica e Audiovisual (IPACA).

PIMENTEL, Manuel (2003): *Puerta de Indias. Artafi y el misterio de los primeros conquistadores*. Barcelona: Planeta.

POSSE, Abel (1987 [1983]): *Los perros del paraíso*. Barcelona: Plaza & Janés.

— (1989 [1978]): *Daimón*. Buenos Aires: Emecé.

— (1992): *El largo atardecer del caminante*. Barcelona: Plaza & Janés.

REYES, Carlos José (1996): *El carnaval de la muerte alegre: Periplo de Balboa y Pedrarias*. Santafé de Bogotá: Panamericana.

ROSSOFF, Eduardo (1999): *Ave María*. México/España: Foprocine.

SANCHIS SINISTERRA, José (1984): "El retablo de Eldorado", en: Serrano (ed./1996), págs. 250-357.

— (1986): "Lope de Aguirre, traidor", en: Serrano (ed./1996), págs. 177-249.

— (1991): "Naufragios de Álvar Núñez", en: Serrano (ed./1996), págs. 91-176.

SAURA, Carlos (1988): *El Dorado*. España/Francia/Italia: Canal+.

SCOTT, Ridley (1992): *1492: La conquista del paraíso*. Reino Unido/Francia/España: Gaumont.

SERRANO, Virtudes (1996): *José Sanchis Sinisterra. Trilogía Americana*. Madrid: Cátedra.

VÁZQUEZ-FIGUEROA, Alberto (1994): *La taberna de los cuatro vientos*. Barcelona: Plaza & Janés.

1.2. Otras obras consultadas

AGUILERA-MALTA, Demetrio (1965): *Un nuevo mar para el Rey. Balboa, Anayansi y el Océano Pacífico*. Madrid: Guadarrama.

ARMAS MARCELO, Juan José (1986): *Tirios, troyanos y contemporáneos*. Caracas: Academia Nacional de Historia.

— (1991): *Vargas Llosa: El vicio de escribir*. Madrid: Ediciones Temas de Hoy.

— (1996): *Tal como somos*. Madrid: Espasa.

BELLI, Gioconda (1990): "Porque aún lloramos", en: Heinz Dieterich (ed.): *1492-1992, la interminable Conquista. Emancipación e identidad de América Latina*. México, D.F.: Joaquín Mortiz/Planeta, págs. 61-65.

— (1992 [1986]): *El ojo de la mujer*. Madrid: Visor Libros.

— (1994): "Entrevista (con E. Hood)", en: *Chasqui* 23, 2, págs. 125-131.

— (1997): *Apogeo*. Managua: Anamá.

— (2002): "La escritora de cara al Milenio", en: *El Nuevo Diario* del 07/02/2002 (<http://sololiteratura.com/gioartlaescritora.htm>, último acceso 25/03/2009), págs. 1-2.

CARPENTIER, Alejo (1981): *La Novela Latinoamericana en vísperas de un nuevo siglo*. Madrid: Siglo XXI Editores.

— (1983 [1974]): *Concierto barroco*. Madrid: Siglo XXI Editores.

— (1987 [1975]): *Tientos, diferencias y otros ensayos*. Barcelona: Plaza & Janés.

— (1991): *Obras completas*. México, D.F.: Siglo XXI Editores.

— (1999): *Visión de América*. Barcelona: Seix Barral.

CARRILLO DE ALBORNOZ, José Miguel (2003): *El comendador de Alcántara*. Barcelona: Belacqva.

CUERDA, José Luis (1992): *La marrana*. España: Antea.

FASSBINDER, Rainer Werner (1974): *La angustia corroe el alma*. República Federal de Alemania: Filmverlag der Autoren.

FUENTES, Carlos (1965): "No creo que sea obligación del escritor engrosar las filas de los menesterosos", en: *Siempre* 640, s.p.

— (1969): *La nueva novela hispanoamericana*. México, D.F.: Joaquín Mortiz.

— (1973): *Tiempo mexicano*. México, D.F.: Joaquín Mortiz.

— (1978 [1962]): *La muerte de Artemio Cruz*. México, D.F.: Colección Popular.

— (1981): "Interview", en: *The Art of Fiction* 68/82, págs. 141-175.

— (1991): *Ceremonias del alba*. Madrid: Mondadori España.

— (1991 [1975]): *Terra Nostra*. I-II. Madrid: Espasa-Calpe.

GALA, Antonio (1990): *Cristóbal Colón*. Madrid: Espasa-Calpe.

GIBSON, Mel (2006): *Apocalypto*. EE. UU.: Icon Entertainment International.

HERZOG, Werner (1972): *Aguirre, la cólera de Dios*. República Federal de Alemania/Perú/México: Hessischer Rundfunk.

JOFFÉ, Roland (1986): *La misión*. EE. UU.: Warner Bros.

MERINO, José María (1981): *Las crónicas mestizas*. Madrid: Alfaguara.

MORA CATLETT, Juan (1991): *Retorno a Aztlán*. México, D.F.: Cooperativa José Revueltas.

MUÑOZ, José Luis (2002): *Caribe (La pérdida del Paraíso III)*. Barcelona: Planeta.

PAZ, Octavio (1986 [1950]): *El laberinto de la soledad*. México, D.F.: FCE.

QUEVEDO, Francisco de (1985 [1626]): *Historia de la vida del Buscón*. Madrid: Sarpe.

REYES, Alfonso (1960 [1944]): *Obras completas*. México, D.F.: FCE.

— (1963 [1915]): *Antología. Prosa, teatro, poesía*. México, D.F.: FCE.

RODRÍGUEZ, Robert (1996): *Abierto hasta el amanecer*. EE. UU.: A Band Apart.

ROJAS, Fernando de (1976 [1499]): "La Celestina", en: Manuel Criado de Val (ed.): *Las Celestinas*. Barcelona: Plaza & Janés, págs. 1-259.

RULFO, Juan (1986): *Pedro Páramo y El llano en llamas*. México, D.F.: FCE.

VASCONCELOS, José (1927): *Indología. Una interpretación de la cultura iberoamericana*. Barcelona: Plaza & Janés.

VÁZQUEZ-FIGUEROA, Alberto (1989): "Cienfuegos", en: *Obras Completas*. Barcelona: Plaza & Janés.

2. LITERATURA SECUNDARIA

ADOLFO VÁZQUEZ, Juan (1995): "En Torno a Colón", en: *Revista Iberoamericana* 61, 170/1, págs. 271-278.

AHMAD, Aijaz (1992): *In Theory: Classes, Nations, Literatures*. London: Verso.

AÍNSA, Fernando (1986): "Hacia un nuevo universalismo. El ejemplo de la narrativa del siglo XX", en: Yurkievich (ed.), págs. 36-45.

— (1991): "La reescritura de la historia en la nueva narrativa latinoamericana", en: *Cuadernos Americanos* 28, págs. 13-31.

AIRALDI, Gabriella (1994): "Christophe Colomb, un homme entre deux mondes", en: Guidi *et al.* (eds.), págs. 33-37.

ALBADA-JELGERSMA, Jill E. (1997): "Las tecnologías políticas del ser en los sujetos poéticos de Nancy Morejón y Gioconda Belli", en: *Revista Canadiense de Estudios Hispánicos* 21/3, págs. 441-455.

ALBERT, Mechthild (2004): "Zur Bedeutung der weiblichen Memoria im aktuellen spanischen Roman", en: *Hispanorama* 104, págs. 12-21.

ALBORG, Juan Luis ([2]ed./1970): *Historia de la literatura española, I: Edad Media y Renacimiento*. Madrid: Sarpe.

ALCOCER, Rudyard (2008): "Going in Circles: Spanish American Identity and the Circular Motif in Nicolás Echevarría's *Cabeza de Vaca*", en: *Literature/Film Quarterly* 36/4, págs. 250-258.

ALLGÄUER, Barbara (2003): "Asensi, Matilde: Iacobus", en: *Österreichisches Bibliothekswerk* (<http://www.biblio.at/rezensionen>, último acceso 25/03/2009).

ALONSO, Santos (1985): "Un renovado compromiso con el realismo y con el hombre", en: *Ínsula* 464-465, p. 9.

— (1989): "La transición: Hacia una nueva novela", en: *Ínsula* 512-513, págs. 11-13.

ALVARAY, Luisela (2004): "Imagining Indigenous Spaces: Self and Other Converge in Latin America", en: *Film & History* 34.2, págs. 58-64.

ÁLVAREZ-UDE, Carlos (1990): "El estado de la cuestión. Novela española 1989-1990", en: *Ínsula* 525, págs. 9-18.

AMELL, Samuel (ed./1990): *Literature, the Arts, and Democracy. Spain in the Eighties*. London: Associated University Presses.

— (1992): "Tradición y renovación, un difícil balance en la novela española actual", en: *Crítica Hispánica* 14/1-2, págs. 5-12.

ANDERSON, Benedict (2006 [1983]): *Imagined Communities*. London/New York: Verso.

ANTOR, Heinz (1996): "The Ethics of Criticism in the Age After Value", en: Rüdiger Ahrens/Laurenz Volkmann (ed.): *Why Literature Matters: Theories and Functions of Literature.* Heidelberg: Winter, págs. 65-85.

— (2000): "Postcolonial Pedagogy, or Why and How to Teach the New English Literatures", en: Bernhard Reitz/Sigrid Rieuwerts (eds.): *Proceedings of the Conference of the German Association of University Teachers of English, Anglistentag 1999 Mainz*. Trier: WVT, págs. 245-262.

— (2002): "Postcolonial Positions and the Study of World Literatures in English", en: Frank Schulze-Engler (ed.): *New Literatures in English: Prospects and Retrospects.* Frankfurt am Main: Institut für England und Amerikastudien, págs. 13-24.

— (2006a): "Inter- und Transkulturelle Studien in Theorie und Praxis: Eine Einführung", en: Antor (ed.), págs. 9-24.

— (2006b): "Multikulturalismus, Interkulturalität und Transkulturalität: Perspektiven für interdisziplinäre Forschung und Lehre", en: Antor (ed.), págs. 25-39.

— (ed./2006c): *Inter- und Transkulturelle Studien: Theoretische Grundlagen und Interdisziplinäre Praxis*. Heidelberg: Universitätsverlag Winter (Anglistische Forschungen 362).

Appadurai, Arjun (1990): "Disjuncture and Difference in the Global World Economy", en: Mike Featherstone (ed.): *Global Culture: Nationalism, Globalization and Modernity*. London: Sage, págs. 295-310.

Archivo General de Indias (AGI/2003): *Secciones "Patronato" y "Contratación"*. Sevilla: Ministerio de Educación, Cultura y Deporte.

Armbruster, Claudius (1982): *Das Werk Alejo Carpentiers. Chronik der "Wunderbaren Wirklichkeit"*. Frankfurt am Main: Vervuert.

Arnold, William (1992): "Foreign Adventure Movies Leave Much to Be Explored", en: *Seattle Post-Intelligencer*, 14/08/1992, p. 11.

Ashcroft, Bill (2001): *On Post-Colonial Futures*. London: Continuum.

Ashcroft, Bill/Gareth Griffiths/Helen Tiffin (1999): *Key Concepts in Postcolonial Studies*. London: Routledge.

— ([2]ed./2006): *The Post-Colonial Studies Reader*. Oxford/New York: Routledge.

Assmann, Jan (1999): *Das kulturelle Gedächtnis. Schrift, Erinnerung und politische Identität in frühen Hochkulturen*. München: Beck.

Aznar, Manuel (1990): "Grenztheater als Metatheater", en: Floeck (ed./1990), págs. 233-256.

Bachmann-Medick, Doris (1987): "Verstehen und Mißverstehen zwischen den Kulturen. Interpretation im Schnittpunkt von Literaturwissenschaft und Kulturanthropologie", en: *Jahrbuch DaF* 13, págs. 65-77.

Bajtín, Michail M. (1990): *Literatur und Karneval. Zur Romantheorie und Lachkultur*. Frankfurt am Main: Fischer Taschenbuch.

Balderston, Daniel (1986): *The Historical Novel in Latin America. A Symposium*. Gaithersburg: Ediciones Hispamérica.

Ballesteros, Isolina (1994): *Escritura femenina y discurso autobiográfico en la nueva novela española*. Frankfurt am Main: Peter Lang.

Ballesteros, José R. (2006): "El imperio desde el centro. La interpretación de María de Zayas del tema indiano en Cervantes", en: *Romance Quarterly* 53/2, págs. 113-128.

Ballesteros Gaibros, Manuel (1948): "Hernán Cortés y los indígenas", en: *Revista de Indias* 31, págs. 25-36.

Bardavío, José María (1977): *La novela de aventuras*. Madrid: Temas.

Barrenechea, Ana María (1972): "Ensayo de una tipología de la literatura fantástica", en: *Revista Iberoamericana* 90, págs. 391-403.

Barthes, Roland (1986): *The Rustle of Language*. Berkeley/Los Angeles: University of California Press.

Beltrán Salmón, Luis Ramiro (1980): "A Farewell to Aristotle: 'Horizontal Communication'", en: *Communication* 5, págs. 5-41.

— (2005): "La Comunicación para el desarrollo en Latinoamérica: un recuento de medio siglo". Documento presentado al tercer Congreso Panamericano de Comunicación. Universidad de Buenos Aires (12-16/07/2005), Argentina (<http://www.portalcomunicacion.com/both/temas/lramiro.pdf>, último acceso 20/04/2009).

Bennassar, Bartolomé (1999): "Culte des héros, culte de reliques", en: *Caravelle* 72, págs. 99-108.

Berg, Walter Bruno (1995): *Lateinamerika. Literatur — Geschichte — Kultur. Eine Einführung*. Darmstadt: Wissenschaftliche Buchgesellschaft.

Bergeson, Craig Niel (1998): "An Experiment in Self-Creation: The Novelistic Corpus of Ramón Hernández", en: *ALEC* 23, págs. 585-605.

Berkhofer, Robert F. (1969): *A Behavioral Approach to Historical Analysis*. New York: Free Press.

— (1974): "The Political Context of a New Indian History", en: Norris Hundley (ed.): *The American Indian: Essays from the Pacific Historical Review*. Santa Barbara: Clio Books, págs. 257-282.

— (1979): *The White Man's Indian: Images of the American Indian from Columbus to the Present*. New York: Random House Inc.

Bessière, Irène (1974): *Le récit fantastique*. Paris: Larousse.

Bhabha, Homi K. (1994): *The Location of Culture*. London: Routledge.

— (1996): "Unsatisfied: Notes on Vernacular Cosmopolitanism", en: Laura García Moreno/Peter C. Pfeiffer (eds.): *Text and Nation: Cross-Disciplinary Essays on Cultural and National Identities*. Columbia, SC: Camden House, págs. 191-207.

Biermann, Karl-Heinrich (1991): "Der 'modernismo' im Prozeß lateinamerikanischer Identitätsbildung. Rubén Darío (1867-1916)", en: *Ibero-Amerikanisches Archiv* 17/2-3, págs. 145-174.

Billings, Thomas (1997): "Cabeza de Vaca", en: *Internet Movie Database* (<http://us.imdb.com/Reviews/09/0997>, último acceso 26/02/2009).

Binder, Hartmut (1983): "Metamorphosen: Kafkas Verwandlung im Werk anderer Schriftsteller", en: Benjamin Bennett *et al.* (eds.): *Probleme der Moderne. Studien zur deutschen Literatur von Nietzsche bis Brecht*. Tübingen: Max Niemeyer, págs. 247-305.

Bitterli, Urs (1980): *Die Entdeckung und Eroberung der Welt. Dokumente und Berichte. I: Amerika, Afrika*. München: Beck.

BLAUT, James M. (1993): *The Coloniser's Model of the World: Geographical Diffusionism and Eurocentric History*. New York: The Guilford Press.

BLASCO CASTANY, Rafael (2008): "Inmigración, integración y ciudadanía", en: *El País* 24 de junio, p. 33.

BOLTEN, Jürgen (1994): "Im Spiel der Lebenswelten. Zur theoretischen Grundlegung interkulturellen Kommunikationstrainings", en: Theo Bungarten (ed.): *Kommunikationstraining und –trainingsprogramme im wirtschaftlichen Umfeld*. Tostedt: Attikon-Verlag, págs. 14-26.

BOOTH, Wayne C. (1988): *The Company we Keep. An Ethics of Fiction*. Berkeley: University of California Press.

BORGES, Jorge Luis (1997 [1952]): *Otras inquisiciones*. Buenos Aires: Emecé.

BORSÒ, Vittoria (1994a): "Mexikanische 'Crónicas' zwischen Erzählung und Geschichte — Kulturtheoretische Überlegungen zur Dekonstruktion von Historiographie und nationalen Identitätsbildern", en: Birgit Scharlau (ed.): *Lateinamerika Denken. Kulturtheoretische Grenzgänge zwischen Moderne und Postmoderne*. Tübingen: Gunter Narr, págs. 278-296.

— (1994b): *Mexiko jenseits der Einsamkeit — Versuch einer interkulturellen Analyse*. Frankfurt am Main: Vervuert.

— (1997): "Literatura y discurso o la mirada desde afuera. Impulsos de una hispanoamericanística internacional para la reorganización del saber en las ciencias humanas", en: Susanne Klengel (ed.): *Contextos, historias y transferencias en los estudios latinoamericanistas europeos. Los casos de Alemania, España y Francia*. Madrid/Frankfurt am Main: Iberoamericana/Vervuert, págs. 183-211.

— (1999): "La nueva novela histórica en Venezuela: Denzil Romero o la desmitificación de la Independencia", en: Karl Kohut (ed.): *Literatura venezolana hoy*. Madrid/Frankfurt am Main: Iberoamericana/Vervuert, págs. 151-175.

— (2002): "Der Körper der Schrift und die Schrift des Körpers. Transpositionen des Liebesdiskurses in europäischer und lateinamerikanischer Literatur", en: Vittoria Borsò/Gertrude Cepl-Kaufmann/Tanja Reinlein/Sibylle Schönborn/Vera Viehöver (eds.): *Schriftgedächtnis – Schriftkulturen*. Stuttgart: Metzler, págs. 323-342.

BOURDIEU, Pierre/ Roger CHARTIER/ Robert DARNTON (1985): "Dialog über die Kulturgeschichte", en: *Freibeuter* 26, págs. 22-37.

BOVENSCHEN, Silvia (2003 [1979]): *Die imaginierte Weiblichkeit*. Frankfurt am Main: Suhrkamp.

BRAVO LIRA, Bernardino (1993): "América y la Modernidad: de la Modernidad barroca e ilustrada a la Postmodernidad", en: *Jahrbuch für Geschichte von Staat, Wirtschaft und Gesellschaft Lateinamerikas* 30, págs. 409-433.

Breinig, Helmbrecht (1992): "Alteritätsdiskurs und Literatur. Nordamerikanische Lateinamerika-Romane der Gegenwart", en: Matthes (ed.), págs. 179-196.

Brotherston, Gordon (1991): "Provincia de almas muertas", en: Claude Fell (ed.): *Juan Rulfo. Toda la obra*. Edición Crítica. Madrid: ALLCA XX (Colección Archivos), págs. 808-813.

Brunner, José Joaquín (2006): "Impresiones culturales del Chile actual", en: De Toro (ed.), págs. 185-194.

Burgos, Elizabeth (1998 [1983]): *Me llamó Rigoberta Menchú y así me nació la conciencia*. México, D.F.: Siglo XXI.

Cabezas Lacayo, Omar (1998 [1982]): *La montaña es algo más que una inmensa estepa verde*. México, D.F.: Siglo XXI.

Calabrese, Omar (1992): "Neobarroco", en: Parreño (ed.), págs. 89-100.

Cambra, Pilar (2004): "Perros verdes", en: *Arvo Net* (<http://www.conocereisdeverdad.org/website/index.php?id=1710>, último acceso 16/05/2009).

Campra, Rosalba (1991): "Descubrimiento de América e invención del 'otro'", en: *Revista de la Universidad de Puerto Rico* 5/17, págs. 77-88.

Canby, Vincent (1991): "On the Road with Cabeza de Vaca", en: *The New York Times*, 23/03/1991, p. C12.

Careaga, Gabriel (1974): *Mitos y fantasías de la clase media en México*. México, D.F.: Océano.

Carr, Jay (1992): "Cabeza de Vaca", en: *The Boston Globe*, 21/09/1992, p. 32.

Cervantes Saavedra, Miguel de (1995 [1613]): "El celoso extremeño", en: *Novelas ejemplares*. Madrid: Cátedra.

Chao, Ramón (1984): *Palabras en el tiempo de Alejo Carpentier*. Barcelona: Argos Vergara.

Chateaubriand, François-René de (1966): *Génie du christianisme*. Paris: Gallimard.

Chatman, Seymour (1990): *Coming to Terms. The Rhetoric of Narrative in Fiction and Films*. New York: Cornell University Press.

Chilton, Paul/Christina Schäffner (1997): "Discourse and Politics", en: Teun A. van Dijk (ed.): *Discourse Studies: A Multidisciplinary Introduction*, Vol. 2. London: Sage, págs. 206-230.

CIA (2007): *The World Factbook* (<https://www.cia.gov/library/publications/the-world-factbook/geos/ve.html#Econ>, último acceso 20/02/2009).

Cisneros Fraile, Francisco *et al.* (1995): *Geografía e historia de España y de los países hispánicos. 3° Bachillerato*. Madrid: Ecir.

Clarke, Arthur Charles (2000): "Interview: Arthur C. Clarke", en: *Newsweek* 12/00-2/01 (special issue), págs. 1-2.

CLASSEN, Constance (1993): *Inca Cosmology and the Human Body*. Salt Lake City: University of Utah Press.

COATES, Paul (1991): *The Gorgon's Gaze. German Cinema, Expressionism, and the Image of Horror*. Cambridge: Cambridge University Press.

COLÓN, Cristóbal (1996 [1492]): *Los cuatro viajes. Testamento*. Ed. de Consuelo Varela. Madrid: Alianza.

CONNOR, Olga (2001): "Nieve en Miami a petición de Zoe Valdés y Pepe Hortega", en: *El Nuevo Herald* del 06/06/2001, págs. 3 ss.

CONTE, Rafael (1995): "La degradación de la epopeya. Prólogo", en: Juan José Armas Marcelo: *Las naves quemadas*. Madrid: Espasa-Calpe, págs. 9-18.

COOKE, Paul (2002): *German Expressionist Films*. Vermont: Trafalgar Square Publishing.

CORONA, Ignacio (2001): "El festín de la historia: abordajes críticos recientes a la novela histórica", en: *Literatura Mexicana* 12/1, págs. 87-113.

CORTÉS, Hernán (1993 [1519-26]): *Cartas de Relación*. Ed. de Ángel Delgado Gómez. Madrid: Clásicos Castalia.

COVARRUBIAS, Juan Díaz (1959 [1857]): *Obras completas*. Vol. I. México, D.F.: FCE.

CRUZ, Juan (2003): "Conversación con Arturo Pérez Reverte. Alatriste es un personaje del siglo XXI", en: *El capitán Alatriste. Web oficial de Arturo Pérez-Reverte* (<http://www.capitanalatriste.com/escritor.html?s=noticias/not_juan_cruz>, último acceso 20/02/2009).

CVITANOVIC, Dinko (1997): *Carpentier. Una revisión lineal*. Buenos Aires: Fernando García Cambeiro.

DANAHER, Geoff/Tony SCHIRATO/Jen WEBB (2000): *Understanding Foucault*. London: Sage.

DARÍO, Rubén (1967 [1892]): *Poesías completas*. Ed. de Méndez Plancarte y Antonio Oliver Belmás. Madrid: Aguilar.

DARNTON, Robert (1985): *The Great Cat Massacre*. New York/London: Allen Lane.

— (1986): "The Symbolic Element in History", en: *Journal of Modern History* 58, págs. 218-234.

— (1990): *The Kiss of Lamourette. Reflections in Cultural History*. London: Faber.

DARWIN, Charles (2001 [1831-36]): *Beagle Diary*. Cambridge: Cambridge University Press.

DE LA FUENTE, Bienvenido (1976): *El modernismo en la poesía de Salvador Rueda*. Frankfurt am Main: Peter Lang.

DE LOS SANTOS RUIZ, Gregorio (1994): *Ciencias sociales. 2º secundaria*. Sevilla: Anuarios Andaluces.

DE SEVILLA, Isidoro (1473): *Etymologiae*. Strasbourg: Johannes Mentelin.

De Toro, Alfonso (1995): "Die Wege des zeitgenössischen Theaters. Zu einem postmodernen Multimedia-Theater oder: das Ende des mimetisch-referentiellen Theaters?", en: *Forum Modernes Theater* 10, págs. 135-183.

— (1997): "Fundamentos epistemológicos de la condición contemporánea: postmodernidad, postcolonialidad en diálogo con Latinoamérica", en: *Postmodernidad y postcolonialidad: breves reflexiones sobre Latinoamérica*, págs. 11-50.

De Toro, Alfonso (ed./1997): *Postmodernidad y postcolonialidad: breves reflexiones sobre Latinoamérica*. Madrid/Frankfurt am Main: Iberoamericana/Vervuert.

— (ed./2006): *Cartografías y estrategias de la "postmodernidad" y la "postcolonialidad" en Latinoamérica. "Hibridez" y "globalización"*. Madrid/ Frankfurt am Main: Iberoamericana/Vervuert.

De Toro, Alfonso/Cornelia Sieber/Claudia Gronemann/René Ceballos (eds./2007): *Estrategias de la hibridez en América Latina. Del descubrimiento al siglo xxi*. Frankfurt am Main: Peter Lang.

De Toro, Fernando/Alfonso de Toro ([2]ed./1995): *Borders and Margins. Post-Colonialism and Post-Modernism*. Madrid/Frankfurt am Main: Iberoamericana/Vervuert.

De Valera, Cipriano/Lorenzo Lucena (2007 [1862]): *La Santa Biblia, que contiene los Sagrados Libros del Antiguo y Nuevo Testamento: antigua version de Cipriano de Valera, cotejada con diversas traducciones, y revisada con arreglo á los originales hebréo y griego*. Oxford: Imprenta de la Universidad.

De Valdés, María Elena (1998): *The Shattered Mirror. Representations of Women in Mexican Literature*. Austin: University of Texas Press.

Dehennin, Elsa (1984): "De lo fantástico y su estrategia narrativa", en: *Iberoromania* 19, págs. 53-65.

Dei, H. Daniel (1997): "La lógica del travestismo y el metarrelato de la postmodernidad", en: De Toro (ed.), págs. 155-176.

Delanoy, Werner (2006): "Transculturality and (Inter-)Cultural Learning in the EFL classroom", en: Werner Delanoy/Laurenz Volkmann (eds.): *Cultural Studies in the EFL Classroom*. Heidelberg: Winter, págs. 233-248.

— (2008): "Transkulturalität und Literatur im Englischunterricht", en: *Fremdsprachen Lehren und Lernen* (FLuL) 37, págs. 95-108.

Delgado, María M. (2005): "Theatre in Valencia: Looking Back and Moving Forward", en: *Western European Stages* 17/2, págs. 63-68.

Denby, David (1992): "Cabeza de Vaca", en: *New York*, 08/06/1992, p. 59.

Detering, Susanne (1996): *Kolumbus, Cortés, Montezuma. Die Entdeckung und Eroberung Lateinamerikas als literarische Sujets in der Aufklärung und im 20. Jahrhundert*. Weimar: Verlag und Datenbank für Geisteswissenschaften (VDG).

Díaz Bordenave, J. (1977): *Communication and Rural Development*. Paris: UNESCO.

Díaz del Castillo, Bernal (1992 [1555]): *Historia verdadera de la Conquista de la Nueva España*. Madrid: Alianza.

Diderot, Denis (2002 [1796]): *Supplément au voyage de Bougainville*. Ed. Michel Delon. Paris: Gallimard.

Dieterich, Heinz (ed./1990): *1492-1992, la interminable Conquista. Emancipación e identidad de América Latina*. México, D.F.: Joaquín Mortiz/ Planeta.

Dill, Hans Otto (1993): "El triple discurso del descubrimiento de América: de Colón a la Nueva Novela, pasando por Humboldt", en: Dill, Hans Otto/Gabriele Knauer (eds.): *Diálogo y conflicto de culturas: estudios comparativos de procesos transculturales entre Europa y América Latina*. Madrid/Frankfurt am Main: Iberoamericana/Vervuert, págs. 9-26.

Domschke, Rainer (1996): *Fiktionalisierungen der Conquista im 20. Jahrhundert. Studien zum historischen Roman in Spanischamerika*. Hamburg: Kovač.

Dorca, Toni (1997): "Joven narrativa en la España de los noventa: la generación X", en: *Revista de Estudios Hispánicos* 31, págs. 309-324.

Dupont, Denise (2002): "Baroque Ambiguities: The Figure of the Author in 'Terra Nostra'", en: *Latin American Literary Review* 30/59, págs. 5-20.

Dussel, Enrique (1990): "1492: Diversas posiciones ideológicas", en: Dieterich (ed.), págs. 77-97.

— (1993): "Eurocentrism and Modernity", en: John Beverly *et al.* (eds.): *Boundary 2: The Postmodern Debate in Latin America*. Durham: Duke University Press, págs. 65-76.

Ebel, Mark T. (1996): *Five Films of Pre-Columbian Culture, the Discovery of the New World, and the Spanish Conquest: Retorno a Aztlán, Christopher Columbus: the Discovery, 1492: Conquest of Paradise, Cabeza de Vaca and Jericó*. Tesis doctoral de la Universidad Florida State (Florida). Ann Arbor: ProQuest.

Eco, Umberto (1984): *Postille a "Il nome della rosa"*. Roma: Laterza.

— (1994): *La búsqueda de la lengua perfecta*. Traducción de María Pons. Barcelona: Grijalbo.

El País (1998): "Entrevista con José Sanchis Sinisterra", en: *El País*, 16/08/1998, p. 7.

Ellwood, Wayne (1991): "Hidden History. Columbus & the Colonial Legacy", en: *New Internationalist* 226 (diciembre) (<http://www.newint.org/issue226/keynote.htm>, último acceso 27/02/2009), s.p.

ELSAESSER, Thomas (1994): *New German Cinema: A History*. London/New York: Routledge.

ESCH-JAKOB, Juliane (2007): "Die Weltanschauung der Quechua und Aymara", en: *Hispanorama* 116, págs. 53-61.

ESPINOSA DOMÍNGUEZ, Carlos (1992): "La Conquista en el tablado de los cómicos", en: Moisés Pérez Coterillo (ed.): *Teatro español contemporáneo. Antología*. Madrid: FCE, págs. 1187-1192.

ESPINOZA MERCADO, Walterio (2001): "Discurso pronunciado el día 28 de marzo de 2001, con motivo de la develización del monumento al Cacique Agateyte", en: *Chinandega CyberMunicipio* (<http://www.manfut.org/monumentos/agateyte.html>, último acceso 20/02/2009), págs. 1-6.

EZQUERRA, Ramón (1948): "Los compañeros de Hernán Cortés", en: *Revista de Indias* 31, págs. 37-96.

EZQUERRO, Milagros (ed./2005): *L'hybride/Lo híbrido. Cultures et Littératures Hispano-Amércaines*. Paris: INDIGO.

FALK, Pasi (2004): "Digiwars: Notes on the Mental and Moral Dimensions of the Digital Revolution", en: Jari Kupiainen/Erkki Sevänen/John A. Stotesbury (eds.): *Cultural Identity in Transition. Contemporary Conditions, Practices and Politics of a Global Phenomenon*. New Delhi: Atlantic Publishers, págs. 328-343.

FAMA, Antonio (1995): *Las últimas obras de Alejo Carpentier*. Caracas: La Casa de Bello.

FANON, Frantz (1963): *The Wretched of the Earth*. Harmondsworth: Penguin.

FENDLER, Ute/Monika WEHRHEIM (eds./2007): *Entdeckung, Eroberung, Inszenierung. Filmische Versionen der Kolonialgeschichte Lateinamerikas und Afrikas*. München: Meidenbauer.

FERNÁNDEZ, Enrique (1992): "Cabeza de Vaca", en: *Village Voice*, 26/05/1992, p. 72.

FERNÁNDEZ, James (1988): "Historians Tell Tales: Of Cartesian Cats and Gallic Cockfights", en: *Journal of Modern History* 60, págs. 113-127.

FERNÁNDEZ ARMESTO, Felipe (2002): "Nuns on the Run", in *TLS. The Times Literary Supplement* 5169, p. 24.

FERNÁNDEZ CARRACEDO, Argelia (1987): "El contrapunto en *El arpa y la sombra*, de Alejo Carpentier", en: *Escritura* 23-24, págs. 3-18

FERNÁNDEZ OLMOS, Margarita (1989): "Latin American Testimonial Narrative, or Women and the Art of Listening", en: *Revista Canadiense de Estudios Hispánicos* 13/2, págs. 183-195.

FERRÁNDIZ LOZANO, José (2003): "Aventura con Matilde Asensi", en: *Información* (<http://usuarios.lycos.es/ferrandiz/salt0404.htm>, último acceso 31/01/2009), p. 1.

— (2004): "'Leer no tiene por qué ser un sufrimiento'. Matilde Asensi habla de su última novela (entrevista)", en: *El Salt* 4-6 (<http://usuarios.lycos.es/ferrandiz>, último acceso 20/02/2009), págs. 1-4.

FILER, Malva E. (1981): "Sumisión y rebeldía en los personajes de 'Pedro Páramo'", en: *INTI. Revista de Literatura Hispánica* 13-14, págs. 63-72.

FLOECK, Wilfried (1990): *Spanisches Theater im 20. Jahrhundert*. Tübingen: Francke.

— (2003): *Estudios críticos sobre el teatro español del siglo XX*. Tübingen: Francke.

— (2004): "El teatro actual en España y Portugal en el contexto de la postmodernidad", en: *Iberoamericana* 4, 14, págs. 47-67.

FLORES, Juan Antonio (1995): "Imágenes de Amerindia, imágenes de España: géneros e identidades en el discurso periodístico español", en: Pino (ed.), págs. 321-335.

FLORES, Norberto (1994): "Desmitificación de la historia y recusación del poder en la Nueva Novela Histórica Hispanoamericana: el caso de la novela chilena", en: *Revista de Crítica Literaria Latinoamericana* 20/39, págs. 53-59.

FLORESCANO, Enrique (1980): *El poder y la lucha por el poder en la historiografía mexicana*. México, D.F.: INAH.

FLUDERNIK, Monika ([2]ed./2008): *Erzähltheorie. Eine Einführung*. Darmstadt: Wissenschaftliche Buchgesellschaft.

FOSTER, David William (2003): *Queer Issues in Contemporary Latin American Cinema*. Austin: University of Texas Press.

FOUCAULT, Michel (1980): *El orden del discurso*. Madrid: Tusquets Editores.

— (1993 [1966]): *Les mots et les choses*. Paris: Gallimard.

— (1996 [1975-76]): *Genealogía del racismo* ("Il faut défendre la société"). La Plata: Editorial Altamar.

— (2006 [1969]): *La arqueología del saber*. Madrid: Siglo XXI Editores.

FOX, Frampton F. (2003): "Reducing Intercultural Friction through Fiction: Virtual Cultural Learning", en: *International Journal of Intercultural Relations* 27, págs. 99-123.

FRASER, George MacDonald (1995): *Five Classic Adventure Novels*. Glasgow: Harper Collins.

FRÜHWALD, Wolfgang (1988): "Sozialgeschichte und Literaturgeschichte", en: Schieder, Wolfgang/Sellin, Volker (eds.): *Sozialgeschichte in Deutschland*. Göttingen: Vandenhoeck & Ruprecht, págs. 111-134.

GABRIELE, John P. (2005): *Jerónimo López Mozo: Forma y contenido de un teatro español experimental*. Madrid: Fundamentos.

GAIER, Ulrich (2007): "Herder als Begründer des modernen Kulturbegriffs", en: Stauf/Berghahn (eds.), págs. 5-18.

GALSTER, Ingrid (1992): "Abel Posse: 'Daimón'", en: Roloff/Wentzlaff-Eggebert (eds.), vol. II, págs. 228-237.

GALSTER, Ingrid (1997): "El conquistador Lope de Aguirre en la Nueva Novela Histórica", en: Kohut (ed.), págs. 196-204.

GARCÍA, Gustavo V. (2001): "Hacia una conceptualización de la escritura de Testimonio", en: *Revista Canadiense de Estudios Hispánicos* 25/3, págs. 425-444.

GARCÍA, Lorenzo (1990): "Das spanische Theater nach 1975", en: Floeck (ed.), págs. 293-310.

GARCÍA CANCLINI, Néstor (1989): "El debate posmoderno en Iberoamérica", en: *Cuadernos Hispanoamericanos* 463, págs. 798-92.

— (1995): *Culturas híbridas. Estrategias para entrar y salir de la modernidad*. Buenos Aires: Sudamericana.

— (2006): "Globalización e interculturalidad: próximos escenarios en América Latina", en: De Toro (ed.), págs. 129-142.

GARCÍA SÁNCHEZ, R. María (2007): *Reflexividad y metateatro en la obra de José Sanchis Sinisterra*. Tesis doctoral de la Universidad de Alcalá (España). Ann Arbor: ProQuest.

GARSCHA, Karsten (1979): "Der entdeckte Entdecker. Alejo Carpentiers mythenkritischer Kolumbus-Roman", en: *Frankfurter Rundschau* del 10/10/1979 (suplemento de feria del libro), p. 25.

GEERTZ, Clifford (1983 [1973]): *Dichte Beschreibung. Beiträge zum Verstehen kultureller Systeme*. Frankfurt am Main: Suhrkamp.

GEWECKE, Frauke (1992): *Wie die neue Welt in die alte kam*. München: dtv.

GIL CALVO, Enrique (1997): *El nuevo sexo débil. Los dilemas del varón postmoderno*. Madrid: Temas de Hoy.

GIL, Juan (1986): "El libro grecolatino y su influjo en Indias", en: *Homenaje a Enrique Segura Covarsi, Bernardo Muñoz Sánchez y Ricardo Puente Broncano*. Badajoz: Diputación Provincial de Badajoz, págs. 61-111.

GLANTZ, Margo (2005): *La desnudez como naufragio*. Madrid/Frankfurt am Main: Iberoamericana/Vervuert.

GOMES DA CUNHA, Olivia Maria (2008): "Learning to Serve: Intimacy, Morality, and Violence", en: *Hispanic American Historical Review* 88/3, págs. 455-491.

GÓMEZ-MORIANA, Antonio (1992): "Narración y argumentación en las 'Crónicas de Indias'. Sobre el 'Diario' de Colón, entrada del 12 de octubre de 1492", en: Zavala (ed.), págs. 35-54.

GONZÁLEZ ECHEVARRÍA, Roberto (1993): *Celestina's Brood. Continuities of the Baroque in Spanish and Latin American Literatures*. Durham/London: Duke University Press.

GONZÁLEZ SÁNCHEZ, Carlos Alberto (1999): *Los mundos del libro. Medios de difusión de la cultura occidental en las Indias de los siglos XVI y XVII.* Sevilla: Universidad de Sevilla.

GORDON, Richard Allen (2002): *Reviewing the Colony/Revising the Nation: Mexican and Brazilian Cinematic Dialogues with Colonial Texts.* Tesis doctoral de la Universidad de Brown (Providence/Rhode Island). Ann Arbor: ProQuest.

GÖRLING, Reinhold (2004): "Emplacements", en: Vittoria Borsò/Reinhold Görling (eds.): *Kulturelle Topografien.* Stuttgart: Metzler, págs. 43-63.

GRAHAM, Helen/Antonio SÁNCHEZ (1995): "The Politics of 1992", en: Graham/Labanyi (eds.), págs. 406-418.

GRAHAM, Helen/Jo LABANYI (eds./1995): *Spanish Cultural Studies.* Oxford: Oxford University Press.

GREENBLATT, Stephen (1991): *Marvelous Possessions.* Oxford: Clarendon Press.

GRENIER, Richard (1991): "Politically Correct Conquistador", en: *The Washington Times* del 16/05/1991, p. G4.

GRIGSBY VADO, William (2001): "Gioconda Belli: Quiero que mi voz sea la voz de muchos", en: *La insignia* del 20/02/2001 (<http://www.lainsignia.org>, original de Radio La Primerísima, frecuencia 680 AM de Managua, 14/02/2001, último acceso 20/02/2009), págs. 1-13.

GÜGOLD, Barbara (1999): "Interkulturelles Verstehenstraining mittels audiovisueller Dokumente", en: Olga Rösch (ed.): *Interkulturelle Kommunikation in Geschäftsbeziehungen zwischen Russen und Deutschen.* Berlin: News and Media.

GUIDI, José/Monique MUSTAPHA (eds./1994): *Christophe Colomb et la découverte de l'Amérique. Réalités, imaginaire et réinterprétations.* Provence: Université de Provence.

GULLÓN, Germán (1985): "La perezosa modernidad de la novela española (y la ficción más reciente)", en: *Ínsula* 464-465, p. 8.

— (1996): "Cómo se lee una novela de la última generación (apartado X)", en: *Ínsula* 589-590, págs. 31-33.

GUTHMANN, Edward (1992): "Mystical Film of Spanish Explorer's Trek", en: *The San Francisco Chronicle*, 10/07/1992, p. D5.

GUTIÉRREZ, Ramón A. (1991): *When Jesus Came, the Corn Mothers Went Away: Marriage, Sexuality and Power in New Mexico, 1500-1846.* Stanford: Stanford University Press.

GUZMÁN, Martín Luis (1984 [1915]): "La querella de México", en: *Martín Luis Guzmán. Obras completas.* Vol. 1. México, D.F.: FCE, págs. 9-30.

— (1984 [1915]): "La querella de México", en: *Martín Luis Guzmán. Obras Completas.* Vols. I y II. México, D.F.: FCE, I, págs. 31-107.

GUZMÁN BÖCKLER, Carlos (1983): *Donde enmudecen las conciencias. Crítica a la historia oficial y a la ideología dominante*. México, D.F.: Centro de Investigaciones y Estudios Superiores en Antropología Social (Cuadernos de la Casa Chata 82).

HA, Kien Nghi (2005): *Hype um Hybridität. Kultureller Differenzkonsum und postmoderne Verwertungstechniken im Spätkapitalismus*. Bielefeld: Transcript Verlag.

HAHN, Alois (1992): "Überlegungen zu einer Soziologie des Fremden", en: *Simmel Newsletter* 2/1, págs. 54-61.

HALL, Stuart (1992): "The West and the Rest", en: Stuart Hall/Bram Gieben (eds.): *Formations of Modernity: Understanding the Modern*. Cambridge: Polity Press, págs. 275-320.

HALL, Stuart/David HELD/Don HUBERT/Kenneth THOMPSON (1996): *Modernity. An Introduction to Modern Societies*. Oxford: Clarendon Press.

HALSALL, Paul (2000): *Internet Medieval Sourcebook*. New York: Fordham University Center for Medieval Studies (<http://www.fordham.edu/halsall/sbook.html>, último acceso 20/02/2009).

HAMPDEN-TURNER, Charles/Fons TROMPENAARS (1997): "Response to Geert Hofstede", en: *Pergamon. International Journal for Intercultural Relations* 21/1, págs. 149-159.

HARDMAN, Martha James (1981): *The Aymara Language in its Social and Cultural Context*. Gainesville: University Presses of Florida.

HARDT, Guy/Antonio NEGRI (2000): *Empire*. Cambridge, Mass.: Harvard University Press.

HARJO, Susan Shown (1999): "Chief Offenders", en *Natives People Magazine* del 08/01/1999 (<http://www.nativepeoples.com/article/articles/145/1/chief-offenders/page1.html>, último acceso 20/03/2009).

HART, Stephen M. (2004): *A Companion to Latin American Film*. Woodbridge/Rochester: Tamesis.

HAUSHERR-MÄLZER, Michael (1990): *Die Sprache des Patriarchats: Sprache als Abbild und Werkzeug der Männergesellschaft*. Frankfurt am Main: Peter Lang.

HERDER, Johann Gottfried (1989 [1784-91]): *Ideen zur Philosophie der Geschichte der Menschheit*. Ed. Martin Bollacher. Frankfurt am Main: Deutscher Klassiker Verlag.

HERMENAU, Sue (1997): "Eine Mischung aus Politthriller, Frauen und moderner Liebesgeschichte: Gioconda Bellis Roman: 'Bewohnte Frau'", en: *Regenbogen* 20 (<http://regenbogen.kraetzae.de/ausgaben/20/belli>, último acceso 20/02/2009), págs. 1-2.

Hernández, Raquel (2004): "Entrevista: Jesús Cano. Las aventuras atraen porque hacen vivir al lector", en: *El País* del 21/01/2004 (<http://www. elpaís.es>, último acceso 20/02/2009), págs. 1-2.

Herzberg, David K. (1988): "The Spanish Novel and Its Critics: 1936-1986", en: *Anales de la Literatura Española Contemporánea* 13/1-2, págs. 13-24.

Hexel, R. (1985): "Gesellschaftsbild und Aspekte des ästhetischen Denkens bei Rubén Darío", en: *Lateinamerika* 20, págs. 119-134.

Heydenreich, Titus (1983): "'El arpa y la sombra' (1979): Alejo Carpentiers Roman vor dem Hintergrund der Columbus-Wertungen seit den Jahrhundertfeiern von 1892", en: Wolfgang Bader/János Riesz (eds.): *Literatur und Kolonialismus*. Frankfurt am Main: Peter Lang, págs. 291-321.

Hoffmeister, Gerhard (1976): *Spanien und Deutschland. Geschichte und Dokumentation der literarischen Beziehungen*. Berlin: Erich Schmidt.

Hofstede, Geert (1991): *Cultures and Organizations: Software of the Mind*. New York: McGraw-Hill.

— ([2]ed./2001): *Culture's Consequences*. London: Sage.

Hogrebe, Wolfram (1985): "Die epistemische Bedeutung des Fremden", en: Hermann Sturm (ed.): *Das Fremde. Ästhetische Erfahrungen*. Aachen: Rader, págs. 159-174.

Hölz, Karl (1984): "Der intellektuelle Revolutionär. Reformdenken und geschichtliche Erblast in Guzmáns 'El águila y la serpiente'", en: Michael Rössner/Birgit Wagner (eds.): *Aufstieg und Krise der Vernunft. Komparatistische Studien zur Literatur der Aufklärung und des Fin-de-siècle. Festschrift für Hans Häuser*. Wien/Köln/Graz: Böhlau, págs. 437-458.

— (1992): "El machismo en México. Sobrevivencia y rechazo de un tópico sociocultural", en: *Iberoamericana* 16/46, págs. 33-41.

— (1993): "Erzählte Philosophie. Martín Luis Guzmán und der mexikanische Revolutionsroman", en: *Iberoamerikanisches Archiv* 19/1-2, págs. 63-86.

— (1998): *Das Fremde, das Eigene, das Andere. Die Inszenierung kultureller und geschlechtlicher Identität in Lateinamerika*. Berlin: Erich Schmidt.

— (2000): "Der gebrochene Blick auf das Andere. Endvisionen der erotischen Konquista bei Abel Posse", en: Vittoria Borsò/Björn Goldammer (eds.): *Moderne(n) der Jahrhundertwende. Spuren der Moderne(n) in Kunst, Literatur und Philosophie auf dem Weg ins 21. Jahrhundert*. Baden-Baden: Nomos, págs. 327-341.

— (2002): *Zigeuner, Wilde und Exoten. Fremdbilder in der französischen Literatur des 19. Jahrhunderts*. Berlin: Erich Schmidt.

—/Christel Baltes-Löhr (eds./2004): *Genderperspektiven interdisziplinär – transversal – aktuell*. Frankfurt am Main: Peter Lang.

HÜTTMANN, Andrea (2001): *Die Ästhetik der Geschichte. Das zeitgenössische historische Drama Spaniens im Spannungsfeld zwischen Sinn und Spiel.* Tübingen: Francke.

HUGGAN, Graham (2006): "Derailing the 'Trans'? Postcolonial Studies and the Negative Effects of Speed", en: Antor (ed.), págs. 55-61.

HUTCHEON, Linda (1988): *A Poetics of Postmodernism: History, Theory, Fiction.* New York: Routledge.

HUVEN, Kerstin (2002): *Gendering Images. Geschlechterinszenierung in den Filmen Pedro Almodóvars.* Frankfurt am Main: Lang.

IFE, Barry W. (1985): *Reading and Fiction in Golden-Age Spain. A Platonist Critique and Some Picaresque Replies.* Cambridge: Cambridge University Press.

INGENSCHAY, Dieter/Hans-Jörg NEUSCHÄFER (eds./1991): *Aufbrüche. Die Literatur Spaniens seit 1975.* Berlin: Edition Tranvía.

INNES, Hammond (1969): *The Conquistadors.* London: Collins.

IZQUIERDO BENITO, Ricardo/Francisco RUIZ GÓMEZ (1998): "La Edad Media y el Imperio Español", en: José G. Cayuela Fernández (ed.): *Un siglo de España: Centenario 1898-1998.* Cuenca: Ediciones de la Universidad de Castilla-La Mancha, págs. 115-129.

JABLONSKA ZABOROWSKA, Alexandra (2004): "La representación de los procesos de construcción de la identidad en los contextos interculturales de dos películas mexicanas sobre la Conquista", en: *Cultura, lenguaje y representación/Culture, language and representation* I, págs. 19-28.

JAEGER, Frances Betty (1997): *Constructing the Self through Otherness in the Works of Gioconda Belli, Daisy Zamora, Michele Najlis, Vidaluz Meneses and Rosario Murillo.* Tesis doctoral de la Universidad de Illinois. Ann Arbor: ProQuest.

JANIK, Dieter (1992): *Stationen der spanischamerikanischen Literatur- und Kulturgeschichte. Der Blick der anderen – der Weg zu sich selbst.* Frankfurt am Main: Vervuert.

JARAUTA, Francisco (1992): "La experiencia barroca", en: Parreño (ed.), págs. 69-74.

JIMÉNEZ DE BÁEZ, Yvette (1989): "El discurso omitido en 'Visión de Anáhuac'", en: *Nueva Revista de Filología Hispánica* 37/2, págs. 465-79.

JOHNSSON, Mick (1986): *Food and Culture among Bolivian Aymara. Symbolic Expressions of Social Relations.* Stockholm: Almqvist&Wiksell International.

JUNKELMANN, Marcus: (2004): "Träume von Rom. Ridley Scotts 'Gladiator' und die Tradition des römischen Monumentalfilms", en: Ulrich Baumgärtner/Monika Fenn (eds.): *Geschichte und Film.* München: Herbert Utz, págs. 63-89.

KAHLE, Günter/Horst PIETSCHMANN (eds./1983): *Lateinamerika: Entdeckung, Eroberung, Kolonisation. Gesammelte Aufsätze von Richard Konetzke*. Köln: Böhlau.

KAHR, Johanna (1982): "Literarische Darstellungsschemata als Kompensation in der Geschichtsschreibung der französischen Revolution", en: Eberhard Lämmert (ed.): *Erzählforschung. Ein Symposium*. Stuttgart: Metzler, págs. 604-618.

KAPLAN, E. Ann (2000): *Women and Film. Both Sides of the Camera*. London: Routledge.

KEMPLEY, Rita (1992): "Cabeza de Vaca: An Explorer's Self-Discovery", en: *The Washington Post*, 20/11/1992, p. C7.

KERRIGAN, Antonia (2003): "Matilde Asensi", en: *Antonia Kerrigan. Literary Agency* (<http://www.antoniakerrigan.com/person/asensi.html>, último acceso 20/02/2009), págs. 1-2.

KEYDER, C. (1997): "Whither the Project of Modernity? Turkey in the 1990s", en Sibel Bozdoğan/Reşat Kasaba (eds.): *Rethinking Modernity and National Identity in Turkey*. Seattle/London: University of Washington Press, págs. 37-51.

KIM, Young Yun (2005): "Inquiry in Intercultural and Development Communication", en: *Journal of Communication* 9, págs. 554-577.

KOHUT, Karl (1991): "Die Conquista als Gegenstand der Literaturwissenschaft", en: Kohut (ed./1991), págs. 31-54.

— (ed./1991): *Der eroberte Kontinent. Historische Realität, Rechtfertigung und literarische Darstellung der Kolonisation Amerikas*. Frankfurt am Main: Vervuert.

— (1997): "La invención del pasado", en: Kohut (ed./1997), págs. 9-28.

— (ed./1997): *La invención del pasado: La novela histórica en el marco de la posmodernidad*. Madrid/Frankfurt am Main: Iberoamericana/Vervuert.

KOLATA, Alan L. (1996): *Valley of the Spirits. A Journey into the Lost Realm of the Aymara*. New York: John Wiley & Sons.

KÖNIG, Bernhard (1981): "Margutte-Cingar-Lázaro-Guzmán. Zur Genealogie des 'pícaro' und der 'novela picaresca'", en: *Romanistisches Jahrbuch* 32, págs. 286-305.

KÖNIG, Hans-Joachim (1991): "Die Mythisierung der 'Conquista' und des 'Indio' zu Beginn der Staats- und Nationbildung in Hispanoamerika", en: Kohut (ed.), págs. 361-375.

KONING, Hans (1991): *Columbus: His Enterprise*. London: Latin America Bureau.

KOPP, Jörg (2001): *Klios Blick: Genderperspektiven in der Nueva novela histórica*. Hamburg: Kovač.

Kristeva, Julia (1972): "Bachtin, das Wort, der Dialog und der Roman", en: Jens Ihwe (ed.): *Literaturwissenschaft und Linguistik. Ergebnisse und Perspektiven*. Frankfurt am Main: Athenäum, págs. 345-375.

La Razón digit@l (2003): "J.J. Armas Marcelo gana el II premio de novela Ciudad Torrevieja", en: *La Razón digit@l* del 13/12/2003 (<http://www.larazon.es>, último acceso 20/02/2009), págs. 1-3.

Labanyi, Jo (1995): "Gender and Modernization in the Spanish Realist Novel", en: Graham/Labanyi (eds.), págs. 396-406.

— (2000): *Gender and Modernization in the Spanish Realist Novel*. Oxford: Oxford University Press.

Laherrère, Jean-Marc (2003): "Matilde Asensi. Iacobus", en: *Mauvais Genres* 1999-2004 (<http://www.mauvaisgenres.com/index/maud_laherrère.htm>, último acceso 20/02/2009), p. 1.

Lang, Sabine (1991): "'América es sueño' oder Die Geschichte einer Utopie. Zur Frage des geschichtlichen Bewusstseins bei Alfonso Reyes. 'Visión de Anáhuac' und 'Última Tule'", en: *Iberoamericana* 43/2-44/3, págs. 28-53.

Langenhorst, Annegret (1998): *Der Gott der Europäer und die Geschichte(n) der Anderen: die Christianisierung Amerikas in der hispanoamerikanischen Literatur der Gegenwart*. Mainz: Matthias-Grünewald.

Lapesa, Rafael (1968 [1941]: *Historia de la lengua española*. Madrid: Escelicer.

Laqueur, Thomas (1990): *Making Sex. Body and Gender from the Greeks to Freud*. Cambridge: Cambridge University Press.

Leinen, Frank (2000): *Visionen eines neuen México. Das aus dem Ateneo de la Juventud hervorgegangene Kulturmodell im Kontext der mexikanischen Selbstsuche. Eine identitätstheoretische Analyse*. Frankfurt am Main: Vervuert.

León Portilla, Miguel (1959): *La visión de los vencidos*. Tabasco: Joaquín Mortiz.

— (1987): *El reverso de la conquista*. Tabasco: Joaquín Mortiz.

León, Juanita (2002): "Crisis en el club de los machos", en: *AHIGE* (Asociación de Hombres por la Igualdad de Género, <http://www.ahige.org>, último acceso 20/02/2009), págs. 1-4.

Leonard, Irving A. (1949): *Books of the Brave*. Cambridge: Cambridge University Press.

Leppin, Nicole (2003): "She's Got Game. Gablé's Bold Move in Germany, Forest Fling in Holland, and Spain's Answer to Umberto Eco", en: *Publishing Trends* (noviembre), págs. 1-3.

Levy, Juliette (2008): "The Marriage Penalty: Women, Property Rights, and Credit Markets in Yucatán, 1850-1900", en: *Hispanic American Historical Review* 88/3, págs. 427-454.

LEWIS, Laura A. (1996): "The Weight of Words: Domination through Misrepresentation. The 'Weakness' of Women and the Feminization of the Indian in Colonial Mexico", en: *Colonial Latin American Review* 1, págs. 73-94.

LIEBMANN-SCHAUB, Uta (1989): "Foucault's Oriental Subtext", en: *PMLA* 104/3, págs. 306-16.

LISSORGUES, Yvan (1991): "Algunos aspectos de la renovación de la novela española desde 1975", en: *La Renovation du roman espagnol depuis 1975*. Toulouse: Presses Universitaires du Mirail, págs. 27-37.

LODARES, Juan Ramón (2001): *Gente de Cervantes*. Madrid: Taurus.

— (2002): *Lengua y patria*. Madrid: Taurus.

LÓPEZ, Kimberle S. (2002): *Latin American Novels of the Conquest. Reinventing the New World*. Columbia: University of Missouri Press.

LÓPEZ DE GÓMARA, Francisco (1979 [1552]): *Historia general de las Indias y vida de Hernán Cortés*. Caracas: Ayacucho.

LÓPEZ MATEOS, Antonia (2003): "Matilde Asensi. El origen perdido", en: *NoSóloArte* (diciembre), p. 1.

LOWE, Donald (1986): *Historia de la percepción burguesa*. México, D.F.: FCE.

MACKENBACH, Werner (2004): *Die unbewohnte Utopie. Der nicaraguanische Roman der achtziger und neunziger Jahre*. Frankfurt am Main: Vervuert.

MANZURUL ISLAM, Syed (1993): "Marco Polo: Order/Disorder in the Discourse of the Other", en: *Literature & History* 2/1, págs. 1-22.

MARCH, Kathleen N. (1990): "Gioconda Belli: The Erotic Politics of the Great Mother", en: *Monographic Review* 6, págs. 245-257.

MARKET PARTNERS INTERNATIONAL (2003): "News and Opinion on the Changing World of Book Publishing", en: *Publishing Trends* (diciembre), págs. 1-9.

MARSH, Steven/Parvati NAIR (2004): *Gender and Spanish Cinema*. Oxford: Berg.

MARTÍN-BARBERO, Jesús (2006): "Mediaciones comunicacionales y discursos culturales", en: De Toro (ed.), págs. 143-162.

MARTÍNEZ GALIANA, Jota (2000): "Entrevista: Matilde Asensi. Sólo en España se considera género menor a la novela de aventuras", en: *El País* del 06/02/2000 (<http://www.elpaís.es>, último acceso 20/02/2009), págs. 1-2.

MARTÍNEZ MARTÍNEZ, Francisco (1916): *El descubrimiento de América y las joyas de la reina doña Isabel*. Valencia: Imprenta Hijos de Francisco Vives Mora.

MATTHES, Joachim (ed./1992): *Zwischen den Kulturen? Die Sozialwissenschaften vor dem Problem des Kulturvergleichs*. Göttingen: Otto Schwartz & Co.

Maurer Queipo, Isabel (2005): *Die Ästhetik des Zwitters im filmischen Werk von Pedro Almodóvar*. Frankfurt am Main: Vervuert.

Mazzotti, José Antonio (2000): "Resentimiento criollo y nación étnica: el papel de la épica novohispana", en: *Agencias criollas: La ambigüedad "colonial" en las letras hispanoamericanas*. Pittsburgh: Instituto Internacional de Literatura Iberoamericana, págs. 143-160.

McClintock, Anne (1995): *Imperial Leather: Race, Gender and Sexuality in the Colonial Context*. London: Routledge.

McNeill, William H. (1990): "Review of Kirkpatrick Sale's *The Conquest of Paradise*", en *New York Times*, 07/10/1990 (<http://query.nytimes.com/gst/ fullpage.html?res=9C0CE5DD1739F934A35753C1A966958260&sec=&spon=&pagewanted=all>, último acceso 27/05/2009), s.p.

Mecklenburg, Norbert (1990): "Über kulturelle und poetische Alterität. Kultur- und literaturtheoretische Grundprobleme einer interkulturellen Germanistik", en: Dietrich Krusche/Alois Wierlacher (eds.): *Hermeneutik der Fremde*. München: Iudicium, págs. 80-102.

— (2007): *Das Mädchen aus der Fremde. Germanistik als interkulturelle Literaturwissenschaft*. München: Iudicium.

Menéndez, Miguel Ángel (1964): *Malintzin en un fuste, seis rostros y una sola máscara*. México, D.F.: FCE.

Menton, Seymour (1993): *La Nueva Novela Histórica de la América Latina, 1979-1992*. México, D.F.: FCE.

Mignolo, Walter D. (1997): "La razón postcolonial: herencias coloniales y teorías postcoloniales", en: De Toro (ed.), págs. 51-70.

Miguel Magro, Tania de (2004): "Religion as a Survival Strategy in 'Los Naufragios' and in Echevarría's Film 'Cabeza de Vaca'", en: *Torre de papel* 14.1-2, págs. 52-63.

Moliner, María (1987): *Diccionario de uso del español*. Madrid: Gredos.

Moll, Jaime (1997): "Libro y sociedad en la España moderna", en: *Bulletin Hispanique* 99/1, págs. 7-17.

Mols, Manfred (^{2}ed./1983): *Mexiko im 20ten Jahrhundert. Politisches System, Regierungsprozeß und politische Partizipation*. München: Schöningh.

Monleón, José B. (ed./1995): *Del franquismo a la posmodernidad. Cultura española 1975-1990*. Madrid: Akal.

Montalbán Peregrín, Manuel (2009): *Comunidad e inconsciente. El psicoanálisis ante el hecho social*. Málaga: Miguel Gómez Ediciones.

Mora, Gabriela (1995): "'La mujer habitada' de Gioconda Belli: Los otros dentro de sí, y la representación de la mujer nueva", en: Juana A. Arancibia/Yolanda Rosas (eds.): *La nueva mujer en la escritura de autoras hispánicas*. Montevideo: Graffiti, págs. 79-87.

Morello-Frosch, Marta (1986): "La ficción de la historia en la narrativa argentina reciente", en: Balderston (ed.), págs. 201-208.

Moser, Gerda Elisabeth (1998): "Reisen mit Christoph Ransmayr", en: *ide* 2/22, págs. 42-49.

Moyano, Pilar (1993): "La transformación de la mujer y la nación en la poesía comprometida de Gioconda Belli", en: *Revista Canadiense de Estudios Hispánicos* 17/2, págs. 319-331.

Muriel, Josefina (1948): "Reflexiones sobre Hernán Cortés", en: *Revista de Indias* 31, págs. 229-246.

Murray, Patricia (1990): "A place for Eve in the Revolution: Gioconda Belli and Rosario Murillo", en: Susan Bassnett (ed.): *Knives and Angels. Women Writers in Latin America*. London: Zed, págs. 176-197.

Muskiz (2003): "El salón de ámbar. Matilde Asensi", en: *Muskiz. Revista de información municipal* (<http://www.muskiz.com/biblioteca/informacion/ambar. htm>, último acceso 20/02/2009), p. 1.

Nandy, Ashis (1983): *The Intimate Enemy: Loss and Recovery of Self under Colonialism*. Oxford: Oxford University Press.

Navajas, Gonzalo (1987): *Teoría y práctica de la novela española contemporánea*. Barcelona: Edicions Dell Mall.

Nebrija, Elio Antonio de (1992 [1492]): *Gramática castellana. Introducción y notas por Miguel Ángel Esparza y Ramón Sarmiento*. Madrid: Fundación Antonio Nebrija.

Neruda, Pablo (1995 [1959]): *Odas elementales*. Buenos Aires: Losada.

Neuschäfer, Hans-Jörg (1998): "Von der 'movida' zum Kulturbusiness. Ein Blick in den Literaturbetrieb der 90er Jahre", en: Walther Bernecker (ed.): *Spanien heute. Politik, Wirtschaft, Kultur*. Frankfurt am Main: Vervuert, págs. 541-563.

Niess, Frank (1992): *Am Anfang war Kolumbus. Geschichte einer Unterentwicklung – Lateinamerika 1492 bis heute*. München: Piper.

Nkrumah, Kwame (1965): *Neo-Colonialism: The Last Stage of Imperialism*. London: Thomas Nelson & Sons.

Nogueira, Claudia Barbosa (2006): *Journeys of Redemption: Discoveries, Re-discoveries, and Cinematic Representations of the Americas*. Tesis doctoral de la Universidad de Maryland. Ann Arbor: ProQuest.

Nora, Pierre (1995): "Das Gedächtnis ist der Geschichte stets verdächtig", en: Uwe Fleckner (ed.): *Die Schatzkammern der Mnemosyne*. Dresden: Verlag der Kunst, págs. 304-308.

Núñez, Álvar Cabeza de Vaca (1999 [1542]): "La relación que dio Álvar Núñez Cabeza de Vaca", en: Rolena Adorno/Patrick Pautz (eds.): *Álvar Núñez Cabeza de Vaca: his account, his life and the expedition of Pánfilo de Narváez*. Lincoln: University of Nebraska Press, págs. 13-291.

— (1989): *Naufragios*. Ed. de Juan Francisco Maura. Madrid: Cátedra.

OIT (Organización Internacional del Trabajo/2008): *Themes* (<http://www.ilo.org>, último acceso 20/04/2009).

ONU (2009): *The United Nations Today*, en: <http://www.un.org/aboutun/untoday> (último acceso 08/02/2009).

ORDÓÑEZ, Elizabeth J. (1995) "Escribir contra el archivo: nueva narrativa de mujer", en: José B. Monleón (coord.): *Del franquismo a la posmodernidad: cultura española 1975-1990*. Tres Cantos: Akal, págs. 171-184.

ORTEGA, Luis (2001): "Cabrera Infante y sus 10 latas de leche condensada", en: *El Diario/La Prensa* del 11/04/2001, págs. 12-13.

— (2001): "Regresan los conquistadores", en: *El Diario/La Prensa* del 26/01/2000, págs. 12-14.

— (2001): "Sobre la taberna de Radio Mambi", en: *El Diario/La Prensa* del 13/06/2001, págs. 14-15.

PAGNI, Andrea (2004): "Migrantenperspektiven: Le Clézios 'Désert' und Ben Jellouns 'Les yeux baissés'", en: *Grenzgänge* 11/21, págs. 105-119.

PARDUE, David (2002): "Asensi, Matilde. El último catón", en: *Críticas* 1/2, p. 1.

PARREÑO, José María (ed./1992): *Cuadernos del círculo 2. Barroco y neobarroco*. Madrid: Círculo de Bellas Artes.

PASTOR, Andrea *et al.* (2001): *Conocimiento del medio. 6° Primaria, Andalucía Andalucía*. Madrid: SM.

PASTOR BODMER, Beatriz (1984): *The Armature of Conquest. Spanish Accounts of the Discovery of America*. La Habana: Casa de las Américas.

— (1992): *The Armature of Conquest. Spanish Accounts of the Discovery of America, 1492-1589*. Stanford: Stanford University Press.

PAUL-UREÑA, Jeana (2007): "Voces sublevadas: Escritoras costarricenses develan la Historia y vislumbran el futuro de su país", en: *Hispania* 90/3, págs. 423-430.

PEGASOS (2004): "Arthur Charles Clarke", en: *Pegasos. A Literature Related Resource Site* (<http://www.kirjasto.sci.fi/aclarke.htm>, último acceso 20/02/2009), págs. 1-2.

PENNY, Ralph (2002): *A History of the Spanish Language*. Cambridge: Cambridge University Press.

PERALTA RUIZ, Víctor (1995): "Indigenismo, nacionalismo y modernidad en el Perú", en: Pino (ed.), págs. 273-292.

PERRIAM, Chris/Michael THOMPSON/Susan FRENK/Vanessa KNIGHTS (2000): *A New History of Spanish Writing 1939 to the 1990s*. Oxford: Oxford University Press.

PETERS, Michaela (1996): "Christoph Kolumbus, ein Anthropologe? Zum Indio-Bild im Spiegel des Bordbuches und der Briefe", en: Heinz Schlüter (ed.): *Die Anderen: Indianer in Lateinamerika*. Frankfurt am Main: Vervuert, págs. 21-38.

PIETSCHMANN, Horst (1991): "Die Conquista Amerikas: ein historischer Abriß", en: Kohut (ed.), págs. 13-30.

PINO, Fermín del/Carlos LÁZARO (eds./1995): *Visión de los otros y visión de sí mismos. Descubrimiento o invención entre el Nuevo Mundo y el Viejo?* Madrid: Consejo Superior de Investigaciones Científicas.

PINTO RODRÍGUEZ, Jorge (1993): "La fuerza de la palabra. Evangelización y resistencia indígena", en: *Revista de Indias* 199, págs. 677-698.

PIÑERO AUGUET, Laura (2003): "De la mujer habitada a la mujer habitante: planteos acerca de la subjetividad femenina", en: *Revista Crítica de Ciencias Sociales y Jurídicas* (<http://www.ucm.es/info/eurotheo>, último acceso 20/02/2009), págs. 1-7.

PIZARRO, Ana (1987): "Amérique Latine: le discours romanesque et l'espace du politique", en: *Les Cahiers du CEDAF* 1-3, págs. 48-59.

PLOTNIK, Viviana (2001): "Postmodernity, Orphanhood, and the Contemporary Spanish American Historical Novel", en: Juan-Navarro Santiago/ Theodore Robert Young (eds.): *A Twice-Told Tale: Reinventing the Encounter in Iberian/Iberian American Literature and Film*. Newark: University of Delaware Press, págs. 32-47.

POLO, Marco (1958 [1271-1298]): *The Travels*. Harmondsworth: Penguin.

PONTÓN, Gonzalo (1996): "Las sendas de un nuevo historicismo", en: *Revista de Literatura* 58, págs. 6-26.

POUPENEY HART, Catherine (1991): "La Crónica de Indias entre 'historia' y 'ficción'", en: *Revista Canadiense de Estudios Hispánicos* 15/3, págs. 503-515.

PROSS, Wolfgang (2007): "Herder und die moderne Geschichtswissenschaft", en: Stauf/Berghahn (2007), págs. 19-44.

PULGARÍN, Amalia (1995): *Metaficción historiográfica: La novela histórica en la narrativa hispánica posmodernista*. Madrid: Editorial Fundamentos.

QUIJANO, Aníbal (2000): "Coloniality of Power, Eurocentrism and Latin America", en: *Nepantla: Views from South* 1/3, págs. 533-580.

RADDATZ, Volker (1996): "Fremdsprachenunterricht zwischen Landeskunde und Interkulturalität: Die Entwicklung didaktischer Parameter im Spannungsfeld von Produkt und Prozeß", en: *Fremdsprachenunterricht* 4, págs. 242-252.

RAE (2009): *Diccionario de la Real Academia Española*. 22ª ed., en: <http://www.rae.es> (último acceso 26/02/2009).

RAMÍREZ, Sergio (1994): "Sergio Ramírez. Entrevista con E. Hood", en: *Revista de Estudios Colombianos y Latinoamericanos* 12-13, págs. 71-76.

RAMOS, Demetrio (1989): "Esquema sobre la evolución de la historiografía de la Conquista en la fase crítica de 1945 a 1986", en: V. Vázquez de Prada/ Ignacio Olabarri (eds.): *Balance de la historiografía sobre Iberoamérica*. Pamplona: Ediciones Universidad de Navarra, págs. 44-79.

RANDALL, Margaret (1982): "Aportes de la mujer a la literatura del siglo XX", en: *Fem* 21, págs. 57-59.

RECKLEY, Alice Ruth (1992): "Irony and License in New Memories of the Conquest: Gonzalo Guerrero", en: *Symposium* 46/2, págs. 133-146.

RESTREPO, Luis Fernando (2000): ""Primitive Bodies in Latin American Cinema: Nicolás Echevarría's 'Cabeza de Vaca'", en: Eric Camayd-Freixas/ José Eduardo González (eds.): *Primitivism and Identity in Latin America: Essays on Art, Literatura and Culture*. Tucson: The University of Arizona Press, págs. 189-2008.

RICH, B. Ruby (1997): "An/Other View of Latin American Cinema", en: Michael T. Martin (ed.): *New Latin American Cinema: Vol. 1, Theory, Practices and Transcontinental Articulations*. Detroit: Wayne State University Press, págs. 273-297.

RICO, Francisco ([10]ed./1995): "Introducción", en: *Lazarillo de Tormes*. Madrid: Cátedra, págs. 13-139.

RINCÓN, Carlos (ed./1990): "Nachwort", en: *Diego de Landa. Bericht aus Yucatán*. Leipzig: Reclam, págs. 221-240.

RINGS, Guido (1996): *Erzählen gegen den Strich. Ein Beitrag zur Geschichtsreflexion im mexikanischen Revolutionsroman*. Frankfurt am Main/New York: Peter Lang.

— (1997): "Dionysios I. Tyrann zwischen griechischer Polis und hellenistischer Monarchie", en: *Die Alte Stadt* 24/2, págs. 172-174.

— (2000a): "Georg Büchners 'Leonce und Lena'. Ein Exemplum subversiver Kunst in einer spätabsolutistischen Gesellschaft", en: *Germanic Notes and Review* 31/2, págs. 113-134.

— (2000b): "Selbst- und Fremdbetrachtungen bei Fassbinder. Eine exemplarische Analyse von 'Angst essen Seele auf'", en: Martin Brady/Helen Hughes (eds.): *Deutschland im Spiegel seiner Filme*. London: CILT, págs. 52-80.

— (2002): "Zum emanzipatorischen Potential zweier Fremder: Meursault, Duarte und die Destabilisierung herrschender Diskurse", en: Frank Leinen (ed.): *Literarische Begegnungen. Romanistische Studien zur kulturellen Identität, Differenz und Alterität*. Berlin: Erich Schmidt, págs. 130-152.

— (2003): "Entrevista con el escritor Lidio Mosca Bustamante", en: *Baquiana* IV, págs. 212-224.

— (2006): "En busca de nuevas formas barrocas: el cine español y latinoamericano contemporáneo", en: *Iberoamericana* VI, 21, págs. 191-209.

— (2009): "Madrid: Neo-Colonial Spacing in Contemporary Spanish Cinema?", en: Godela Weiss-Sussex/Katia Pizzi (eds.): *The Cultural Identity of European Cities*. London: Lang, págs. 34-49.

Rings, Guido/Anne Ife (eds./2008): *Neo-Colonial Mentalities in Contemporary Europe? Language and Discourse in the Construction of Identities*. Newcastle: Cambridge Scholars Publishing, págs. 2-18.

Rings, Guido/Rikki Morgan-Tamosunas (2003): *European Cinema: Inside Out. Images of the Self and the Other in Postcolonial European Film*. Heidelberg: Winter.

Ríos Carratalá, Juan Antonio (2005): "Entrevista a José Sanchis Sinisterra", en: *Biblioteca Virtual de Miguel de Cervantes* (<http://www.cervantesvirtual.com/servlet/SirveObras/35793620003350617400080/p0000001.htm>, último acceso 26/03/2009).

Ritzer, George ([5]ed./2008): *McDonaldization of Society*. Thousand Oaks: Pine Forge Press.

Roa Bastos, Augusto (1984): "La narrativa paraguaya en el contexto de la narrativa hispanoamericana actual", en: *Revista de Crítica Literaria Latinoamericana* 10/19, págs. 7-21.

Robertson, Roland (1995): "Glocalisation: Time-Space and Homogeneity-Heterogeneity", en: Mike Featherstone/Scott Lash/Roland Robertson (eds.): *Global Modernities*. London: Sage, págs. 25-44.

Robins, Nicholas A. (1998): *El mesianismo y la semiótica indígena en el Alto Perú: la gran rebelión de 1780-1781*. La Paz: Hisbol.

Robinson, Douglas (1997): *Translation and Empire. Postcolonial Theories Explained*. Manchester: St Jerome Publishing.

Rodríguez, Ileana (1996): *Women, Guerrillas, and Love. Understanding War in Central America*. Minneapolis: University of Minnesota Press.

Rodríguez de Lera, Juan Ramón (1999/2000): "'Oro y hambre': Una lectura moderna de la novela picaresca", en: *Contextos* 17/33-18/36, págs. 423-432.

Rodríguez Padrón, Jorge (1979): "La narrativa de J. J. Armas Marcelo: un proceso clarificador", en: *Cuadernos Hispanoamericanos* 349, págs. 142-151.

Rodríguez Prampolini, Ida (1977): *Amadises de América. La hazaña de Indias como empresa caballeresca*. Caracas: Centro de Estudios Latinoamericanos Rómulo Gallegos.

Rodríguez Richart, José (2006): "Wilfried Floeck, Estudios críticos sobre el teatro español del siglo xx", en: *Anales de la Literatura Española Contemporánea* 31/2, págs. 254/260.

ROLLAND-MILLS, Frédérique (2000): *Evolución de los modelos femeninos nicaragüenses en la novela de Rosario Aguilar, Gioconda Belli y Mónica Zalaquett*. Tesis doctoral de la Universidad de Kentucky. Ann Arbor: ProQuest.

ROLOFF, Volker (1985): "Alejo Carpentier und die Mythisierung des Mittelalters", en: *Iberoromania* 21, págs. 79-104.

— (1992a): "Roland Brival, 'Le sang du roucou' – zum Problem eines dekolonisierenden Diskurses im Roman", en: Titus Heydenreich (ed.): *Columbus zwischen zwei Welten. Historische und literarische Wertungen aus fünf Jahrhunderten*. Frankfurt am Main: Vervuert, págs. 911-931.

ROLOFF, Volker/Harald WENTZLAFF-EGGEBERT (eds./1992b): *Der Hispanoamerikanische Roman*. 2 vols. Darmstadt: Wissenschaftliche Buchgesellschaft.

ROMANCE LANGUAGE DEPARTMENT – UNIVERSITY OF PENNSYLVANIA (1994): "Conquering Marvels: The Marvellous Other in the Texts of Christopher Columbus", en: *Hispanic Review* 62/4, págs. 487-492.

ROMANO, Ruggiero/Alberto TENENTI (1984): *Die Grundlegung der modernen Welt. Spätmittelalter, Renaissance, Reformation*. Frankfurt am Main: Fischer Taschenbuch.

ROSA LOJO, María (1995): "La invención de la historia en 'Los perros del Paraíso', de Abel Posse", en: *Estudios Filológicos* 30, págs. 155-160.

ROSALDO, Michelle Z. (1980): *Knowledge and Passion: Ilongot Notions of Self and Social Life*. Cambridge: Cambridge University Press.

ROUSSEAU, Jean-Jacques (1856 [1776]): "Christophe Colomb ou la Découverte du Nouveau Monde. Tragédie en trois actes", en: ídem (ed.): *Œuvres complètes*. Vol. IX. Frankfurt am Main: Bechthold, págs. 347-379.

— (1964 [1762]): *Émile ou De l'éducation*. Paris: Gallimard.

— (1997 [1750]): *Discours sur les sciences et les arts*. Paris: Gallimard.

— (2009 [1782]): *Les Confessions*. Vols. I-IV. Paris: Picard.

RÜNZLER, Dieter (1988): *Machismo — die Grenzen der Männlichkeit*. Wien, Köln: Böhlau.

SAID, Edward (1995 [1978]): *Orientalism. Western Conceptions of the Orient*. London: Penguin.

SALE, Kirkpatrick (1992): *The Conquest of Paradise. Christopher Columbus and the Columbian Legacy*. London: Papermac.

SALMÓN, Josefa (1997): El espejo indígena: el discurso indigenista en Bolivia: 1900-1956. La Paz: Plural Editores.

SANCHIS SINISTERRA, José (1980): "El teatro fronterizo. Manifiesto (latente)", en: *Primer Acto* 186, pág. 88.

— (1988): "Crónica de un fracaso", en: *Primer Acto* 222, págs. 24-32.

— (1992): "'Naufragios de Álvar Núñez': la escritura del fracaso", texto inédito de la ponencia presentada en el *II Congreso Internacional de Dramaturgia*, Caracas.

— (1995): "Por una dramaturgia de la recepción", en: *ADE Teatro* 41-42, págs. 64-69.

SANTAOLALLA, Isabel C. (2003): "Behold the Man! Masculinity and Ethnicity in 'Bwana' (1996) and 'En la puta calle' (1998)", en: Rings/Morgan-Tamosunas (eds.), págs. 153-163.

SARTER, Heidemarie (2006): *Einführung in die Fremdsprachendidaktik*. Darmstadt: WBG.

SCHAEFER, Claudia (2003): *Bored to Distraction: Cinema of Excess in End-of-the-Century Mexico and Spain*. New York: State University of New York Press.

SCHÄFFAUER, Markus K. (2007): "Bilder des Unsagbaren: 'Cabeza de Vaca'", en: Fendler/Wehrheim (eds.), págs. 101-115.

SCHAEFFER-HEGEL, Barbara (1996): *Säulen des Patriarchats*. Pfaffenweiler: Centaurus.

SCHERZER, Dina (2001): "Gender and Sexuality in New New Wave Cinema", en: Alex Hughes/James S. Williams (eds.): *Gender and French Cinema*. Oxford: Berg, págs. 227-240.

SCHLIEBEN-LANGE, Brigitte (1997): "Kulturkonflikte in Texten", en: *Zeitschrift für Literaturwissenschaft und Linguistik* 97, págs. 1-21.

— (ed./1998): "Alterität als sprachtheoretisches Konzept", en: *Alterität*. Stuttgart, Weimar: Metzler, págs. 41-57.

SCHNEIDER, Jost (2003): *Einführung in die Roman-Analyse*. Darmstadt: WBG.

SCHUCHARD, Barbara (1990): *Auctor Ludens. Maskerade und Demaskierung des Kolumbus bei Alejo Carpentier*. Kassel: Reichenberger.

SCHÜTZ, Katharina von (2003): *Indio und Konquistador in der hispanoamerikanischen 'nueva novela histórica' (1978-1999). Postkoloniale Strategien der Erinnerung*. Frankfurt am Main: Vervuert.

SCHÜTZ, Susanne (2007): "Mit Borges durch die Pampa: Der argentinische Antiheld Inodoro Pereyra zwischen Zivilisation und Barbarei", en: Frank Leinen/Guido Rings (eds.): *Bilderwelten – Textwelten – Comicwelten. Romanistische Begegnungen mit der Neunten Kunst*. München: Meidenbauer, págs. 143-162.

SENABRE, Ricardo (2004): "Lengua y patria. Juan Ramón Lodares", en: *El Cultural* del 12/07/2004 (<http://www.elcultural.es/historico_articulo.asp?c=4207>, último acceso 22/11/2009), pág. 1.

SEPÚLVEDA, Juan Ginés de (1996 [1545]): Tratados sobre las justas causas de la guerra contra los indios. México, D.F.: FCE.

SERRAFERO, Mario Daniel (1993): "El presidencialismo latinoamericano: estado de la cuestión y alternativas de investigación", en: *Ibero Americana* (Suecia) 23/1-2, págs. 111-130.

SERRANO, Virtudes (ed./1996): "Introducción", en: *José Sanchis Sinisterra. Trilogía Americana*. Madrid: Cátedra, págs. 9-90.

SHANKAR, Shalinki (2001): "Decolonization", en: John C. Hawley (ed.): *Encyclopedia of Postcolonial Studies*. London: Greenwood, págs. 131-139.

SHAW, Deborah (2003): *Contemporary Cinema of Latin America. 10 Key Films*. New York/London: Continuum.

SHERIDAN, Guillermo (1994): *Cabeza de Vaca*. México, D.F.: Ediciones El Milagro/IMCINE.

SHOHAT, Ella (1992): "Notes on the Post-Colonial", en: *Social Text* 31/32, págs. 114-140.

SIEBENMANN, Gustav (2007): "Observaciones acerca de ciertas imágenes de la América Latina que se formaron los españoles a lo largo del siglo XX", en: Ingrid Simson (ed.): *América en España: influencias, intereses, imágenes*. Madrid/Frankfurt am Main: Iberoamericana/Vervuert.

SIEBER, Cornelia (2006): *Die Gegenwart im Plural. Postmoderne/postkoloniale Strategien in neueren Lateinamerikadiskursen*. Frankfurt am Main: Vervuert.

SIMSON, Ingrid (2003): *Amerika in der spanischen Literatur des Siglo de Oro. Bericht, Inszenierung, Kritik*. Frankfurt am Main: Vervuert.

SINGH, Jyotsna (1996): *Colonial Narratives/Cultural Dialogues: 'Discoveries' of India in the Language of Colonialism*. London: Routledge.

SKLODOWSKA, Elzbieta (1990): "El (re)descubrimiento de América: la parodia en la novela histórica", en: *Romance Quarterly* 37/3, págs. 345-352.

SMITH, B.C. ([2]ed./2003): *Understanding Third World Politics. Theories of Political Change & Development*. New York: Palgrave.

SOLDEVILA DURANTE, Ignacio (1990): "The Spanish Novel, 1975-1985", en: Amell (ed.), págs. 47-57.

SOSA RAMÍREZ, Manuel (2004): *El nuevo teatro español y latinoamericano. Un estudio transatlántico 1960-1980*. Boulder: Society of Spanish and Spanish-American Studies.

SOUZA, Raymond (1992): "Columbus in the Novel of the Americas: Alejo Carpentier, Abel Posse, and Stephen Marlowe", en: Raymond Leslie Williams (ed.): *The Novel in the Americas*. Niwot: University Press of Colorado, págs. 40-55.

SPENGLER, Oswald (1993): *Der Untergang des Abendlandes. Umrisse einer Morphologie der Weltgeschichte*. München: Beck.

SPIVAK, Gayatri Chakravorty (1999 [1983]): "Can the Subaltern Speak?", en: Gayatri Chakravorty Spivak (ed.): *A Critique of Postcolonial Reason*. Cambridge, Mass.: Harvard University Press, págs. 206-36.

SPIRES, Robert C. (1995): "Del discurso franquista al posmodernista", en: Monleón (ed.), págs. 315-323.

SPURR, David (1993): *The Rhetoric of Empire: Colonial Discourse in Journalism, Travel Writing, and Imperial Administration*. Durham: Duke University Press.

STADEN, Hans (2007 [1557]): *Wahrhaftige Historia. Zwei Reisen nach Brasilien (1548-1555) – História de duas viagens ao Brasil*. Ed. crítica de Franz Obermeier. Traducción al portugués por Guiomar Carvalho Franco. Kiel: Westensee Verlag.

STAUF, Renate/Cord-Friedrich BERGHAHN (eds./2007): *Johann Gottfried Herder: Europäische Kulturtheorie zwischen historischer Eigenart und globaler Perspektive*. Heidelberg: Winter (GRM 1).

STEWART, Miranda (1999): *The Spanish Language Today*. London/New York: Routledge.

STRASSER, Stephan (1991): *Welt im Widerspruch. Gedanken zu einer Phänomenologie als ethischer Fundamentalphilosophie*. Berlin/New York: Springer.

STROSETZKI, Christoph (1986): "Zensor und Grammatiker im Siglo de Oro", en: Hans Josef Niederehe (ed.): *Schwerpunkt Siglo de Oro. Akten des Deutschen Hispanistentages Wolfenbüttel, 28.2.-1.3.1985*. Hamburg: Buske, págs. 177-194.

TADIÉ, Jean-Yves (1982): *Le roman d'aventures*. Paris: puf.

TALLMER, Jerry (1992): "Cabeza de Vaca", en: *New York Post*, 15/05/1992, p. 32.

TEPPER, Sandra (1996): *Feminism and Revolution: Ideological Coalescence in Gioconda Belli's 'La Mujer Habitada'*. Tesis de maestría de la Universidad Florida Atlantic. Ann Arbor: ProQuest.

THIBAUT, Bernhard/LAUGA, Martín (1999): "Politische Eliten und Parteien in Lateinamerika", en: Jörg Faust/Manfred Mols/Christoph Wagner (eds.): *Ideengeber und Entwicklungsprozesse in Lateinamerika*. Mainz: Johannes Gutenberg Universität, págs. 139-168.

THOMAS, Hugh (1993): *Conquest. Montezuma, Cortés, and the Fall of Old Mexico*. New York/London: Simon & Schuster.

THOMAS, Kevin (1992): "Mysticism and Wonder Prevail in Cabeza de Vaca", en: *Los Angeles Times*, 3/7/1992, p. F17.

THYDÊWÁ (2008): *Índios on line*. Parte del programa "Pontos de Cultura Viva e da ANAI (Associação Nacional de Apoio ao Índio)". Brasil: Ministerio de Cultura (<http://www.indiosonline.org.br>, último acceso 27/02/2009).

TODOROV, Tzvetan (1970) : *Introduction à la littérature fantastique*. Paris: Éditions du Seuil.

— (1982): *La conquête de l'Amérique*. Paris: Éditions du Seuil.

TROYAN, Brett (2008): "Re-Imagining the 'Indian' and the State: Indigenismo in Colombia, 1926-1947", en: *Canadian Journal of Latin American & Caribbean Studies* 33/65, págs. 81-107.

VALVERDE, César (1999): "Del relato a la pantalla: la alteridad en Cabeza de Vaca", en: *Káñina* 23.3, págs. 59-63.

VAN DER STRAET, Jan (c. 1600): "Europe Encounters America", en: Hall *et al.* (eds./1996), p. 210.

VAN DIJK, Teun A. (1993): "Principes of Critical Discourse Analysis", en: *Discourse & Society* 4/2, págs. 249-83.

VARGAS, Claret M. (2007): "'De muchas y muy bárbaras naciones con quien conversé y viví': Álvar Núñez Cabeza de Vaca's 'Naufragios' as a War Tactics Manual", en: *Hispanic Review* 75/1, págs. 1-22.

VIDAL, Hernán (1985): *Socio-historia de la literatura colonial hispanoamericana: tres lecturas orgánicas*. Minneapolis: University Press.

VIGNAUD, Henry (1913): *Les thèses nouvelles sur l'origine de Christophe Colomb, Espagnol ! Juif ! Corse !* Paris: E. Leroux.

WADE, Abdoulaye (2007): "Sanctions are not Helpful", en: *Herald Tribune* 22-23/12/2007, pág. 8.

WALDENFELS, Bernhard (1990): *Der Stachel des Fremden*. Frankfurt am Main: Suhrkamp.

WALTER, Krista (2002): "Filming the Conquest: 'Cabeza de Vaca' and the Spectacle of History", en: *Literature/Film Quarterly* 30, 2: 140, págs. 140-145.

WALTER, Monika (1991): "Der Roman seit 1975. Das transitive Schreiben", en: Ingenschay/Neuschäfer (eds.), págs. 17-24.

WALTER, Roland (1999): "Pan-American (Re)visions: Magical Realism and Amerindian Cultures in Susan Power's 'The Grass Dancer', Gioconda Belli's 'La Mujer Habitada', Linda Hogan's 'Power', and Mario Vargas Llosa's 'El Hablador'", en: *American Studies International* 37/3, págs. 63-81.

WASHINGTON, Margaret (1993): "Anthropological Approaches to History", en: Marie Kupiec Cayton/Elliott J. Gorn/Peter W. Williams (eds.): *Encyclopedia of American Social History I*. New York/Toronto: Maxwell Macmillan Canada, págs. 283-286.

WASSERMANN, Jakob (1977 [1929]): *Christoph Kolumbus. Der Don Quichote des Ozeans*. München: Langen-Müller.

WEBER, Max (1973): *Soziologie. Weltgeschichtliche Analysen. Politik*. Stuttgart: Kröner.

WEHLE, Winfried (ed./1995): "Columbus hermeneutische Abenteuer", en: *Das Columbus-Projekt. Die Entdeckung Amerikas aus dem Weltbild des Mittelalters*. München: Fink, págs. 153-203.

WELSCH, Wolfgang (1997): "Transkulturalität. Zur veränderten Verfassung heutiger Kulturen", en: Schneider, Irmel/Christian W. Thomson (eds.): *Hybride Kulturen. Medien – Netze – Künste*. Köln: Wienand, págs. 67-90.

— (1999): "Transculturalism – The Puzzling Form of Cultures Today" en: Mike Featherstone/Scott Lash (eds.): *Spaces of Culture: City, Nation, World*. London: Sage, págs. 194-213.

WENTZLAFF-EGGEBERT, Harald (1990): "Rubén Darío. Leda", en: Manfred Tietz (ed.): *Die Spanische Lyrik der Moderne: Einzelinterpretationen*. Frankfurt am Main: Vervuert, págs. 80-96.

WHITE, Hayden (1975): *Metahistory: The Historical Imagination in Nineteenth Century Europe*. Baltimore: Johns Hopkins.

— (1986): *Auch Klio dichtet oder die Fiktion des Faktischen. Studien zur Topologie des historischen Diskurses*. Stuttgart: Klett-Cotta.

WIESENTHAL, Simon (1972): *Segel der Hoffnung – Die geheime Mission des Christoph Columbus*. Olten: Walter.

WILLIAMS CHRISMAN, Patrick/Laura CHRISMAN (1994): *Colonial Discourse and Post-Colonial Theory: a Reader*. New York: Columbia University.

WILLIAMS, Raymond Leslie (1995): *The Postmodern Novel in Latin America*. London: Macmillan.

WINTERSTEINER, Werner (1998): "Literatur. Reisen, erzählen und schreiben", en: *ide* 2/22, págs. 4-6.

WURM, Carmen (1996): *Doña Marina, La Malinche: eine historische Figur und ihre literarische Rezeption*. Frankfurt am Main: Vervuert.

YA.COM (2003): "Planeta publica el libro 'El origen perdido', de Matilde Asensi", en: *ya.com* del 28/08/03 (<http://noticias.ya.com/cultura/2003/08/28/5497044.html>, último acceso 20/02/2009), p. 1.

YANES, Pedro (2001): "Jornada al alma de la Cuba actual", en: *El Diario/La Prensa* del 03/04/2001, pág. 16.

YÁÑEZ, Agustín (1944): *El contenido social de la literatura iberoamericana*. México, D.F.: FCE.

YEPES, Enrique (1998): *Los poderes del goce: la revisión cultural en poesía hispanoamericana (1960-1995)*. New Brunswick/New Jersey: ProQuest Dissertations Online.

YORK, Laura H. (2006): *Multiple Lenses of Aesthetic Response: José Sanchis Sinisterra's "El lector por horas"*. Tesis de maestría de la Universidad de Carolina del Norte (Chapel Hill/EE.UU.). Ann Arbor: ProQuest.

YOUNG, Robert J. C. (1995): *Colonial Desire. Hybridity in Theory, Culture and Race*. New York: Routledge.

YURKIEVICH, Saúl (ed./1986): *Identidad cultural de Iberoamérica en su literatura*. Madrid: Alhambra.

ZAMORA, Margarita (1993a): "Letter to the Sovereigns", en: Stephen Greenblatt (ed.): *New World Encounters*. Berkeley, Los Angeles: University of California Press, págs. 14-21.

— (1993b): *Reading Columbus*. Berkeley, Los Angeles: University of California Press.

ZAVALA, Iris M. (ed./1992): *Discursos sobre la 'invención' de América*. Amsterdam/Atlanta: Rodopi.

ZAYAS Y SOTOMAYOR, María (1948 [1637]): *El prevenido engañado*, en: *Novelas amorosas y ejemplares*. Madrid: Aldus 1948.

ZEYDANLIOĞLU, Welat (2007): *Kemalism's Others: The Reproduction of Orientalism in Turkey*. Cambridge: Anglia Ruskin University (tesis doctoral no publicada).

ZEYDANLIOĞLU, Welat/Guido RINGS (2003): "Antagonistic Perspectives: Turkish and European Official Discourse on Kurds", en: *Storia della Storiografia* 43, págs. 30-61.

ZUNO, José G. (1964): *Historia de la Revolución en el Estado de Jalisco*. México, D.F.: Instituto Nacional de Estudios Históricos de la Revolución Mexicana.

ÍNDICE TEMÁTICO / ONOMÁSTICO / POR OBRAS*

1. ÍNDICE TEMÁTICO

alteridad 14, 27, 29, 30, 36, 37, 68, 87, 94, 153, 200, 291
animalización 123, 128, 168
barroco/a 48, 92-95, 100, 118, 145, 215, 258, 266, 277, 283, 286
caníbal 117, 175, 226, 227, 229, 240, 254
carnaval 82, 84, 95, 118, 120, 121, 144, 147, 152, 238, 241, 243, 251, 252, 256-258, 260
carnavalesco/a 26, 90, 95, 97, 106, 111, 118, 120, 121, 128, 130, 133, 212, 241, 245, 257
colonial 14-21, 26, 27, 31, 36-39, 41, 47, 49, 50, 53, 54-57, 60, 62, 64-67, 69-71, 73-77, 79, 83, 84, 92, 94, 95, 97, 99, 103, 104, 116, 120, 121, 123, 127, 132, 133, 137, 138, 144, 148, 158, 161-163, 166, 170-173, 180, 181, 184, 187, 189, 197-200, 205, 214, 217, 226, 231, 232-242, 245, 246, 248-250, 252, 253, 255, 256, 270, 274, 280, 281, 289-292
colonialismo 13-18, 22, 23, 27, 41, 50, 54, 57, 61, 65-67, 71, 75, 78, 83, 85, 149, 162, 177, 194, 230, 244, 269, 282, 289
Conquista 13, 15-21, 23-29, 35-38, 40, 43-46, 50-53, 56, 66, 68-70, 76-78, 81, 87, 91, 92, 95, 100, 103, 106, 109, 111, 113, 115, 118, 121, 122, 124, 126-128, 130, 135-138, 148, 157, 159, 160, 162, 170-173, 175, 177, 180, 183, 197, 220, 222, 225, 226, 236-238, 240, 241, 245, 247, 250-252, 255, 256, 258, 261, 270, 271, 277, 278, 284, 285
conquistado 41, 67, 122, 125, 168, 242-244

* Los índices se limitan a los términos y nombres clave. No se incluyen los autores de la literatura secundaria.

conquistador 14, 18, 29, 37, 41-44, 47, 48, 51, 52, 56, 57, 61, 62, 65-67, 73, 76, 83, 94, 95, 97, 102, 110, 111, 114-117, 119-121, 124-129, 132-136, 142, 145, 146, 150, 152-154, 157-159, 162, 164, 172-178, 182, 184, 193, 197, 200, 209, 212, 213, 215-217, 225-227, 230, 235-239, 242, 243, 245-249, 250-252, 260, 273, 274, 283
conquistador conquistado 11, 106, 124, 125, 175, 216, 243, 244, 250-252
cronista 40, 41, 51, 70, 140, 173, 174, 211
cuerpo 26, 91, 97, 110, 111, 116, 118, 128, 129, 148, 157, 159-161, 163, 165, 167, 168, 170, 171, 174, 179, 180, 211, 214, 221, 223, 228, 232, 234, 235, 243, 247, 257
descubridor 21, 46, 73, 83, 94, 98, 103, 104, 115, 117, 126, 127, 173, 206, 237, 238, 240, 242, 243, 244, 260
descubridor descubierto 11, 106, 251
descubrimiento 14, 18, 52, 84, 98, 101, 103, 110, 114, 118, 121, 126, 127, 129, 160, 162, 197, 214, 227, 240, 260, 267, 269, 270, 280, 284, 289
encubrimiento 197
femenino/a 17, 20, 25, 26, 47, 49, 50, 70, 76, 92, 97, 116, 117, 120, 133-136, 142, 152, 157, 160, 161, 163, 165, 167, 170, 171, 174, 177-179, 188-192, 207, 210, 211, 231, 232, 242, 244, 245, 257, 264, 284, 287
héroe 14, 37, 46, 51, 52, 66, 73, 74, 82, 87, 102, 104, 110, 111, 127, 128, 134, 181, 185, 187, 188, 190, 192, 198, 216, 224, 226, 227, 238, 240, 244
hiperrealismo 23, 97, 215
hiperrealista 23, 25, 27, 84, 90, 92, 98, 157, 163, 241, 247, 249, 258
historiografía 19, 26, 27, 38, 39, 66, 69, 94, 103, 104, 106, 111, 114, 115, 117, 124, 183, 198, 199, 210, 211, 232, 244, 247, 272, 285
historiográfico 25, 36-39, 61, 84, 90, 99, 102, 138, 143, 225
identidad 14-16, 18, 24, 27, 29, 30, 34-36, 80, 81, 87, 88, 98, 106, 111, 123, 145, 150, 153, 155, 159, 166, 167, 178-180, 186, 194, 197, 203, 210, 222, 240, 247, 249, 261, 270, 272, 277, 293
indigenismo 58-61, 63, 66, 71, 207, 283, 291
indigenista 19, 23, 26, 27, 31, 36, 37, 39, 56, 58-60, 63, 65-67, 73, 85, 92, 97, 144, 163, 166, 172, 176, 177, 236-238, 241, 242, 247-249, 256, 287
intercultural 13, 14, 23, 31-34, 61, 87, 88, 146, 147, 181, 182, 194, 200, 202, 213, 217, 237, 244, 248, 249, 255, 258, 272, 273, 275, 277, 278
interculturalidad 22, 30, 273
lengua 20, 28, 34, 41, 88, 94, 123, 129, 143, 159, 180, 182-184, 192-197, 199-202, 204, 208, 235, 243, 270, 279, 280, 288

locura 121, 122, 124, 125, 132, 133, 135, 156, 201, 254
magia 142, 184, 186, 198, 199, 201, 202, 204, 212, 213, 216, 219, 220, 221, 224, 225, 227, 234, 248, 249
masculino/a 17, 19, 20, 22, 25, 38, 47, 48, 49, 50, 57, 76, 92, 115, 120, 122, 123, 135, 136, 152, 161, 162, 167, 170, 171, 176, 177, 181, 188, 209, 211, 231, 232, 242, 247
memoria 79, 94, 97, 122, 141, 143-146, 149, 153, 155, 157, 159, 160, 162, 171, 174, 175, 183, 194, 197-199, 215, 225, 247, 252, 253, 257, 259, 263
memorización 159
monocultural 31, 34, 35, 114, 122, 138, 146, 154, 200, 217, 222, 225, 226, 244-246, 248, 249
monoculturalidad 30, 148, 217, 219
multicultural 31, 34, 201, 246
multiculturalidad 30
naufragio 21, 25-27, 35, 82, 136-138, 140-145, 147, 149, 151-156, 181, 198, 213, 214, 216, 217, 220, 224, 228, 233, 238, 241-243, 245, 246, 251, 252, 255-258, 260, 273, 281, 283, 288, 291
neobarroco/a 22, 23, 25, 27, 83, 84, 90, 92, 93, 96, 99, 163, 241, 245, 246, 257, 267, 283
neo-colonial 14, 16, 17, 18, 31, 36, 41, 52, 53, 60, 63, 65, 71, 74, 77, 80, 85, 103, 126-128, 136, 153, 158, 162, 184, 198, 214, 233, 237, 239, 248, 286
neo-colonialismo 15-18, 23, 27, 54, 78, 149, 162
Nueva Narrativa Histórica 69, 78, 91, 258
occidental 36, 40, 43, 45, 46, 54, 60, 64, 66, 85, 87, 91, 104, 114, 167, 172, 173, 182, 184, 197, 201, 202, 206, 217, 219, 225, 234, 236, 241, 248, 256, 257, 274
oriental 40, 114, 280
Otro 18, 29, 32, 36, 40, 41, 44, 49, 57, 63-65, 73-75, 80, 89, 94, 115-117, 136, 137, 143, 145, 152, 153, 155, 161, 175, 185, 189, 191, 200-205, 210, 219, 222, 228, 235, 238, 239, 243, 253, 256, 267
postmoderno/a 14, 23, 26, 79, 80-82, 84, 85, 89, 151, 153, 177, 181, 185, 204, 215, 222, 238, 241, 249, 256, 273
quijotesco 97, 102, 106, 185, 206
transcultural 13, 14, 23, 26, 27, 30-35, 79, 83, 87, 88, 97, 146, 147, 149, 152, 154, 160, 166, 181, 182, 201, 203, 213, 218-220, 225, 229, 231, 235, 237, 246-249, 255, 258, 270,
transculturalidad 22, 30, 74, 136, 216, 217
Yo 18, 29, 31, 32, 47, 49, 74, 75, 87, 94, 123, 152, 154, 161, 166, 170, 173-175, 185, 201, 204, 235, 237, 238, 253, 256

2. Índice onomástico

Aguirre, Eugenio 79, 97, 100, 101, 259

ARIDJIS, Homero 79, 97, 253, 259
ÁLVAR NÚÑEZ, Cabeza de Vaca 98, 136, 137, 145, 152, 153, 213, 223, 224, 230, 233, 246, 249, 251, 254, 282
ÁLVAREZ SÁENZ, Félix 21, 79, 95, 259
ARMAS MARCELO, Juan José 21, 24, 80, 81, 92, 94, 95, 118-121, 124, 126-128, 131, 135, 136, 217, 245, 254, 259, 261, 268, 279, 286
ASENSI, Matilde 22, 24, 25, 34, 81, 91, 92, 96, 97, 181-186, 193, 197-200, 202, 204, 209, 210, 213, 239, 248, 259, 263, 271, 272, 278, 279, 280, 282, 283, 292
BELLI, Gioconda 22, 25, 26, 79, 92, 96, 97, 157-160, 162-166, 168-172, 174-177, 179-181, 194, 232, 239, 247, 252, 254, 259, 261, 263, 274, 275, 277, 280-282, 287, 290, 291
BOULLOSA, Carmen 22, 79, 91, 92, 94, 239, 242, 259
CARPENTIER, Alejo 21-24, 73, 74, 79, 90, 92-94, 99, 100-118, 126, 127, 134, 141, 190, 217, 244, 251, 254, 256, 257, 259, 261, 264, 267, 268, 271, 273, 276, 287, 288
CARRASCO, Salvador 136, 239, 254, 259
COLÓN, Cristóbal 11, 13, 14, 21, 26, 31, 37, 41, 42, 46, 48, 52, 62, 68, 69, 73, 74, 76, 81, 83, 84, 90, 94, 95, 97-99, 101, 103-117, 120, 123, 125-128, 134, 142, 162, 174, 184, 190, 214, 217, 226, 227, 238, 240, 242-244, 250-252, 254-257, 260, 262, 268, 270, 273
CORTÉS, Hernán 14, 37, 42-44, 50-52, 62, 68, 69, 73, 81, 105, 125, 127, 128, 135, 136, 142, 143, 149, 172, 184, 239, 251, 254, 260, 264, 268, 269, 271, 282, 290
CUERDA, José Luis 84, 240, 261
ECHEVARRÍA, Nicolás 22, 25, 83, 98, 137, 142, 148, 149, 213-219, 223-236, 239
FUENTES, Carlos 87, 91, 98, 100, 118, 261
GALA, Antonio 74, 94, 103, 126, 262
GIBSON, Mel 15, 239, 262
GLEN, John 14, 84, 98, 103, 126, 214, 222, 227, 240, 260
HERNÁNDEZ, Ramón 81, 97, 257, 260, 265
HERZOG, Werner 84, 120, 131, 145, 162, 262
JOFFÉ, Roland 262
JUÁREZ, José Miguel 84, 98, 181, 231, 260
LAMATA, Luis Alberto 83, 154, 239, 260
LEÑERO, Vicente 136, 239, 260
LÓPEZ MOZO, Jerónimo 81, 82, 95, 98, 116, 136, 141, 146, 148, 154, 239, 251, 260, 272
LÓPEZ VERGARA, Luisa 81, 91, 97, 240, 260
MARTÍNEZ MEDIERO, Manuel 82, 98, 260
MARTÍNEZ, Herminio 79, 94, 249, 251, 253, 257, 260
MERINO, José María 21, 23, 81, 94, 95, 96, 260, 262

MOSCA BUSTAMANTE, Lidio 79, 97, 190, 257, 260, 285
MUÑOZ, José Luis 81, 97, 116, 173, 175, 251, 253, 255, 260, 262
OZORES, Mariano 83, 94, 98, 240, 260
PEREIRA, Luís Alberto 83, 98, 116, 222, 239, 260
PIMENTEL, Manuel 81, 97, 207, 212, 213, 260
PIZARRO, Francisco 14, 37, 52, 62, 125, 127, 128, 193, 198, 255
POSSE, Abel 21, 22, 79, 90, 95, 100, 109, 113, 120, 131, 133, 136, 162, 218, 252, 253, 257, 260, 273, 276, 287, 289
REYES, Carlos José 82, 95, 121, 144, 152, 260
RODRÍGUEZ, Robert 84, 95, 262
ROSSOFF, Eduardo 83, 98, 181, 260
SANCHIS SINISTERRA, José 21, 25, 81, 82, 92, 95, 136-147, 149-151, 153, 154, 156, 162, 181, 198, 213-217, 232, 242, 246, 257, 258, 260, 261, 270, 273, 286, 287, 289, 292
SAURA, Carlos 84, 98, 260
SCOTT, Ridley 14, 25, 84, 98, 103, 115, 126, 127, 214, 222, 226, 240, 242, 261, 277
VÁZQUEZ-FIGUEROA, Alberto 82, 98, 255, 261, 262

3. ÍNDICE POR OBRAS

¡¡Tierraaa aaa laaa vistaaa!!! 82, 98, 143, 260
1492: La conquista del paraíso 14, 84, 98, 115, 126, 214, 226, 240, 242, 253, 261
Abierto hasta el amanecer 84, 95, 262
Aguirre, la cólera de Dios 84, 120, 131, 242, 262
Apocalypto 15, 21, 239, 241, 262
Ave María 20, 83, 98, 181, 260
Cabeza de Vaca 22, 25-27, 35, 83, 84, 98, 137, 147, 148, 150, 213, 214, 222, 224, 226, 227, 230, 231, 233, 239, 241-243, 249, 251, 256, 258, 259, 263, 265, 281, 285, 289, 291
Concierto barroco 94, 99, 102, 105, 108, 118, 261
Cristóbal Colón 74, 94, 97, 126, 257, 262
Cristóbal Colón "Llora por ti la tierra" 81, 260
Cristóbal Colón, de oficio... descubridor 21, 83, 94, 98, 103, 240, 260
Cristóbal Colón: El descubrimiento 14, 84, 98, 126, 214, 227, 240, 260
Crónica de blasfemos 21, 79, 95, 238, 251, 259
Daimón 79, 90, 95, 120, 131, 136, 162, 238, 256, 257, 260, 273
Diario maldito de Nuño de Guzmán 79, 94, 249, 251, 253, 258, 260
El árbol del bien y del mal 81, 95, 124, 126, 259
El arpa y la sombra 11, 22, 24, 26, 27, 73, 79, 90, 94, 99, 100, 102, 104, 108, 109, 111, 113-115, 117, 124, 134, 141, 169, 173,

175, 190, 238, 241, 243- 245, 251-254, 256-259, 271, 276
El caldero de oro 21, 81, 94, 95, 257, 260
El carnaval de la muerte alegre 82, 95, 121, 144, 147, 152, 238, 241, 243, 251, 252, 256, 257, 258, 260
El Dorado 84, 98, 241, 242, 260
El fuerte Navidad (*La pérdida del Paraíso* II) 81, 97, 173, 243, 250, 251, 252, 260
El largo atardecer del caminante 253, 260
El origen perdido 22, 24-27, 34, 81, 91, 97, 181-185, 189, 193, 196, 197, 199, 202, 209, 210, 211, 213, 239, 241, 243, 248, 249, 252, 256-259, 280, 292
El retablo de Eldorado 82, 136, 156, 258, 260
Gonzalo Guerrero 79, 97, 100, 101, 255, 259
Guanahaní (*La pérdida del Paraíso* I) 81, 97, 174, 243, 250, 260
Hans Staden 83, 98, 116, 210, 222, 227, 228, 239, 241, 242, 243, 251, 252, 258, 260
Hijos del viento 84, 98, 181, 231, 252, 260
Jericó 20, 83, 98, 154, 210, 213, 239, 241, 242, 243, 249, 250-252, 254, 260, 270
La marca en la arena 79, 97, 190, 257, 260
La marrana 21, 84, 103, 107, 240, 241, 261
La misión 242, 262,
La mujer habitada 22, 24, 25-27, 79, 80, 97, 157, 158, 160-163, 166-172, 174-177, 180, 181, 192, 194, 211, 239, 243, 247, 248, 250-252, 257-259, 281, 290, 291
La noche de Hernán Cortés 81, 136, 142, 143, 239, 260
La otra conquista 83, 95, 136, 147, 210, 213, 239, 243, 250, 254, 255, 259
La taberna de los cuatro vientos 82, 98, 261
Las naves quemadas 21, 24, 26, 27, 80, 81, 94, 95, 118, 120, 122, 123, 126, 127, 131-133, 135, 169, 172, 175, 238, 243, 245, 251-254, 257, 259, 268
Lope de Aguirre, traidor 82, 136, 145, 155, 156, 258, 260
Los perros del paraíso 22, 79, 90, 95, 100, 109, 113, 120-123, 133, 218, 252, 253, 257, 258, 260, 287
Llanto. Novelas imposibles 79, 94, 259
Memorias del Nuevo Mundo 79, 97, 253, 259
Naufragios de Álvar Núñez 21, 25-27, 35, 82, 136-138, 145, 147, 149, 152-156, 181, 198, 216, 238, 241-243, 245, 246, 251, 252, 255-258, 260
No serán las Indias 81, 91, 97, 241, 260
Puerta de Indias. Artafi 81, 97, 207, 212, 213, 256, 260
Terra Nostra 91, 100, 262, 270
Yo, maldita india... 82, 95, 97, 107, 116, 136, 141-143, 146, 148, 154, 239, 241, 243, 250, 258, 260

NUEVOS HISPANISMOS

Volúmenes Publicados

Vol. 1
ORTEGA, Julio (ed.): *Nuevos hispanismos interdisciplinarios y trasatlánticos*. 2010, 320 p., ISBN: 9788484895008.

Vol. 2
CASADO, Miguel (ed.): *Cuestiones de poética en la actual poesía en castellano*. 2009, 214 p., ISBN: 9788484894575.

Vol. 3
VALLES CALATRAVA, José R.: *Teoría de la narrativa. Una perspectiva sistemática*. 2008, 288 p., ISBN: 9788484893868.

Vol. 4
ARAUJO, Kathya: *Dignos de su arte. Sujeto y lazo social en el Perú de las primeras décadas del siglo XX*. 2009, 258 p., ISBN: 9788484893875.

Vol. 5
CARREÑO BOLÍVAR, Rubí (ed.): *Diamela Eltit: redes locales, redes globales*. 2009, 366 p., ISBN: 9788484894056.

Vol. 6
CARRIÓN, Jorge: *Viaje contra espacio. Juan Goytisolo y W. G. Sebald*. 2009, 188 p., ISBN: 9788484894131.

Vol. 7
ESTRADA, Oswaldo: *La imaginación novelesca. Bernal Díaz entre géneros y épocas*. 2009, 208 p., ISBN: 9788484894322.

Vol. 8
GÓMEZ, Leila: *Iluminados y tránsfugas. Relatos de viajeros y ficciones nacionales en Argentina, Paraguay y Perú*. 2009, 264 p., ISBN: 9788484894148.

Iberoamericana Editorial Vervuert
C/ Amor de Dios - 28014 Madrid
Tel. (+34) 91 429 35 22 - Fax (+34) 91 429 53 97
info@iberoamericanalibros.com